优秀吸引

儿童积极学习生活的创新探索与样本建构

◎ 凌红 编著

中国华侨出版社
·北京·

图书在版编目（CIP）数据

优秀吸引：儿童积极学习生活的创新探索与样本建构 / 凌红编著.
—北京：中国华侨出版社，2022.1
ISBN 978-7-5113-8737-0

Ⅰ.①优… Ⅱ.①凌… Ⅲ.①小学教育—研究 Ⅳ.①G62

中国版本图书馆CIP数据核字(2021)第263153号

优秀吸引：儿童积极学习生活的创新探索与样本建构

著　　者 / 凌　红
策划编辑 / 李新承
责任编辑 / 滕　森
封面设计 / 波影传世
经　　销 / 新华书店
开　　本 / 710毫米×1000毫米　1/16　印张/ 16.25　字数/ 260千字
印　　刷 / 北京天正元印务有限公司
版　　次 / 2022年1月第1版　2022年1月第1次印刷
书　　号 / ISBN 978-7-5113-8737-0
定　　价 / 68.00元

中国华侨出版社　北京市朝阳区西坝河东里77号楼底商5号　邮编：100028
编辑部：（010）64443056　　传　真：（010）64439708
发行部：（010）88189192
网　　址 / www.oveaschin.com　E-mail / oveaschin@sina.com

如发现印装质量问题，影响阅读，请与印刷厂联系调换。

编委会

编 著
凌 红

编委会成员
（排名不分先后）

王月枫　许惠芳　樊星群　徐　芳
胡　丹　张文元　陈梦桔　华敏娜
李　红　钱　琛　魏舟静　徐宏卓
华寒萍　邓丽艳　蒋　娟　顾婷婷

装帧设计
马晨燕　王　红　赵柯明

序言一

优秀吸引：积极教育的校本表达

杨九俊

素质教育搞了许多年，而应试教育却如影随形，左右着人们的思想、行为，阻碍教育健康的发展。比如说，学生的主体地位和可持续发展被忽视；过分强调师者权威而抹杀了学生的积极性、自主性；教学重形式而少思考、重知识而轻能力、重技能而缺内涵；教学评价呈现出视域狭隘的现象，过于强调甄别化功能和功利性目的。为此，自"十二五"以来，无锡市东亭实验小学（以下简称"东亭实小"）就积极教育展开了一系列的实践研究，他们不断洞悉教育现实中影响积极情绪、心理、行为产生的内外因素，从学生外显和潜在的积极力量为出发点，以增强学生的积极体验为主要途径，着力学生个体层面和集体层面的积极态度、积极情感、积极品质、积极人格等的培养，在批判中确立思想底气，提增革旧立新的信心和动力，使教育更具生命活力。

从东亭实小的行动研究轨迹中，我们看到了一条百年文化与当代教育思潮不断融合的校本探索之路。无锡市东亭实验小学诞生于1908年，百年办学史所积淀出的"敏求"两字校训出自孔子《论语·述而》："我非生而知之者，好古，敏以求之者也。"他们在溯源"敏求文化"中的"德"与"行"时，找到了蕴含其中的现代教育价值追求，将积极教育与学校百年文化结合，提出了他们的办学主张——"过一种积极的学校生活"。这一办学主张是丰厚且深刻的："过"，表达一种正在进行的状态，是鲜活的，热腾腾的；"积极"，代表着一种"全人"的教育视角，相信人与生俱来的美德、善端，将"人"置于教育的中央；"生活"，以此定位师生在学校中的行为，昭示着一种更和谐融洽的师生关系，更自由舒畅的学习氛围，更综合开放的课程文化。

透过种种实践探索的行为，我们能清晰地触摸到东亭实小对积极教育的"校本理解""校本建构"和"校本表达"，可以说，积极教育在东亭实小的"校本生长"是自然的，是独特的，是成功的。"优秀吸引"这一"校本概念"的产生更是将积极教育的校本实践推向了一个新的高度，旗帜鲜明地表达出对"人"的尊重与肯定，对教育的坚守与追求，创造了积极教育的东小样态。

在"优秀吸引"的管理中,我们能看到"他者关怀"。东亭实小有一系列优秀的教育管理经验,如行政驻班、一周校长、点课巡课等,印象最深的是他们在开学初进行的"开门献课"活动。在更新教育理念的同时,他们不断思考如何激发教师自身内在的积极力量,寻求管理和质量间的平衡,于是,他们一改以往学期开学"推门听课"的督查行为,将每学期的第一、第二周定为学校行政及骨干教师"开门献课周",校园OA系统中挂上"开门献课一览表",以供教师选择听课。这一举措,我们看到了他们对"管理"的重新定位和理解,充分体现了管理者的"他者关怀"。在很多时候,为什么我们的教师会对规范的管理行为有所抱怨,甚至是产生抵触心理?我想,原因在于我们以往的管理总是在"挑错",无形中给教师增加了压力,也将教育者和管理者放在了对立的位置,"开门献课"的做法,很好地缓解了这样紧张的关系。作为学校管理者,也必定是优秀的学科骨干,骨干的示范引领所展示的课堂魅力,也必将感染每一位教师,使教师不自觉地产生仿学、亲近的心理。再加上骨干教师的教学"微讲座",让教师真切地看到了理论与实践的融通,这种"知行合一"的行为,将骨干教师的吸引力、影响力最大限度地扩展、深植,在个人魅力式的人际吸引之下,教学业务团队的凝聚力也能得到提升。应该说,"开门献课"的做法,很好地调和了管理者和教师之间的关系,这是一种"相遇"和"帮助"的同伴关系,是真正的积极管理。

在"优秀吸引"的科研中,我们能看到"抱团生长"。东亭实小的教师队伍建设很有特色,他们强调志同道合者的联盟,尊重教师的发展内需,以解决现实问题为动力与目标,通过教科研的介入不断提升团队的责任感与归属感。他们建立了"阳光联盟"教师层级发展的梯队培训项目:新教师全员进入"与你同行新教师阳光俱乐部",需要完成站稳讲台的课堂展示、课堂设计阐述、团队磨课所得的分享等考核;"阳光俱乐部"中的优秀成员,可以根据自身的发展需求,进入"助你成长教科研阳光快车道"中,由科研型骨干教师引领,进行专业阅读和论文写作的专项培训,加速青年教师成长;成熟骨干型教师则通过自主结盟的方式,建立起以学科领衔人为核心的学科工作室团队,在实现自身教学发展规划的同时,服务于青年教师成长。更可贵的是,他们在团队建设中,紧扣"教研一体化"展开了多方面尝试,借助优秀教师、优秀团队的力量,充分挖掘教育教学书籍、教师行为、备课研讨活动中的优秀资源,以倾听、对话、行动验证等形式,将优秀资源合理介入到各种教科研活动中,架设起教与研的通道,让指向实践效益的教师科研真正发生。如他们进行的互启式教学论文写作尝试,通过团队选题论证,在陈述论题来源、思考及论文框架的过程中,呈现思维过程中的共性,互相启发,互相提点,习染"优秀"思维,在师徒同研共写中,打破论文写作功利化的行为,熔炼"优秀"经验,从个体经验走向合作共研,促成更具实效性的论文写作。

在"优秀吸引"的学习中，我们能感受到他们对"伙伴关系"的重视。东亭实小从"十二五"期间"积极课堂"的研究，到"十三五"聚焦"儿童积极学习生活"，不断思考教师在教学中的角色定位，提出审视教材践行三种身份——自觉的学习者、自悟的教学者、自然的"学生我"；设计课堂思辨三种关系——内需与外驱、回归与发展、立足与延伸；推进课堂摆准三种姿态——平等中的"首席"、相长中的"伙伴"、旁观中的"助力"；反思教学倚借三种目光——回顾情感状态"是否做到理趣相生"、反观知识技能"有无实现学用通达"、审思学生发展"能否促成情智生长"，努力把"课堂"变成了"学堂"，把"教程"变成了"学程"，真正把学生的学习推到前台。与此同时，他们还洞悉学生在合作学习中表现出的无效、低效原因，指导学生通过发现优秀、融合观点、援助表达、体验评说等方式，确立起个体与伙伴、与群体之间的关系，以此来保障合作学习的积极展开。尤其是课堂话语方式的改变，更让我们真切地感受到东亭实小人教学革新的勇气。他们倡导课堂"反刍"，积极引导学生对发言内容进行回顾，通过复述内容、转述观点、总结表达技巧等不同方式，深入学生优秀的发言之中，切实有效地推进生生对话。虽说这种改变很微小，却是理念转变在教学行为上的显性表现，是积极教育实践最有力的证明。

在"优秀吸引"的课程中，我们能感受到他们对"童年觉醒"的着力。学校办学质量的核心是课程，课程永远是教师关注的焦点、耕耘的田野与变革的载体，学生也是在课程中获得成长的。但在校本化的实施过程中，我们往往会将成人的眼光投射到学生身上，以成人的标准去评价学生，致使学生长成了"成人渴望的样子"，童年在校园中有了消逝的迹象。东亭实小在积极教育实践过程中，不断追问"童年的模样"，提出了"把课程关怀带给每一个学生"的课程理念。一方面，结合理论学习和课堂案例，让教师丰厚课程理解，实现课程优势互补，树立开放的大课程观意识，另一方面，整合学校各项活动，展开爬坡生长式的课程设计，先后推出了美德课程、心理课程、书市课程、伴读课程等，通过提升课程品质，让每一个学生获得最适切的成长。如他们将丰富多彩的校园诵读活动进行统整，从活动设计维度和认知过程维度重新设计，形成了"伴读"课程图谱，学生能在标识型阅读经历、展演型诵读场景、卷入型赏读论坛、挑战型探读体验等系列活动中拾级而上，同一个主题活动，不同的学生能从记忆与积累、理解与感受、表达与应用、综合与创造的不同认知层级中找到顺应自身发展的生长点。

可以这样说，积极教育已经融入无锡市东亭实验小学百年"敏求"文化的血脉之中，呈现出丰富又不失厚重的文化特质。"优秀吸引"的独特提炼与实践探索，让东亭实小的积极教育更具标识意义，也正在成为每一个东亭实小人的生活习惯。"过一种积极的学校生活"这一办学主张，也在"优秀吸引"的实践中具象具实，逐渐成为每一个东亭实小人的精神气质。

(作者系特级教师、江苏省教育学会名誉会长)

序言二

优秀吸引，敞亮每个儿童的生活世界
——无锡市东亭实验小学"积极教育"的校本新实践

孟晓东

学校文化反映着学校的办学传统、管理理念、思维方式、价值追求等，具有导向、约束、凝聚、激励的功用，是推动学校可持续发展的强大动力。而教育科研是促进学校改革和发展的第一生产力。

有这么一所学校——无锡市东亭实验小学，在百年"敏求"文化传承中，坚持以"科研兴校"为导向，依托江苏省教育科学"十三五"规划重点资助课题"优秀吸引：儿童积极学习生活的实践研究"（编号：B–a/2016/02/58）等课题，不断自省、延拓创新，展开积极教育系列实践研究，融合与再造百年老校的魂与根。本书聚焦无锡市东亭实验小学，触摸他们的成长路径，感受文化的魅力，感受科研的力量。

积极教育是20世纪末美国发起的蔓延西方的一场教育运动，它与以往传统的纠错教育不同，是以人的优秀品质、积极力量为教育内容，以发现与分享这些优秀品质、积极力量为手段，并利用这些品质、力量来帮助教师、学生最大限度地挖掘自己的潜力，从而获得幸福。

"十二五"起，无锡市东亭实验小学吸纳当代积极心理学的基本思想和教育原理，提出"过一种积极的学校生活"的办学主张，并依托多项课题的滚动式推进，从积极管理、积极课堂、积极心育到儿童积极学习生活，凝心聚力，逐渐形成对积极教育的校本理解。如今，东亭实小的积极教育校本实践愈走愈坚实，并在"优秀吸引"的校本阐述中走向明亮的那方。

何谓"优秀吸引"？东亭实验小学这样界定这一创生的校本化概念：以个体优秀为中介，并以实现更深程度的优秀养成为目标，通过一种积极的方式，与目标对象建立新的关系，重构行动结构的交互过程。"优秀吸引"从学校管理中萌芽，逐渐融入德育建设、教育科研、课堂学习等不同领域，在"优秀"的感知、融入、体验之中，"优秀吸引"逐渐成为每一个东小人的行为惯习、文化基因，敞亮每个儿童的生活世界。

学习寓于生活之中，用一种学习的方式在生活，是儿童学龄期在这世界上存在的特殊方式，这也是儿童和成人的重要差异。对于儿童来讲，学龄期最主要的任务就是学习，他用学习的方式来生存、来生活。学习是学生的存在方式，学习过程即生活过程，儿童学习生活即用生活的逻辑来关照学习的过程。

教育的目的是什么？就是培养完整的"人"。发现与赏识"优秀"——卷入与修习"优秀"——内生和焕发"优秀"，是"优秀吸引"所倡导的师生成长路径。首先，发现与赏识"优秀"。著名学者、作家周国平说："人人都有天赋的心智能力，区别在于是否得到了充分运用和发展。"善于发现与赏识学生的"优秀"，能让学生获得存在感，而存在感能促成学生的身心都聚合投入到所做的事情之中。其次，卷入和修习"优秀"。与同辈人交往是小学生的强烈需要，对同辈文化的遵从已经成为小学生急剧转变的追求，只有遵从同辈文化，他们才能适应和胜任学习生活。这种遵从促成学生"他行我也行"的积极心理形成，从而更好地推动和实现优势迁移。再次，内生和焕发"优秀"。人生在世，首先应当追求的是优秀，所谓"见贤思齐"也应该是这个道理。当"优秀"成为一种人人竞相追逐的目标时，学校的舆论、风气、精神等弥散于不同领域、不同行为中的文化也便有了更具体的操作体系，"敏求"文化也就成为学校每一份子积极自觉的行为觉醒。

"优秀吸引"，通过发现、挖掘、调动儿童学习生活中的内在积极因素来展开教育教学实践，这种将优秀的学生资源转化为教学资源的实践，改变了纠错式的传统教学方式，有效地将学生学习推到前台，为小学教育教学改革的深化提出新的思路和视角。同时，"优秀吸引"将学习的视角推向学校生活的各个方面，关注儿童学习经历中的生活细节，将学生学习过程生活化呈现，有助于丰富学生对学习的理解，促进学生更自主的学习，将简化了的教育过程化、自主化。

一所百年老校，十载积极教育的实践研究，在"敏求"文化的感召下，在"优秀吸引"的光阴流转中，开启继承与创新的新征程！

（作者系江苏省特级教师、国家教育督导员）

目录 | CONTENTS

序言一 I

序言二 IV

第一章　现实研究背景 1

第一节　现代儿童学习生活的现实困境 2

第二节　积极教育学的教育勃兴 7

第三节　积极学习的启示意义 11

第四节　积极教育的核心认识 15

第五节　积极教育的特征解析 20

第二章　理性认识建构 25

第一节　什么是优秀吸引 26

第二节　积极学习和儿童积极学习生活 28

第三节　优秀吸引和积极学习生活的关系 33

第四节　"优秀吸引"的生长路径 38

第五节　基于"优秀吸引"的儿童积极学习生活的整体架构及愿景勾勒 50

第三章　学科课程实践 ... 53

第一节　建立联系：语文学科创生积极的言语实践活动 ... 54
第二节　适"度"而教：数学学科课堂教学效益提升之"悟" ... 58
第三节　"互相学"：英语学科教学中合作学习初探 ... 63
第四节　"美术＋阅读"：美术课堂步入育人新境界 ... 66
第五节　爬坡历练：道德与法治学科规则教育"落地"的实践 ... 70
第六节　思维进阶：学科课程的教学现场 ... 75

第四章　特色课程实践 ... 129

第一节　"童年榜样"课程：塑造优秀积累的美德图谱 ... 130
第二节　儿童"书市"课程：阅读成为童年的日常生活方式 ... 136
第三节　"乐研花跳"课程：耦合健体韧心归旨的技趣微码 ... 141
第四节　"绘阅"课程：实现审美素养的提升 ... 145
第五节　"小农人"课程：基于种植活动的生命教育 ... 149
第六节　整体编织：学科课程的特色拓展 ... 154

第五章　十大学习策略 ... 175

第一节　构建学习场域：从单一走向融合 ... 176
第二节　提升积极认可：从"优秀"散点走向学习资源 ... 179
第三节　打破学习"潜念"：从固化走向灵动 ... 184
第四节　注重爬坡历练：从笼统走向层级发展 ... 188
第五节　实施积极反刍：从倾听到表达 ... 194
第六节　鼓励当小老师：从模仿冲动到自主呈现 ... 199
第七节　加强致用体验：从学科视野走向生活意义 ... 205
第八节　建立互学关系：从独学到共学 ... 210

| 第九节 | 推进合作共学：从一枝独秀到学习共同体 | 214 |
| 第十节 | 集优敞景展示：从个体优秀到群体优秀 | 219 |

第六章 多维支持系统 ... 223

第一节	优秀吸引："敏求"文化背景下的学校管理制度创新与实践	224
第二节	优秀吸引：积极管理创生凝聚力	228
第三节	优秀吸引：校长管理的一双"慧眼"	234
第四节	优秀吸引：让教师科研真正发生	240
第五节	优秀吸引：让班主任遇见更好的自己	244

后 记 ... 247

第一章
现实研究背景

无锡市东亭实验小学是一所百年老校,历来有"科研兴校"的优良传统,从"十一五"省教研室课题《新课程背景下的课堂教学文化的研究》到"十二五"省教育科学规划重点课题《回归儿童学习本性的积极课堂实践研究》《分享与互助:班级积极心育的实践研究》到"十三五"课题,我们传承"敏求"文化,吸纳积极心理学理念,直面儿童现实学习困境,关照儿童学习生活,一路拾级而上。

积极教育,在优秀吸引中走向敞亮。

第一节 现代儿童学习生活的现实困境

积极教育中的"积极"一词是相对于"消极"而言的，素质教育搞了许多年，而应试教育却如影相随，不离不弃，左右着人们的思想、行为，阻碍教育健康的发展。开展和推进积极教育需要教育者重新审视教育的现状，洞悉教育现实中影响积极情绪、心理、行为产生的内外因素，在批判中产生思想底气，提增革旧立新的信心和动力，使教育更具生命活力。

一、传统课堂的生态缺陷

作为一个科学概念，"生态"一词出现于19世纪60年代。1866年，德国动物学家海克尔给生态下了一个较为明确的定义，即它是"有机体与周围环境之间的关系"。[①]我国学者认为，生态是指"生物与环境及共同生活于环境中的各个个体间或种群间的种种关系"。[②]可见，生物和环境是构成"生态"的基本要素。

"课堂"，一般来讲，有广义和狭义两种理解，我们所说的"课堂"取狭义理解，特指传统意义上的时空相对集中的学科教育教学活动，不包含校内外其他场所进行的各种教育活动。课堂是一个特殊的生态场，课堂是一个多因子组合而成的复杂生态集合。1932年，美国教育学者沃勒在《教学社会学》一书中提出"课堂生态学"这个概念。时至今日，我们仍然可以窥见传统课堂上的一些生态缺陷。

1.不平等的师生关系

传统观念认为师生关系是从属关系，学生服从老师是天经地义的。我们经常会在课堂上看见这样一个镜头：老师问了一个问题，思维敏捷、性格活泼的孩子常常忍不住插嘴，这时老师就会向他投去责备的目光，那双明亮的眼睛随即就黯淡下去。诸如此类的事例还有，老师当众讲解完练习题，象征性地附加了一句"如果还有什么不明白的单独来问我"。但如果有学生前去询问，该老师必定先会教育一番"刚刚怎么没有认真听，现在么不会了……"其实，这些都不是一种真正意义上的平等师生关系，老师始终没有放下高高在上的姿态，学生似乎也只能够顶礼膜拜。

2.被忽略的主体地位

语文新课程标准指出，在课堂中要尊重学生的主体地位。评价一堂课成败的标准不是看老师教的如何，而是看学生学的结果。如果学生的主观能动性得不到充分调动

[①] 吴鼎福，诸文蔚.教育生态学[M].南京：江苏教育出版社，1998(2).
[②] 李聪明.教育生态学导论[M].台湾：学生书局，1989(7).

或根本得不到调动,学生不能积极参与各种教学活动,课堂也就无快乐可言。几年下来,课堂看似热闹了,经常出现小组讨论,学生你一言我一语,发表所谓的观点看法,事实上,教师才是这一切的幕后操盘手,学生的主体地位仅停留在表面的形式上,实质没有发生改变。

3.忽视学生的可持续发展

生态的课堂上,教育的出发点和归宿,是以培养学生的终身学习能力为终极指向,是促进每一个学生的自然、和谐、可持续的发展。在小组、合作、探究学习的过程中,让学生学会学习、学会交往、学会合作、学会思考,培养终生发展能力。可纵观传统的课堂,重视的只是一节课、一学期的知识掌握情况,对于学生的能力发展却置若罔闻,出现本末倒置的现象。现在社会上出现了一些所谓的"小神童""学霸",到了大学却只会死读书,一旦发现成绩不如意,甚至有轻生的念头,这难道不是长期传统教育忽视可持续发展的一种悲哀吗?

二、怪象丛生的学习活动

教学是教师指导学生进行学习的活动,在开展教学时,教师都会对学生的学习活动进行精心设计。但纵观如今学习活动:

1.丰富但繁杂

一般活动很讲究丰富性。内容上的丰富,形式上的丰富,或者两者兼备,都会使活动显得精彩诱人。学习活动也同样如此。教师会为达成教学目标或围绕中心主题,多角度多层次地进行设计,旨在让学生习得更多知识技能,努力提升个人素养。尤其是一些综合性学习活动,将综合变异为学科的叠加,甚至强加硬套。殊不知,多而杂的学习活动并未给学生学习做加法,反而降低了学习效果。

2.有趣却零散

教育的目的就是要让学生成为一个快乐的人,学生在快乐的时候,心情愉悦,头脑处于积极主动的状态,学习是最为有效的。现代教育力求为学生创设生动有趣的学习活动,让学生在乐中学,在学中乐。但在教学中,有些活动只是单纯地给予了学生精神上的快乐,并没有达到知识能力的提升。比如有学校开展数学周活动,每个年级组织一个有趣的数学游戏让学生参加,七巧板、数独、24点速算王……学生乐在其中,在短时间掌握了一定的数学能力,但没多久便退失了。这都是活动零散不成系统的缘故。

3.无经验生长

在杜威看来,儿童的发展就是经验的生长。这种经验必须是在主客体相互作用下产生的,具有一定的连续性。学校为学生设计的各项学习活动,要充分考虑到学习内容与学生已有的经验，学习目标与学生需求等，让学生的经验从原点到远点，像树一般持续不断地向上生长。然而，在具体活动中不难发现，学生很多时候获得的经验是割裂的，分离的，活动并未带给他们经验生长的力量。

显然，这样的学习活动并非积极的学习活动，不能促成儿童真正学习的发生。

三、以我为尊的思维定式

思维定式，也称"惯性思维"，是由先前的活动而造成的一种对活动的特殊的心理准备状态，或活动的倾向性。这里指教师受传统教育的影响，把自我当成教育过程中的主体，强调在学生中的权威作用，认为一切教育活动的基础都应以教师为中心。这样的教师中心论压制了学生在教育教学活动中的积极性和自主性。

1.过分强调师者权威

在中国的传统文化中，教师这个身份是备受推崇的。唐代大文学家韩愈在《师说》中就说过"古之学者必有师。师者，所以传道授业解惑也"。古语又有云"一日为师，终身为父"。可见，教师的地位是比较尊贵的。所以赫尔巴特的教师中心论也强调教师在教育教学中的绝对主导地位。在如今的课堂上，还可见教师"一言堂"的现象。甚至个别教师在讲解了错误知识后，被学生指出，觉得很没有面子，当即斥责学生。

2.抹杀学生的积极性、自主性

在人们的印象中，教师总是一脸严肃、怒目四射，是以一种高姿态俯视学生的学习活动。虽然新课改的春风也已经刮了不少年，提倡师生平等对话的呼声不绝于耳，老师们似乎也有意识地"蹲下身子"看孩子，但事实上，部分教师并没有从内心和学生建立起平等的关系，仍以一种高高在上的姿态震慑着学生，抹杀其在学习过程中的积极性和自主性。曾听到某老师这样抱怨"这课没法上了，学生一个个都不说话，也不知道他们在想什么，到底是学会了还是没学会……"究其根源，恐怕是教师以往挑剔的眼光、审视对错的态度等都让学生产生了严重的不自信感，久而久之，学生的主观能动性就泯灭了。

四、简单粗暴的教学方法

教学方法是教师和学生为了实现共同的教学目标，完成共同的教学任务，在教学过程中运用的方式与手段的总称。它也指具体的教学方法，由指导思想、基本方法、具体方法、教学方式四个层面组成。教学方法包括教师教的方法（教授法）和学生学的方法（学习方法）两大方面，是教授方法与学习方法的统一。教授法必须依据学习法，否则便会因缺乏针对性和可行性而不能有效地达到预期的目的。但由于教师在教学过程中处于主导地位，所以在教法与学法中，教法处于主导地位。这也意味着一旦教师个人对于课程认识发生偏差，就会影响教学方法的使用。

1.只重形式、缺少思考的教学

语文新课程改革提倡合作式学习、小组讨论式学习,为的是提高学生团结协作的能力。这样的出发点是符合、顺应时代要求的,可是有些教师在操作的过程中却只顾小组合作这样外在形式化的条件,并没有深入研究如何开展这种类型的教学,反而导致了课堂看似热闹,人人参与,实则讨论效率低下,根本无须任何的思维挑战,白白浪费课堂宝贵时间。曾经听一位老师执教一篇课文,整整一节课上出现了不下三次小组合作学习,一会儿小组分角色朗读,一会儿小组讨论该物的用途……试问,在这样的课堂上,哪有大面积和系统集中的自我思考,哪有思维含量的问题,如此,学生真的是"学而不思则罔"!

2.只重知识、不重能力的教学

"新课改改革纲要讲得也很清楚,就是要把教育从原来的只重知识转到既重视知识又重视能力上来,既重视学习更要重视体验和实践。"[1]所以出现了"三维"目标,知识和能力、过程和方法、情感态度和价值观。但是有人对这三者的关系搞不明白,甚至按照时间和逻辑顺序进行排列,所以在一些教师的课堂上仍会出现"填鸭式"的教学,一个劲儿地把教师认为重要的、需要掌握的知识一股脑儿地抛给学生。所以才会让有些学生产生这样的错觉:平时上课不重要,反正考前老师会把知识点归纳,到时候只要背功课,也会考出一个不错的成绩。造成这样的恶果不就是重知识、不重学习能力的后果?

3.只重技能、轻视内涵的教学

曾经听到过一些所谓的教育专家呼吁:教师要像医生一样,修炼专业技能,直到成为别人不能替代的地步。只有这样,教师的专业发展,也就更有价值了。[2]这样的观点实在令人无法赞同,这不禁让人想到了教育学生。在现有的课程里,大多数都是让学生学习知识或技能的,虽然课标提出重视情感态度价值观的培养,但是践行情况却不那么理想。中考、高考,甚至每学年一次的规范化考试,成绩所反映的永远只是某个学科的学习情况,却没有反映某个学生道德、品行的发展情况,这一点是令人担忧的。

五、视域狭隘的教学评价

教学评价是以教学目标为依据,按照科学的标准,运用一切有效的技术手段,对教学过程及结果进行测量,并给予价值判断的过程。它是对教学工作质量所做的测量、分析和评定,包括:对学生学业成绩的评价,对教师教学质量的评价和进行课程评价。教学评价直指学生、教师和课程的发展,有举足轻重的作用。但现如今,教学评

---

[1] [2] 赵宪宇.教育的痛和痒[M]. 北京:北京大学出版社,2005(5).

价呈现出视域狭隘的现象。

1.评价主体的单一化

不管是课堂教学评价还是学生学业评价,评价的主体基本上都是单一的。在对学生进行评价时,虽说学生是教学的主体,教学的评价应该以尊重学生为基本前提,使评价成为学生认识自我、发展自我、激励自我的一种手段。但在实际的评价中,依然多是教师评价学生,学生是被动接受评价的客体,而不是参与评价的主体。这种单方面的、直线式的、孤立的评价,使教学评价少了全面性而多了片面性,少了民主性而多了独断性。

2.评价功能的甄别化

在传统的评价中有一个基本的假设,那就是只有极个别的学生优秀,而大多数的学生都属一般。为此,甄别就成为评价的一个重要功能,通过考试将学生分为三六九等。在这样的过程中,只有少数学生能够获得鼓励,体验成功的快乐,大多数学生都是失败者。虽然现在新课标指出要淡化评价的选拔、甄别功能,[①]多元智力理论也提出"人与人之间没有智力上的好坏高低之分,只有各种智力不同组合形成的差异"。但事实上,不管是教师还是整个社会,在对人做出评价的时候,仍然带有根深蒂固的甄别观,可以说,甄别观不仅仅是一种评价观念,更是一种深层的社会文化。

3.评价目的的功利化

首先,评价是为了考核教师。课堂教学评价在本质上是一种形成性评价,是教师与评价者共同参与的研究或探究活动,其最终目的是促进教学的改进和改善,促进课堂教学效率和质量的提高。但长期以来,课堂教学评价被用于对教师的考核评比,其结果直接与教师奖惩晋升挂钩。在这种评价中,评价的目的被异化了,选拔被当作教师评价的主要功能,而教师评价的发展性功能——促使教师专业发展的功能常有意无意地被忽视。

同时,评价也是为了控制学生。不知从何时起,不少课堂里开始掀起一股运用掌声、口号声进行评价的热潮。掌声是整齐划一的"啪、啪、啪啪啪"。口号声也是整齐响亮的"嘿、嘿、你真棒!"在低年级课堂中适当运用这样的评价方式,有一定的效果,能让学生产生一种自豪感、约束感,进而保证自己在课堂中的良好表现。

针对儿童"被学习"的现实困境,东亭实小以积极心理学理念为指导,以"优秀吸引"的方式关注学生学习生活中的积极因素,以期对传统纠错式的教育教学产生积极的挑战意义。

---

① 中华人民共和国教育部.义务教育语文新课程标准(2011版)[S].北京:北京师范大学出版社,2012(1).

第二节 积极教育学的教育勃兴

"优秀吸引"这一概念中的"优秀"并非一般意义上的一个评价标准,而是基于积极心理学对"优秀"的关注和促成所提出的。

积极心理学是20世纪末由美国当代著名心理学家马丁·塞利格曼在研究习得性乐观的基础上发起的一场心理学运动,是一种以积极品质和积极力量为研究核心,致力于使个体和社会走向繁荣的科学研究。积极心理学主张以人的积极力量、善端和美德为出发点,提倡用一种积极的心态来对人的许多心理现象做出新的解读,从而激发人自身内在的积极力量和优秀品质,并利用这些积极力量和优秀品质来帮助普通人或具有一定天赋的人最大限度地挖掘自己的潜力而获得幸福。

一、积极心理学的基本思想

1. 强调人的本性趋于积极

积极心理学认为,积极是人类固有的一种重要本性。人类社会关注社会成员的积极力量,这既是对人性的尊重和赞扬,更是对人性伟大的理智理解。人性的这种积极本性可以从我们社会习俗中得到显而易见的反映。例如,我们的社会都期望儿童对一些特定的成人施以特定的称呼(如教师、长辈等),如果这些称呼没有什么内在的积极或消极意义,社会何不让事情变得简单,对每个人都直呼其名?事实上,社会的这一习俗通过给儿童提供一系列关于适当称呼的期待,从而有助于协调社会体系内每个个体间的相互作用,这种相互作用体现了一种积极意义——尊重、关心、爱护、考虑他人的权利意义等。

2. 强调每个人的积极力量

人的积极力量不仅仅只是一种静态的人格特质,它还是一种动态的心理过程,能对周围的环境有效分析并做出合理选择。以乐观为例,乐观主义者并不是不顾环境的具体状况而一味地盲目乐观,从而使自己处于危险境地,而是能小心地留心周围环境中的危险信息,有选择地面对不同问题的具体情况而用一种合理方式来表达或开展自己的行动。所以,人的积极力量不仅仅包括某些人格特征,还包括人在正确的时间能正确地运用自己的各种资源和技能来实现自己的目标或解决所面临困难的能力,简单地说,是一种为了得到良好的结果而灵活进行自我调节的能力。具体来说,积极心理学主要从三个方面来研究积极力量:首先,从主观层面上看,积极心理学主张要研究个体对待过去、现在和将来的积极主观体验；其次，从个体层面上看，要研究积极人格，并提出了自己独特的人格分类标准：乐观解释风格人格和悲观解释风格人格；再次，从集体层面上看，主张研究积极的组织系统，这些组织系统的建立要以人的主观幸福感为出发点和归宿。

3.提倡对问题做出积极的解释

在个人的成长过程中总会经历各种不同的问题，有成功也有失败，有欢乐也有痛苦，等等。特别是负性生活事件如何应对？积极心理学提倡对问题要做出积极的解释，问题的出现为人类提供了一个展现自己优秀品质和潜在能力的机会，化危机为转机，从而使人获得成长。积极心理学倡导者塞里格曼认为，人对事物的解释有两种不同风格：乐观解释风格和悲观解释风格。一个人之所以乐观，是因为能够将消极的、负性生活事件和体验归因于外在的、暂时的、特定的因素，这些因素不具有普遍的价值意义。与此相反，一个人之所以悲观，是把挫折与失败归因于内在的、稳定的、普遍的因素。而积极心理学倡导乐观解释风格的培养。它主张从两个方面来寻求问题的积极意义，一是多方面探寻产生问题的根本原因，二是从问题本身去获得积极的体验。

二、积极心理学给予教育的启示

从积极心理学的角度来看，教育应强调以增进儿童的积极体验为途径，以培养儿童的积极人格为目标，同时要创造一个积极的社会环境作为儿童发展的外在保障。积极心理学理念已对学校教育产生一定影响，它给予教育的启示是：

1.教育要培养学生积极的心理品质和唤起积极情感的力量

积极心理学是一种以积极品质和积极力量为研究核心，致力于使个体和社会走向繁荣的科学研究。积极心理学的研究重点放在人自身的积极品质和力量方面，主张心理学要以人固有的、实际的、潜在的具有建设性的力量、美德和善行为主要出发点，提倡用一种积极的心态来对人的许多心理现象做出新的解读，从而激发人自身内在的积极力量和优秀品质，并利用这些积极力量和优秀品质来帮助普通人或具有一定天赋的人最大限度地挖掘自己的潜力而获得幸福。

2.教育要重视提升师生的幸福感

从个体发展来看，积极心理学的价值在于提升个体的主观幸福感；使个体学会并保持乐观；使个体形成积极人格。积极心理学倡导积极的生活观念：不论成功还是失败，尤其在面对失败的结果时，人们要学会做出积极乐观的理解，并且学会从积极的角度看待社会、工作、学习和人生，有了积极的心态，就会增强主观的幸福感。

3.教育要重视积极情绪的力量

积极情绪是个体积极行为的心理资源。积极情绪的功能主要体现在认知领域、生理、人际关系方面和积极品质建构上。教育要重视学生的情绪,并通过唤起学生的积极情绪促进学生的学习和自主德行养成。教师的积极情绪有助于激发学生的积极情绪,同伴之间积极情绪的分享交流有利于建构积极的学习场。

诱导积极情绪的方法有很多,教育者平时要多注意孩子的喜好,一旦发现孩子因某些事情而出现心理资源不足的状态时,最好能选择他平时喜欢的方式来影响他,这样会起到事半功倍的作用。且立即诱导的效果没有稍后诱导的效果好,因为当个体刚刚经历消耗大量心理能量的生活事件之后,他的生理或心理处于严重疲劳期,在这一段时间会出现生理和心理的不应期,此时对它施加的影响并不会产生太大的作用。

4.让孩子学会解释将有助于他乐观品质的形成

解释风格有三个重要的方面:永久性(坏事件是否会永远存在)、普遍性(坏事件是否会影响到其他许多事情)和人格化(坏事情发生是自己的错还是其他人的错)。让孩子尽可能将自己的真实想法展开描述,并围绕永久性、普遍性、人格化三个方面展开分析,教给孩子乐观、正确的解释风格。这种方法必须通过不断的练习获得。

5.让孩子学会与人相处

有良好社交关系及解决技能的孩子常会交到新朋友,他们能适应环境,和不认识的孩子打招呼,并且能积极参加新活动;他们也知道如何保持友谊,他们会合作、妥协、信任别人,也让别人信任;他们同样会适当地应付冲突;他们尊重不同观点,将自身的期望以清晰且坚定的方式表达出来。当他们做错事时,会诚心道歉;但若不是他们的错,则不轻易认错。教会孩子更好地与人相处,有五步值得借鉴:第一步放慢脚步,停下来想,用冷静思维思考问题,不要用暴躁思维;第二步摄取观点,从他人的角度看问题;第三步建立目标,选择目标并且列下所有可能途径;第四步选择途径,每一条途径的长、短处是什么;第五步是否有效,如果解决方法无效,再试另一种。

6.教育要帮助学生形成积极的人际关系和群体心理氛围

学生积极的心理品质是在与他人交往和群体共同生活中形成的。建立良好的人际关系和积极的集体心理场有助于使学生获得心理归属感和他人的认可。

三、优秀吸引与榜样教育、赏识教育的区别

积极心理学对于积极情绪、积极投入、积极人际关系、积极意义、积极成就(PERMA模型)的研究,将积极心理学应用于教育,引导学生获得积极情绪、凭借积极力量去参与、发展人际关系,寻找人生的意义,并在取得成就的过程中实现自身价值。这就是核心概念"优秀吸引"中"优秀"的本源。Patty O'Grady博士利用积极心理学已有的研究成果,针对小学课堂教育提出了一些具体的、带有明显积极心理学特征

的建议和指导。他的研究关注的核心是儿童最佳学习的影响因素，其目的是提升积极情绪、积极力量、人际关系、意义和成就。这一系列对自身及外在"优秀"的关注和促成，都有助于培养学生的创新思维和创新能力，使儿童最大限度地挖掘自己的潜力。当教师摒弃存在缺陷的旧教育模式，将焦点从关注学生所犯的错误转移到学生的积极力量上来，就一定能帮助学生获得成就感，增强学生实现幸福的积极力量，像这样借助"优秀"展开教学，教师的教学便有了"优秀吸引"。当学生能在恰当的时间以正确的方式做正确的事情（这被亚里士多德称为"实践的智慧"），便有了优秀的基础，看到自己的优秀成就和获得成就的积极过程，从而获得更多的成就动力，那么学生的学习、生活便有了"优秀吸引"。

"优秀吸引"与赏识教育、榜样教育有所区别。赏识教育是以尊重受教育者的个性为前提，以信任、真爱、激励为基础，通过对受教育者的赏识和赞扬，激发其主观能动性，发展其潜能，培养其创造性思维，实现自我欣赏，自我发展的一种教育方式。赏识教育在帮助家长及教育工作者教育孩子方面功不可没，它主要是在欣赏和赞扬孩子优点的基础上善于发现孩子的"闪光点"，积极挖掘孩子的潜力，"为孩子翘起我们的大拇指"从而使孩子获得尊严感，充满自信感，并坚信自己有别人无法取代的精华。赏识教育是以尊重人性为前提的教育，教育者在教育教学活动中要以尊重、信任、真诚、宽容、鼓励等为基石，要以深沉的爱触动受教育者的心灵，要用幽默、赏识、感动的方法走进受教育者的内心世界，使受教育者切实感受到与教育者之间是民主平等的朋友式关系，从而产生幸福感，引起受教育者的共鸣。

榜样教育，主要运用于政治思想教育之中，是指思想政治教育机关通过选择那些主动践行社会行为规范并为社会做出突出贡献的个人为榜样，对他们进行宣传，使榜样的行为、方法、思想、品质、成就能够影响他人、感化他人，并期望其积极效仿、主动追逐或主动摒弃某种错误思想、行为，使榜样的效力尽可能发挥到极致的一种教育实践活动，其直接目的是为了拓展和深化榜样的教化功能，也称榜样示范法。

由此可见，积极教育理论指导下的"优秀吸引"与赏识教育、榜样教育有着相似之处，都是以人为本的教育，但也存在着极大的不同：有别于赏识教育，"优秀吸引"除了发现学生的"闪光点"发展学生潜能外，还注重学生对"优秀"的自我分析、自我认识，从而达到优秀的生长，以此来消解其他方面的不足。从某种意义上讲，"优秀吸引"是一种讲求内省的自我教育，当学生意识到自身优秀的"前因后果"，便会不自觉地将"优秀"引向一种习惯，所以说，"优秀吸引"是由内而外焕发出来的积极魅力。有别于榜样教育，"优秀吸引"在注重榜样示范的同时，更注重在适应的前提下，通过团队介入的方式，营造一种优秀的场域氛围，以此来感染、吸引团队中的每一个人，在心理舒适的同行状态下，生长优秀，在这样的教育教学情境中，学生的个性就不致于被忽略。

第三节 积极学习的启示意义

有关积极学习的概念并没有统一的说法: [美]M·希尔伯曼这样界定积极学习——学习者是学习的主体, 他们使用头脑探究观念、解决问题, 并应用所学, 在学习过程中学生全身心参与, 智力、情感、社交、身体等全方位投入, 教师是教学过程的引导者; Keyser, Marcia W认为积极学习是使学生积极参与的所有方法的总称; 徐勋、蒋晓认为积极学习其实质就是在教学过程中充分调动学生学习的积极性和主动性, 让学生动脑、动手、去看、去做、去理解, 以达到掌握知识、技能, 并应用这些知识、技能解决问题, 学会如何学习, 如何创造, 以及丰富情感, 健全人格的目的; 陈晓强认为积极学习是指在教学过程中充分调动学生积极主动的学习态度, 让学生动脑动手、去看、去做、去理解, 以获得具有适应终身学习的基础知识、基本技能和方法, 学会学习, 养成具有初步的创新精神、实践能力、科学人文素质和环境意识, 以及丰富情感、健全人格的目的; 杨波认为积极学习是指这样一个过程, 学习者积极主动地参与到学习过程中, 而不是被动地吸收教学内容。

一、积极学习的特征

1.学习状态的投入性

积极学习是学习者以主动的角色在情感、认知和行为方面的投入, 是一种理想的学习状态和境界。所谓主动角色是指学习者能够自我组织、制订和执行学习计划, 并能够控制整个学习过程, 对学习进行自我评估, 每个人对自己的学习负全部责任。教师应该成为学生的指导者或建议者, 而不应该是学习过程的操控者。学习者在学习过程中往往有热情、孤僻、反叛、顺从等情感体验。情感投入是主体深层次的、主动的情感体验, 是主体间在认识和理解基础上的共鸣。情感投入是学习者投入行为强有力的先导动力, 在学习中直接或间接地影响着学习者的认知投入和行为投入。认知投入意味着学习不是靠死记硬背, 而是主体在学习的过程中能较好地采用认知策略和元认知技巧, 能将学习活动和学习材料中抽象的、高层次的要素相联系, 注重分析知识之间的关联。行为投入是一种基本的投入形态, 它能够体现出学习者在学习行为上的表现是否积极, 是情感投入和认知投入的载体。学习者行为投入主要包括以下要素: 参与、坚持、逃避、无助、集中、参加讨论、努力程度、钻研程度以及投入的时间等。

2.学习目标与内容的切身性

在积极学习中, 学习者能够清楚地感到学习活动是与自己有密切关系的。在学习开始之前,学习者可能会问:"这些内容和我们的目标有什么关系?"当学习者认为这些关系密切时,就会表现出极大的兴趣,因而在学习过程中也就会有更多的情感、认知和行动投入。切身性有两种,即目的指向切身性和过程指向切身性。如果学习内容有助于达到某个重要的目的,那么学生的学习动机就会被激发。学生如果能够感受到学习本身与自己的个性特征相吻合,或者学习内容与自己的知识经验有关,那么,学习者的内心就会感到愉悦,学习活动也会得到促进。

3.学习结果的满足感

满足感是当学习的结果与学习者的期待相符时,学习者心理上得到的满足。积极学习是学习者能够获得满足感的学习,这种满足感来源于两个方面:一是学习过程中创造性地解决了问题。学习的过程本来就是一个不断解决问题的过程。由于要解决的问题有良构与劣构之分、真实与虚拟之别,所以问题解决的难度有所不同,解决问题后的乐趣或快感也有所区别,解决了难题往往会使学习者获得很高的满足感。二是学习者可以对外部世界做出积极的贡献。任何学习活动都是发生在一定的社会环境之中的。如果学习与外部世界有一定的互动,那么就可能对外部世界环境的改善产生一定的影响。当学习者看到自己的影响是积极的,他们往往就会产生极大的成就感与满足感。

4.学习目的的自我超越性

积极学习并不满足于一时的成功,而是不断追求成功,追求可持续发展,因此,进行积极学习的人非常重视自我超越。自我超越是指主体能不断地分清并加深个人愿景,使其形成创造性张力,从而不断地超越自我,客观地看待现实,这是积极学习者的精神基础。自我超越还指主体能通过系统思考和反思等具体行动,不断改善自己的心智模式和认知方式。

5.学习方式的适应性与创造性

适应性学习往往具有准确、可靠、效率高、自我约束、顺从等特点,学习者以过去检验过的方式解决问题,能在长期的琐碎工作中保持很高的准确度。创造性学习者则常常不受常规的限制,而且总在不断地寻找更好的学习策略。积极学习者往往会兼顾这两种方式。

二、基于积极学习课堂环境的"主体性"思索

如今的学生处在一个知识爆炸、快速变化和不确定的世界,他们会焦虑、具有防御心理。学习过程中也是如此。因此,获得安全感对于学生来说相当重要。获得安全感的一种重要方法是与他人联系,比如给学生布置一些需要相互依赖才能完成的工

作任务，在与同伴一起做事时，他们会显得更加投入，一旦卷入，他们就会相互交流体验，从而形成更紧密的联系。这一学习的社会属性同样也告诉我们积极学习非常关注课堂环境。

积极学习的课堂环境具有以下特征：学生具有责任感和主动性；生成式的学习活动；真实的学习环境；真实的评价策略；合作的支持。也有学者对教师和学生所期望的积极的课堂环境是什么样的展开了调查，结果发现教师和学生对积极的课堂环境的期望竟有着惊人的一致，他们一致认为，积极的课堂环境具有以下特征：第一，严格且一致的纪律。第二，参与课堂活动是必要的，一方面教师需要学生的参与，另一方面学生表示其本身也情愿积极地投入学习之中，而非漫不经心或消极加入。第三，认为积极的师生关系有助于创建积极的课堂环境，相互尊重是非常重要的。也就是：高效的纪律、学生参与、师生关系三方面是积极学习的课堂环境所必备的。

在这样的课堂环境之中，学生的主体性更以一种专注、积极、投入的状态呈现：

1. 主体性中有"谦虚"

课堂中有话语霸权，存在思维缺场就不是积极学习。以往我们为了鼓励每一个学生的课堂参与，在课堂中往往更多关注的是学生张扬个性，表达自我。但学生自我意识强，大多以自我为中心，很容易就促成了学生的"我行我素"，无形中滋长了学习的排他性，这是不利于学生成长的。学习是一种不断融合的过程，要真正发生，就必须善于发现他者优秀，包括书本的、老师的、同伴的、环境的等一切优秀资源。某种意义上来看，谁掌握了更多更优质的资源，谁就拥有了学习的主动权，而这些"优质""优秀"，需要学生有一颗"谦虚"的心才能发现、包容，进而去吸纳、融合。

2. 主体性贵在"倾听"

积极倾听是一种专念，时刻关注当下，倾心投入自己眼前正在进行的活动。倾听是学生学习中最重要的行为，善于学习的学生通常都是擅长倾听的儿童。学习是从身心向他人敞开、接纳异质的、未知的东西开始的。学生通过听这一被动的行为来发展自身的主体性。教师在教学过程中也要转变"讲"的身份，以"听"为轴心展开，这样才能将学生的学习推到前台，使学生的主体性得到展现。

3. 主体性体现为"呼应"

学习是在环境中发生的，尤其是在当今这一个信息公开、网络发达的大数据时代，学习共同体、合作学习，应该是各行各业展开并深入学习的主要方式、策略，也是保障学习效率的有效途径。由此可见，学习是基于关系的交往，讲求一种"呼应"：与书本"呼应"，多与教科书、课外书的语言发生接触，积极感受；与师者"呼应"，努力与老师对话，产生问题，积极询问；与同伴"呼应"，善于发现伙伴的优秀，积极碰撞，有选择地吸收；与自己的内心"呼应"，不断反思自身学习，丰富自己的认识，提升思想。

4.主体性包容"不和谐"

每个学生都是独立的个体，学习不是"大合唱"，不能也不应该把学生训练到千篇一律，没有个性思想跟没有生命一样可怕，都是丧失生机的。高效并不是高度统一，课堂上应该"让各种学生的看法和想象相互激荡，回响共鸣"，学生在学习过程中能发表不同意见，产生不同想法，提出一定的质疑等，这代表着学生在思考，都有他自身的"逻辑世界"。教师首先应该做的，不是纠正，更不是批评，而是包容，去倾听、理解这些学生的表达。

积极心理学为儿童学习提供了新的思路和理念，"优秀吸引"以积极心理学为导向，努力融合赏识、榜样教育的优势，借鉴场域、专念、人际吸引等相关概念理论，从而创造出全心投入、自主自觉、幸福美好的儿童学习生活。

第四节 积极教育的核心认识

积极教育是20世纪末美国发起的蔓延西方的一场教育运动。积极教育就是指从学生外显和潜在的积极力量为出发点，以增强学生的积极体验为主要途径，最终达成培养学生个体层面和集体层面的积极人格而实施的教育。积极教育重视技能、态度、行为、交流风格等的教育，强化个体自信、自尊、忍耐、尊重他人、爱护环境等积极品质，以此激励、促进个体和人类的发展。

积极教育的核心价值观表现为三点：一是积极教育认为所有人不论年龄和生活状况，都能学习和成功；二是积极教育坚持持续的创造性的教育方法的改进终究能打开一个人的心智；三是指积极教育需要家庭、学校、教师、社会环境整合起来为学生的积极发展提供支持。

一、积极教育的核心认识

我们提出的积极教育并非西化的积极教育的照搬照抄，而是出于当今教育改革大潮的一种研究、一种诉求、一种学校的自我规约。

第一，积极教育以人的优秀品质、积极力量为教育内容，以发现与分享这些优秀品质、积极力量为手段，并利用这些品质、力量来帮助教师、学生最大限度地挖掘自己的潜力，从而获得幸福为目标。[1]这种"优势迁移"的教育方式将教师与学生的目光锁定已觉的"优秀"，唤醒潜在的"优秀"，把握"最近发展区"，加速推动教师、学生的成长。我们之所以抱定这一目标，并不是说我们一定要达到这一目标，而是说"谁愈是向着那个目标前进，谁就愈会成功"[2]，积极教育追求的就是"行走在路上"的一个过程。

第二，积极教育侧重于内省式的自我教育。"一切教育都可以归结为自我教育。学历和课堂知识均是暂时的，自我教育的能力却是一笔终身财富。"[3]法国思想家蒙田说：学习不是为了适应外界，而是为了丰富自己。孔子的"为学"主张首先就是"为己之学"，强调一个人的学习，主要是为了要提升自己内在的修养水平，成就自己的德行。心理学大师马斯洛通过种种研究表明，"自我实现者更倾向于领悟真实的存在，而不是拘泥于他们自己或他们所属文化群的愿望、希望、恐惧、焦虑以及理论或者信仰中。"[4]为自己储备知识，开阔视野，继而改变自己的思维方式和行为方式，而不是学给别人

---

[1] 任俊.写给教育者的积极心理学[M].北京：中国轻工业出版社，2010 (8).
[2] [法]卢梭著，李平沤译.爱弥儿[M].北京：商务印书馆，2013.
[3] 周国平.周国平论教育[M].上海：华东师范大学出版社，2009.
[4] [美]亚伯拉罕·马斯洛著，许金声等译.动机与人格（第三版）[M].北京：中国人民大学出版社，2007.

看，也不用以装饰门面。积极教育的最终目标是教师、学生的自我发展。

第三，积极教育努力追索童年的"意思"。儿童时期的存在有其自身的内在价值，我们不能把儿童看成是"未长成的大人"，儿童就是儿童。儿童有自己独特的处事方式、思维逻辑、情感体验等，虽然有些行为思想在成人眼中荒诞无厘头，但这是儿童时期的专属，不能过度强求"意义"，强烈的目的性会给成长带上无形的枷锁，唯有遵循儿童的发展规律，与儿童一起塑造当下的幸福，过有意思的童年，才能真正为儿童的成长助力。卢梭说："要爱护儿童，帮他们做游戏，使他们快乐，培养他们可爱的本能。你们当中，谁不时刻依恋那始终是喜笑颜开、心情恬静的童年？"[1]如果用积极教育的理念给"童年"注解，那么应该是乐趣、参与、有意思。

第四，积极教育是一种蓬勃的文化情怀。一是充满吸引力的人文情怀。积极教育倡导人文管理，将"管理"塑造成"吸引"，更好地激活教师的内在需求，形成群体向心力，使教师产生依属感。在心理舒适的状态下，教师就能更客观地理解自己的职业，确立职业目标，拥有职业追求。二是充满信仰的知识情怀。积极教育将对知识的尊重、多元人才观的树立放在课堂教学的首位，充分保障学生的学习权，享受学习的乐趣。三是兼容并蓄的行者情怀。积极教育包容差异，借助"分享互助"的方式追求团队的共同发展，以"帮学"带动"求学"，以"助教"实现"求教"，始终保持着一种积极的发展状态，以主观能动的驱驰之姿，行走在提升之路上。

二、积极教育的目标任务

积极教育观认为，人人都有积极的心理潜能，都有自我向上的成长能力。因此，积极教育的任务与目标把重点放在培养学生内在的积极心理品质和激发学习潜能上，具体包括：

1.积极的思维品质

思维品质反映了每个个体智力或思维水平的差异，积极的思维品质源于优秀的逻辑思维能力，主要包括思维的灵活性，如从不同角度、方向、方面，能用多种方法来解决问题，有一定的概括迁移能力；思维的敏捷性，如在处理问题和解决问题的过程中，能够适应变化的情况来积极地思维，周密地考虑，正确地判断和迅速地作出结论等；思维的系统性，如有序思考及解决问题，整合各类不同信息等。

2.积极的学习习惯

学习习惯是在学习过程中经过反复练习形成并发展，成为一种个体需要的自动化学习行为方式。对于小学生来说，积极的学习习惯主要有预习、复习的习惯；专注投入、讲求效率的习惯；独立思考的习惯；善于分享的习惯等。养成积极的学习习惯，有

---

[1] [法]卢梭著，李平沤译.爱弥儿[M].北京：商务印书馆，2013.

利于激发学生学习的积极性和主动性；有利于形成学习策略，提高学习效率；有利于培养自主学习能力；有利于培养学生的创新精神和创造能力，使学生终身受益。

3.积极的认知方式

认知方式是个体在知觉、思维、记忆和理解问题等认知活动中加工和组织信息时所显示出来的独特而稳定的风格，表现为一个人习惯于采取什么方式对外界事物进行认知，它并没有好坏的区分。认知方式有很多表现形式，如沉思型和冲动型、辐射型和发散型等。学生要能认识到自身认知方式上的不足，取长补短，如冲动型的人要学会借鉴沉思型的认知方式，遇事冷静，多以整体的方式客观地看待事物等。

4.积极的学习心态

学生能充分认识学习的意义，领悟学习对于自身成长的重要性，形成正确的学习态度，能全身心地融入学习，有积极的学习表现，如善于思考、分析、整合，不断学习的心态；正确面对学习上的失败，合理归因的心态；明晓学习不是一蹴而就的，坚持才有收获的心态；付出、合作的心态等。并且能在学习过程中，努力克服投机、侥幸、依赖的不良心态，取得学习的主动权。

5.积极的伙伴交流

学生是在集体中获得成长的，个体的成长离不开同伴交往，伙伴交流是建立在平等关系基础上的主体间精神交流、互动的方式。积极的伙伴交流内容十分广泛，可以是快乐的体验、成功的经验、获得的知识等，也可以是内心的秘密、成长的烦恼、遇到的挫折等，通过同伴交流，彼此得到启发，获得精神动力、促进自我成长。

三、积极教育的实践原则

积极教育不是简单的教学模式、教学思维，而是一种基于过程论的新的教育哲学，一种对教育中师生关系的重新认识，一种对教育中主客体关系的重新定位，一种对教育过程中情境的重新思考。

1.积极教育重视个体的自我发展

[美]尼·布勒马在他的《你怎样才能成功》一书中称："本世纪最伟大的发现，应是对人自身的发现，而不是宇宙探险或别的。在我们的内部，潜藏着几百万块钱也买不到的宝贵财富，可是现在有那么多人看不见它。如果我们能成功地发现自己，那么这世界很多的不幸就不会存在了。"传统的教育，一般只重视教师对学生的影响，而忽视研究学生主动接受的过程。对于怎样促使学生自己教育自己，自己管理自己，自己发展自己并不重视。但是这种教育是残缺不全的，它难以培养出具有主动性、积极性、创造性的人才。也就是说没有积极性就不会有创造性。过去我们常说"失败是成功之母"，现在我们认识到"积极才是成功之母"。1972年，联合国教科文组织的教育报告《学会生

存——教育世界的今天和明天》中指出"未来的学校必须把教育的对象变成自己教育自己的主体。受教育的人必须成为教育他自己的人；别人的教育必须成为这个人自己的教育。这种个人同自己的关系的根本转变，是今后几十年内科学与技术变革中教育所面临的最困难的一个问题"。这种改变是"必须"的，因为社会发展需要全新的自我发展型人才，需要积极的创造型人才。

积极教育是以自我意识为前提的教育。人由于有了自我意识，能改变对自己固有的认识，能及时发现自己的学习潜能，能成功地超越自己的学习障碍，并能在实现理想的自我过程中完善健康的人格，为自己今后的学习与发展奠定良好基础。

2.积极教育讲究学生学习过程中的积极情绪

积极教育以积极心理学作为基础，特别讲究学生学习过程中的积极情绪。这种个体的积极情绪是学习过程的体验，具体表现在：学习的兴趣、学习的成功感、幸福感；学习自我效能感以及积极的自我归因等方面。特级教师李吉林认为"讲究学生的积极情绪，强调兴趣的培养，以形成主动发展的动机"。这是促进儿童智能及心理思维发展的重要问题。

现在社会上常提的"情商"原意出自"情绪智力"（emotional,intelligence），它是指一个人自我控制、热情、坚持性和自我激励等方面的积极能力。这种能力的积极性包含五个方面的含义：①知道自己的情绪，即能够识别正在发生的情绪，随时监控自己的情绪；②情绪管理，即调整情绪使它们比较合适，安慰自己的焦虑、抑郁和恼怒；③自我激励，即引导情绪达成目标，能够延迟满足并抑制冲动；④识别他人的情绪，即同情意识和适应别人的情绪；⑤处理关系，即管理他人的情绪，并与他人和谐相处。从积极教育的视角出发，这种积极情绪在产生的学习行为上表现为：①知道自己的学习兴趣，并能适度把握兴趣与任务的关系；②能正确对待学习过程中的困难，并能主动克服这些困难，成功超越学习障碍；③自我激励，时时有学习的榜样，有赶超目标，有努力方向；还能积极处理同学关系，有宽容心，理解他人，善解人意，乐于在学习上帮助他人，也乐于接受他人的帮助；④学习结果的好坏能正确地的自我归因，积极寻找问题所在，从主观上找原因，认真总结反思，努力寻找突破口。

综上所述，积极教育讲究在教育过程中学生积极情绪的培养，讲究学生情绪智力的提高，讲究从根本上解决学生厌学、不会学、学习效率低下等实际问题。

有个教师就积极情绪写下了如下感悟：悲伤是一天，欢快也是一天，假如让我选择，我一定会选择欢快！麻木一天，感动一天，假如让我选择，我一定选择感动！浮躁一天，宁静一天，假如让我选择，我一定选择宁静！

保持积极情绪，培养"塞翁"心态，逆境隐藏良机，顺境隐藏灾祸，就如常人所说：虽改变不了环境，但可以改变自己；虽改变不了事实，但可以改变态度；虽改变不了过去,但可以改变现在;虽不能控制他人,但可以掌控自己;虽不能预知明天,但可以把握今天;虽不能左右天气,但可以改变心情;虽不能选择容颜,但可以展现笑容;虽不能样样顺利,但可以事事尽力。

给心灵多一份关注,给生命多一点关爱。爱出者爱返,福往者福来。好情绪者好习惯,好习惯者好性格,好性格者好命运。

3.积极教育的课堂不是教师自演自说、教师提问学生回答的固定场所,而是一个充满鼓励、关怀、平等的积极对话场所

在这样的课堂上,教学过程突破了知识和技能的"授——受"局限,表现为教与学积极的互动,师生双方积极地交流、沟通。在这个过程中,教师与学生分享彼此的思考、经验和知识,交流彼此的情感、体验与观念,从而使双方的主体性不断科学合理地发挥。

在这个过程中,需要教师富有激情、保持激情、充满激情。教师的激情可以为课堂营造积极氛围,可以为学生带来积极影响。

弗莱德克森曾对积极的情感提出过一个"拓宽并建造"的理论。她说:"在积极情感状态下所获得的个人知识会非常持久,要长于使个人获得社会的瞬间情感状态,而且,积极的情感有助于心理适应力的提升,有助于人们应对逆境。当缺少积极的情感时,人们会处处不顺,他们会失去一定程度上的行为自由并可能遭到情感上的痛苦。但当人们有着饱满的积极情感时,人们就摆脱了烦恼,变得非常有创造性,而且也变得非常乐观。"

所以说,积极课堂需要教师的激情,动情而富有感染力的语言,热情而充满爱意的关怀,激情而寄予希望的目光,将点燃学生的心灵,激励学生的学习积极性,支持学生不断克服困难,不断取得进步。

在积极课堂上,是教师的激情带动着学生的热情,是教师的激情影响着学生的课堂参与积极性。一个充满激情的教师,像一把火,能瞬间点燃整个教室,调动全体学生,让听课者感受到课堂的活力,学生的活力。

有位教师对课堂中教师充满激情做了这样的描述:激情导,未成曲调先有情;热情问,似是无情却有情;动情讲,曲终人散情更浓。

积极教育是一种教育品质,一种学校共同追寻的愿景;积极教育是一种气息,一种外于形、内于心,弥漫于学校、班级空间的人文氛围;积极教育更是一种力量,它能使得沉浸、生活于其间的个体学生有积极的从众心态,进而自发地由顺应转变为同化,即从认可积极教育到践行积极教育,再到形成积极教育的自觉行为,从而实现真正意义上的积极教育。

第五节 积极教育的特征解析

"积极教育"是以积极心理学为基础理论,以人固有的、实际的、潜在的具有建设性的力量、美德、善端为出发点,充分调动和激发人内在的积极因素和优秀品质,乐观、主动地面对学习、生活和工作,以获得学习、生活的意义和幸福,促成师生发展为最终目的的教育实践。

一、积极教育的逻辑起点：童年觉醒

[美]尼尔·波兹曼在《童年的消逝》一书中指出,童年理念能否存在主要取决于当时社会的大众媒介形式,印刷媒介有效地将成人世界和童年世界隔离,创造了成年人的新定义,成人指有能力阅读的人,相应的,儿童指欠缺阅读能力的人,儿童必须接受教育,以达到成熟的成人,这就产生了关于儿童的概念。印刷术使儿童无法了解社会的秘密,对儿童来说,最大的秘密就是性,其次是金钱、暴力、疾病、死亡、社会关系等等。当儿童渐渐长大,成人将按其发展阶段逐步透露这些秘密,但是电视、网络的普及,动摇了童年观念和理想。[1]电视不要求它的观众通过学习来掌握这种观看的技能,也不要求读者具备复杂的心智技能,这导致儿童成人化,但又像心理学家说的那样：儿童难以成长为成熟的成人。

积极教育首先要还原童年的"意思"。儿童时期的存在有其自身的内在价值,我们不能把儿童看成是"未长成的大人",儿童就是儿童。卢梭说："要爱护儿童,帮他们做游戏,使他们快乐,培养他们可爱的本能。"[2]我们可以借助传统游戏、经典阅读、团队活动等多种形式,来丰富学生的童年生活,把学生的视线从电视前转移到师生共同参与的活动中来,在真实的生活情境中探知未觉的世界,逐步获得成长。

积极教育注解下的"童年"还有另一个指向——心态,积极教育需要师生共同保持"童年"的心态。"在偏见和人类的习俗没有改变人们的自然倾向以前,孩子和成年人都是幸福的"[3],这就是"童年"心态下的幸福,简单纯粹。简单的生活便能不为物役,保持精神的自由,正如美国著名生态作家梭罗在《瓦尔登湖》一书中所表达的一样,把人的物质需求和消费需要限制在生态系统能承受的范围之内,并腾出时间尽可能多地与自然交流和保护自然,能不断提升自己的精神追求和美学品位。"童年"心态

---

[1] [美]尼尔·波兹曼著,吴燕莛译.娱乐至死：童年的消逝[M].桂林：广西师范大学出版社,2009 (5).
[2][3] [法]卢梭著,李平沤译.爱弥儿[M].北京：商务印书馆,2013.

的另一层含义是有梦想。童年是一个爱做梦的年龄,许许多多伟大的事业都是靠梦想走下去的,有了梦想才有希望,努力使儿童保持这种美好的梦想,并引导儿童不断追逐梦想,这就让人生充满了挑战。反观教师,所出现的职业倦怠等心理,很大程度上是因缺乏梦想和追求梦想的勇气造成的。教师,是一份以爱为主题的职业,只有心存梦想,才能历经沧桑而心不改,才能以智慧启迪智慧,以梦想点燃梦想,以积极昂扬的心态影响学生。

二、积极教育的价值指向:优秀生长

积极教育以积极心理学理论为指导,以人的优秀品质、积极力量为教育内容,以发现与分享这些优秀品质、积极力量为手段,来帮助教师、学生最大限度地挖掘自己的潜力,从而获得幸福。相信"优秀",迁移"优秀",最终实现"优秀"的生长,是积极教育所追求的行走姿态。

1.以"矮"的姿态认同——发现与赏识"优秀"

著名学者、作家周国平说:"人人都有天赋的心智能力,区别在于是否得到了充分运用和发展。"作为教师应当善于发现与赏识学生的"优秀",让学生在他人的行为中获得自身存在的美好体验,这就是存在感。"存在感是一种比美貌和财富更强大、更恒久、更幸福的力量"[1],它能使人在群体中很好地获得适应,增加行动热情与信心,促成学生身心聚合地投入到所做的事情之中,提高做事效率。

由此可见,作为教师,更应该以"蹲下身子"的"矮"姿态去发现与赏识学生的"优秀",了解学生的身心发展规律,尽可能地熟悉学生的成长环境,更有效地帮助学生找到发展的优势领域,少挑剔,多鼓励,以班级事件、某一段时间的行为,甚至是某一次作业为"优秀"发现的契机,以短、频、快的节奏发现、认可、重复、强调学生的"优秀"之处。

2.以"显"的方式融通——发扬与迁移"优秀"

与同龄人交往是小学生的强烈需要,对同辈文化的遵从已经成为小学生急剧转变的追求,只有遵从同辈文化,他们才能获得适应和胜任。[2]这种遵从促成了学生"他行我也行"的积极心理形成,从而更好地推动和实现优势迁移。这就要求教师站在儿童的立场,将儿童的"优秀"以一种利于儿童认知和接受的"显"的方式呈现,来帮助儿童发扬自身"优秀",迁移他人"优秀"。

这种"显"的方式:首先,应该是"理""趣"相融。不仅是要让儿童感知所呈现的

---

[1] [韩]白智娟,黎颖瑜译.存在感[M].北京:中信出版社2013 (6).
[2] 徐定华.心理学[M].南京:江苏人民出版社,1997 (1).

"优秀",还需要明确"优秀"的源头何在,如何才能达到这样的"优秀"目标,这种"优秀"长期发展会有怎样的愿景等。在"既知其然又知其所以然"的过程中,指向的是如何发扬、迁移的行为,便于儿童仿学"优秀"而又不失"优秀"本义。

其次,需要"短""频"相接。找准契机,多层次、多角度、长时间地呈现"优秀",让学生将日常关注的目光汇聚于"优秀"之中,所谓"润物细无声"应该是这种境界。再者,短小、频繁的呈示、仿学也能使"优秀"变得简单,便于形成习惯。

再次,强调"思""学"相长。将反观与思考融合到日常"优秀"迁移之中,帮助学生达成从为了表扬而行动的临时行为,向为了发展而愿为的长久习惯转变。

3.以"惯"的成例推动——践行与生长"优秀"

"一切教育都可以归结为自我教育。学历和课堂知识均是暂时的,自我教育的能力却是一笔终身财富。"[1]法国思想家蒙田说:学习不是为了适应外界,而是为了丰富自己。孔子的"为学"主张首先就是"为己之学",强调一个人的学习,主要是为了要提升自己内在的修养水平,成就自己的德行。积极教育也倡导一种侧重于内省式的自我教育,为自己储备知识,开阔视野,继而改变自己的思维方式和行为方式,而不是学给别人看,也不用以装饰门面。积极教育的最终目标是教师、学生的自我发展。

当"优秀"成为一种人人竞相追逐的目标,竞学"优秀"成为学校教育活动的惯例时,学校的舆论、风气、精神等弥散于不同领域、不同行为中的文化也便有了更具体的操作体系,成为学校每一分子积极自觉的行为觉醒,"优秀"的内在价值也就能得以最大限度地彰显。

三、积极教育的伦理诉求:需求满足

"人本心理学之父"马斯洛指出:"任何真正的需要的满足都有助于个性的改进、巩固和健康发展。""任何特定需要的满足都看作在长远意义上向自我实现前进了一步。"[2]在需求不断得到满足的过程中获得成长,同样也是积极教育所坚定的伦理诉求。

1.维护学生心中努力向学的学习图像

"学生在学校里的所作所为,取决于他心目中的学习图像。"[3]几乎每一个学生在新学期开始的时候都心怀努力的学习图像。有些学生学得很好,是因为在学习的过程中一直保有这个学习图像。[4]首先,小学生心中的学习图像主要来自他们对学校的美好

---

[1] 周国平.周国平论教育[M].上海:华东师范大学出版社,2009 (7).

[2] [美]亚伯拉罕·马斯洛著,许金声等译.动机与人格(第三版)[M].北京:中国人民大学出版社,2007 (4).

[3] [美]威廉·格拉瑟著,杨诚译.了解你的学生:选择理论下的师生双赢[M].北京:首都师范大学出版社,2011 (1).

[4] 常生龙.满足学生的内在学习需求[N].中国教育报,2011-4-14 (6).

向往,学校生活中同伴的互助交往、丰富的校园活动、团队的你学我赶等能很好地弥补独生子女时代学生的交往缺失,维护学校在学生心目中的美好形象,进而使努力向学的学习图像得以保持。

其次,所谓"亲其师信其道",学生心中的学习图像还来自教师,教师的教育教学行为能让学生直接感受到归属感与爱、权力、乐趣等内在需求是否得到满足,如果这些内在需求无法得到满足,那么学生就将大部分学习必备的图像逐出脑海,而且每一次的移出,都会令学生更加怀疑是否能在学校里找到他的满足。有研究证明,在绝大多数的课堂里,几乎都有50%的学生不能得到学习上的内心满足[①],从而表现出各种各样的学习问题,这需要引起每一位教师的警觉。

2.创设满足学生内在需求的学习环境

如果学生不愿意读书,任何处罚都无法逼他们就范。所有的动机都源自内心,一个学生在学校里表现不佳,是因为他没有在学校里找到足以令他满意的学习动力。[②]而"现实的利益才是最大的动力,才是使人走得又稳又远的唯一动力。"[③]因此,积极教育倡导的是创设能切实满足学生内在需求的学习环境。

一方面,要努力创设促进学生主动建构知识意义和促进学生能力生成的外部环境,如建设学习资源库,以便于学生根据自己的学习需求,自主选择资源,深入学习。另一方面,要关注支持学生学习的内部环境,如前文所述学生学习图像的维护,但在需求满足过程中,还需要明确的是,"你真正的权力绝不能超过你身体的能力。""一个人只要自己能够满足自己的需要,因而愿意做什么就做什么,这样的人才是快乐的人。"[④]只有在学生发展能够胜任范围之内的需求满足才能更切实有效地促进学生的成长。

四、积极教育的操作要素:对话分享

积极教育倡导过一种使人身心舒展的学校生活:如家园一般,有着情脉相连的人际吸引;如田园一般,有着顺天致性的生长自由;如乐园一般,有着童真觉醒的愉悦体验……学校真正成为师生共同生活和精神成长的场所。这样充满着吸引力、幸福感的学校共同生活离不开师生行动的维护,对话与分享是共同生活中最具特征的操作要素。

积极教育中的对话是在摆脱话语霸权和权威束缚下,在生活化的情境中,通过积极的主体参与,实现自主意义建构的教育教学行为方式。积极教育中的分享,不仅仅指与他人共同享受、使用、行使某物,更主要是指精神上的分享,是一种建立在平等关系

---

① 常生龙.满足学生的内在学习需求[N].中国教育报,2011-4-14 (6).
② [美]威廉·格拉瑟著,杨诚译.了解你的学生:选择理论下的师生双赢[M].北京:首都师范大学出版社, 2011 (1).
③④ [法]卢梭著,李平沤译.爱弥儿[M].北京:商务印书馆, 2013.

基础上的主体间精神交流、互动的方式。由此可见,积极教育下的对话分享是相通的,有其明显的操作特征。

1. 多元主体

无论是对话还是分享,既有个体自身思想之间的碰撞交流,又有个体与个体之间的会话交锋;既有群体中多主体间的分享沟通,又有群体与群体之间的合作互助;既有教师与学生、学生与学生之间的思想交会,又有人本、人机间知识与技能的吸纳会通。通过对话分享,将学生推至学习、活动的前台,保障学生的学习权、活动权,使其得到启发,获得精神动力,促进自我成长,充分享受学校生活的乐趣。

2. 伙伴关系

对话分享形成的人际关系中,每个人对于他人来说,始终是交往的主体,每个人在保持着各自独立性的同时,都全心全意地与他人交往,彼此之间不存在着越位、霸权,如教师的家长式操纵、部分优秀学生的口才表演秀等。这是一种平等的伙伴关系,基于信任、理解与尊重,只有这样的关系才是实在而又可持续发展的,也只有这种关系,才能更好地维护人际关系中的相互性,促成集体的共同发展。

3. 积极回应

对话分享不是简单的"你说我听,我说你听""我把东西给你"的过程,而是"认知的共振、思维的同步、情感的共鸣"。[①]在对话分享过程中,要善于就他人的交流做出积极的回应。如在回应之前要认真倾听、积极参与,弄清他人对话分享的内容,不理解处及时提出;采用他人可以接受的方式给予应有的回应等。此类交流的热情、倾听的投入、参与讨论的积极性等内隐性的情感都能直接关系到对话分享的效果。

当然,积极教育所思考的还有很多,如积极教育倡导人文管理,将"管理"塑造成"吸引",更好地激活教师的内在需求,形成群体向心力,使教师产生依属感;提出拥有充满信仰的知识情怀,将对知识的尊重、多元人才观的树立放在课堂教学的首位;积极教育包容差异,借助"分享互助"的方式追求团队的共同发展,以"帮学"带动"求学",以"助教"实现"求教"等,总之,积极教育将始终保持着一种积极的发展状态,以主观能动的驱驰之姿,行走在不断提升之路上。

---

① 李森,伍叶琴. 有效对话教学[M]. 福州:福建教育出版社,2012 (5).

第 二 章
理性认识建构

> 在"积极教育"的实践研究中,东亭实验小学形成了对"优秀吸引""儿童积极学习生活"的校本理解。我们认识到,学习是生活不可分割的一部分,不可一味地将儿童学习夸大化、唯一化,儿童学习代替不了儿童生活,在生活中学习,将儿童学习塑造成儿童生活的一种样态,才能实现儿童学习的积极突围。

第一节 什么是优秀吸引

优秀,如果从现代汉语词典上来讲,它就是(品行学问质量成绩)非常好。"优秀"可以是一个绝对概念,也是个相对概念。关于优秀的对象,可以是人,也可以是作品、事务,不必然指向"人"。"优秀吸引"中的"优秀"并非一般意义上的价值评判标准,而是源自积极心理学对人自身"优秀"的关注,积极心理学主张以人固有的、实际的、潜在的具有建设性的力量、美德和善端为出发点,提倡用一种积极的心态来对人的许多心理现象作出新的解读。其"优秀"包括人内在的积极情绪、优秀品质、良好心态等。

吸引,是指把别的物体力量或别人的注意力引到自己这方面来。在这个概念里面它有两个东西存在:目标对象和主体,吸引一定是个相互的过程。它不是一个单向的对别人的影响,这是不存在的;也没有办法说吸引一定是人的吸引,它有物体的吸引,有个磁场,正负两极,它也是可以吸引在一起。所以从本意上来讲,优秀和吸引,它既包含人,也包含物体、环境。

[德]海德格尔说,人是向死而生的,所以人没有出路。法国人说生命就是一场谁也逃不出去的冒险,谁也没法活着逃出去的冒险。而汉娜·阿伦特的行动理论富有积极意义,就是通过行动,可以逃离出去。人只有与他人分享这个世界、共同拥有这个世界并在这个世界中积极行动,才能使人获得意义。行动者的信念就是自我展示与实现,是由他人的在场所激发。对人来说,世界的现实性是以他人的参与和自身向所有人展现为保证的。在本质意义上,行动的意义是因为有他人在场所激发的。如果他人不在场,个人独立存在,就会失去行动的意义。

基于[美]汉娜·阿伦特的行动理论,思考吸引是什么。吸引是个体用一种积极的方式来建立新的联系,重构行动结构的交互过程。因此,优秀吸引是以个体优秀为中介,并以实现更深程度的优秀养成为目标,通过一种积极的方式,与目标对象建立新的关系,重构行动结构的交互过程。

优秀吸引摒弃了环境、资源的优秀,把优秀与吸引的目标对象和主体都指向人,人的吸引,以及人经由优秀的相互吸引。这并不意味着我们不去改造环境,不去变革制度,不去增强资源的丰富性和支持性,只是为了能够从所有者、观察者,以及连接所有者和观察者通道的角度,更加深入优秀与吸引。

优秀吸引,涵盖了三种视角:

第一种视角"是金子总会发光",它背后所隐藏的一个意义是,如果你不发光,我也看不到你，我也没办法承认你是块金子。所以金子只有闪闪发光，让我看到了，才知道你是块金子，你要展现自己的魅力。所以是金子总会发光，是从所有者的视角上来看。

第二个视角"夜空中最亮的星"，白天这个星星再亮，你也看不见，只有在夜幕降临，在一片黑色的夜幕之下，才能看到那颗最亮的星星。讲的是观察者视角，就是观察者现在所处的情境，如果一个观察者是不可一世的，自己光芒万丈的，他断然是看不到别人的优秀。所以从观察者的视角来看，如果你能够一定程度的示弱，或者降低自己的锋芒，那会看到别人优秀的地方，是这样一种吸引，是需要有保持的时间段，甚至有保持的策略。在看吸引的时候，不能只看所有者是一种什么状态，什么魅力，还要看观察者他当下的情景、心境、以及需求。

第三个视角"酒香怕不怕巷子深"，俗语说酒香不怕巷子深，酒足够香才能不怕巷子深。但也有人说酒香也怕巷子深，因为巷子足够深，酒再香也传不出来。这个视角讲的不是所有者，也不是观察者，它涉及的是连接所有者和观察者之间的通道建立。假如你的通道过长、所有者足够优秀，观察者也足够有这样热切的盼望，但通道没有建立起来，意味着他们两个仍然发生不了心理的关系。

优秀吸引，历经了六个台阶："发现优秀——修习优秀——内生优秀——暴露优秀——引领优秀——共生优秀"，这是"优秀吸引"所倡导的生长路径。儿童积极的学习生活，最终指向儿童真实学力的提升，实现个体优秀到群体优秀的跃迁。

如图①所示，我们提升优秀的认可度，让学生在赏识中发现优秀；注重爬坡历练，修习优秀；积极帮助学生建立良好的互学关系，让学生不断卷入和内生优秀，以此来提升学力；最终让学习者成为优秀者，充分暴露自己的优秀，并内生和焕发出自己的优秀去影响他人。当蓬勃向上的个体优秀成为优秀的资源，优秀也便从个体走向群体，从封闭走向开放，从潜在走向实在，从普通走向卓越，群体优秀充满积极的生长力，最终延展成积极生活的续航力。[①]

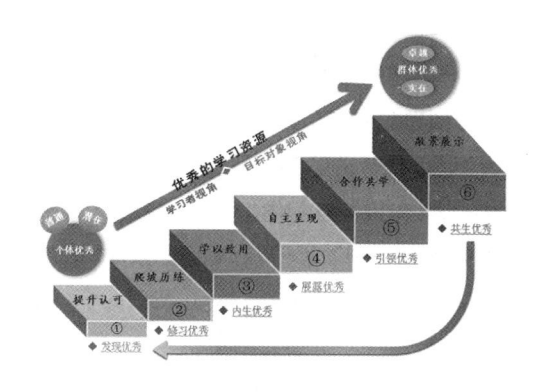

图① "优秀吸引"生长图示

[①] 凌红,许惠芳.优秀吸引:儿童积极学习生活的惯习养成[J].江苏教育研究,2019(11):35-38.

第二节 积极学习和儿童积极学习生活

施良方教授在《学习论》中将学习界定为学习者因经验而引起的行为、能力和心理倾向的比较持久的变化。儿童的好奇心、善良、合作、爱好、天资等品质,是学习的原动力。倡导关注且激发这些积极原动力,使儿童的学习活动参与度得到提高,从而推动良好学习行为的不断生成,逐步达到全身心投入、积极主动的最佳状态。

积极学习突出儿童之存在,吻合儿童的天性,采用适切的方式来进行;积极学习重点指向儿童的经历、体验;积极学习通过学习场域的构建,借由充满趣味的学习活动,增强积极原动力,让儿童用敏锐的眼光和智慧的心性来观察这个世界,发现并获得知识和技能。一言以蔽之,儿童积极学习的价值意义在于最终培养具有认知世界、社会世界以及生活世界的"完整意义生命体"。

积极学习状态下的儿童在学习与生活中是积极主动的,认知上、情感上、行动上能够保持一致性地投入。

1. 积极认知:从在场到在思

积极学习者在学习场域中能够主动地根据自身学习任务规划学习行动,清楚地知道学习任务与自己的关联性,做到积极参与。儿童本位的积极学习,不仅仅是对抽象符号的学习,而是更加强调积极思维的萌发,指向儿童的深度学习、创造性学习以及高级思维能力和品质的培养。[1]实现从知识学习的表面转向更加积极的思维状态,实现"在场"与"在思"的融合。

2. 积极情绪:从不足到满足

儿童在积极认知的指引下积极体验当下的学习与生活,当遇到困难与挫折时,他们能充分调动积极的情绪进行自我调节,在自我积极暗示中产生积极心态,进而采取积极的行动。在这一过程中,儿童的积极情绪充盈着整个学习状态,不因受挫而产生消极情绪,反而能在问题中发现自身不足并能积极主动地进行调节,促进自身产生积极行为的动力。这样的积极情绪状态便是从"不足"到"满足",认识当下,积极前行。

3. 积极行为:从自我到他者

积极学习者并不满足眼下的成功,而是始终保持着一颗积极学习的心、一颗充满积极体验的心。[2]他们充盈着吸引力,身上所散发的向善向美的积极心态和进取的精

---

[1] 崔志钰.积极学习的课堂形态:辨析·表达·判断[J].教育科学论坛.2019.4.
[2] 陈朝新.论积极学习[J].教育理论与实践.2013.7.

神让吸引着的双方不断保持着积极的依赖。这便是从个体优秀走向群体优秀,从潜在优秀走向实在优秀,从普通优秀走向卓越优秀。可"卷入"的场域使儿童从中获得积极的人际关系,行动上也将指引高效率的参与学习。

一、什么是儿童积极学习生活

对于生活,很多专家有自己的阐述,有的说"生活是生命活动,是生命的展开形式和存续形式,是一种活动的过程,是一系列历经时间与空间的流动,当这种流动停止,生活便宣告结束"。还有的说"生活是人类为生存发展而进行的所有活动,以及对这所有活动的主观经验"。这些表述告诉我们:生活一定是从生命开始,是一个活动的过程,必须要有时间和空间的介入;生活指向的是生存发展。

如果对学习和学习生活进行分类或者对比的话,发现从目的上,从内容上,从方法条件和质量上,两者都是存在差别的。从目的上说,在完成一个学习任务的过程中,知识、能力、技能以及情感态度价值观都获得了发展,这是学习。但是学习生活更多的是强调人在学习的过程中所获得的意义,以及在获得意义的同时所呈现出的一种生存状态。在内容上,儿童积极学习生活的主体是在学校学习生活中,更多的是用课程的范畴来谈的。学习生活包含了与学习相关的一切因素,它指向的是人怎样活动,人的学习生活的内容是根据人的活动来延展的,而不是根据学习目标或学习任务。在方法上,学习是利用旧知获得新知的一个过程,或者说,它是从一种少知扩展到多知、从少能扩展到多能的过程。而学习生活则远远超越这样的指向,它强调人作为一种生命体,在学习生活当中,如何获得更充实自由的生存状态。

在考察的质量上,可以说学习成绩怎么样,通过试卷考一考反映学业水平。但是在说一个人的生活质量或者生活水平的时候,就断然不能通过试卷考出来,在质量的指向上,两者也是不太一样的。

从某个角度来说,儿童的学习生活由各种各样的事情所构成,不仅仅是学习任务,学习目标,学习方法,它有时空、有人物、有场景、有活动、有事件,包含着人际关系情绪体验、经历过程,甚至有生活的逻辑,比如说它的前因后果,来龙去脉。生活当中不仅有学习,还有生产,还有劳动,也有娱乐休息和无所事事。所以生活要比学习所涵盖的范围更广,所指向的东西更多。如果对儿童学习生活下个定义,或者确立一个定位,可以这样说:学习是学生的存在方式,学习过程即生活过程,儿童学习生活即用生活的逻辑来观照学习的过程。它是用生活逻辑来观照学习,而不是用学习的逻辑来观照生活,终极目标是人,而不是知识与能力的发展,当然知识与能力发展包含在人当中。

学习寓于生活之中,用一种学习的方式在生活,是儿童学龄期在这世界上存在的特殊方式,这也是儿童和成人的重要差异。对于儿童来讲,学龄期最主要的任务就是学习，他用学习的方式来生存、来生活。学习是学生的存在方式，学习过程即生活过程，儿童学习生活即用生活的逻辑来关照学习的过程。

生活的逻辑是什么？生活很多时候关照的是这四个方面：一是关注生活中生命存在状态，即存在的状态是什么样子。二是生命存在环境与生命自我体验之间的交互关系。三是生命的自觉状态。四是生命意义的凸显。落实到儿童积极学习生活之中，就应当具备这样几个基本要素——对生活的热烈向往；蓬勃向上的精神；积极有为的活动；亲身经历的体验。

因此，儿童积极学习生活是儿童的学习潜能与需要、日常强项与美德相互圆满的过程，是儿童作为生命体感到生活是有意义的，并达成一种动态平衡、产生积极变化、充盈着期盼感、力量感与获得感的、蓬勃向上的生命展开过程。

二、儿童积极学习生活日常样态的表征

积极教育相信每个儿童都是积极的学习者，有与生俱来的美德和潜能，在合适的学习场域中，都能得到充分的发展。

1.于优秀的捕捉、放大和弥散中，生成优秀的葳蕤

在积极学习生活中，每个个体都是优秀潜能的携带者，又都是优秀的发现者。每个人都愿意展现自己的优秀，然后都愿意通过自己的努力去帮助别人，使优秀得到关注、放大，并自然地弥散开来。

教师一方面尊重儿童，倾听儿童，在伴学过程中，发现并捕捉儿童学习生活中显露的美德与潜能，有意识地放大、引导、聚焦，引导儿童个体进入"积极的主体参与——可能优秀的学习结果——更积极自主地投入学习"的良性循环中，达成从普通优秀到卓越优秀的进阶；另一方面，教师信仰儿童，成就儿童，将每一个学生在学习过程中显现出的积极力量和积极品质转化成教学的资源，作用于更多学生身上。个体的优秀转化为教学资源，带动其他学习个体卷入优秀、习得优秀，实现潜在优秀到实在优秀的外显，最终获得他者与自身抱团优秀的双赢体验，从封闭的个体优秀到开放的群体优秀。

而儿童，本身就是重要的教学资源。他们彼此互为学习的"脚手架"，彼此倾听，彼此关照。儿童中总有一些优秀的个体，他们乐于将自己的优秀充分地展露出来。学习语文，他们愿意侃侃而谈，表达对文本的理解，对问题的见解；学习数学，他们愿意展示解题的能力，展现思维的进阶；学习英语，他们愿意与人交际，生动地对话，诸如此类。在暴露自己优秀的过程中，这些优秀的儿童个体充分获得课堂存在感，其身心都聚合投入到学习之中，也能以帮助扶植的友好方式对他者给予关怀，在助人发展的同时，获得发展。同时，也促使其他个体在遵从和追求同辈文化的过程中，产生"他行我也行"的积极心理，从而更好地推动和实现优势迁移，直至形成"优秀"的自觉。

2.于学习的亲历、分享和舒展中,实现学习的意义

儿童学习的最基本的原则是:绝对不能忽略亲身体验的重要性;不能越过亲身体验,直接灌输现成的"答案"或"知识"。如果学生总是被告知什么是正确的,什么是错误的,他们可以做什么,不可以做什么,他们就不能够发展判断力,不能发展独立性和责任感。[①]

在儿童积极学习生活中,基于儿童学习本性最大限度地给予儿童自主和自由,留给学生读书的时间、思考的时间、讨论的时间、作业的时间,让学生思维的触角在宽松的氛围、自由的空间中张扬、伸展。儿童有充分的自主时间来思考、交流、试错以及自我修正,有具体的任务和挑战性情境可以主动探究,有情感、体验、全感官参与的积极投入。教师与学生分享彼此的思考、经验和知识,交流彼此的情感、体验与观念,从而使双方的主体性不断科学合理地发挥。

"反刍"是儿童积极学习生活中常用的教学策略,也是积极的学习方式。复述内容、转述观点、总结表达技巧等不同方式,深入学生表达的精妙之处,切实有效地推进生生对话,更积极自主地促进学生知识建构的教学行为。同时,通过"反刍"能更好地培养学生的倾听能力,关注儿童的"伙伴语言",将学生表达推到前台,构建起和谐的对话学习场,在心理舒适的状态下促成学习效能的积极提升。

在这样的学习生活中,学生的主体性以一种专注、积极、投入的状态呈现。儿童探索兴趣更为持久,探索行为更为深入,表达意愿更强烈,内容更完整。儿童作为积极的学习者,表现出倾听静思的专注、合作分享的投入、对话表达的热情;教师也乐于与学生分享彼此的思考、经验和知识,交流彼此的情感、体验与观念,从而使双方的主体性不断科学合理地发挥,师生形成学习共同体,最终在师生分享、同伴互助、小组合作中实现有意义学习、个性化学习和创造性学习,获得更多的成就感。

3.于生活的关照、连接和融通中,遵循生活的逻辑

学习生活是根据人的活动来延展的,而不是根据学习目标或学习任务展开,强调的是学生作为一种生命体在学习生活中的存在状态,并不仅限于学生对知识技能的把握。因此,在儿童积极学习生活中,我们用生活的逻辑观照儿童学习,努力从积极参与、积极投入、积极成就的角度去考察学生的学习,求得整体人的发展。生活的逻辑表现为四个方面——关注生活中生命存在状态;生命存在环境与生命自我体验之间的交互关系;生命的自觉状态;生命意义的凸显。落实到儿童积极学习生活之中,就应当具备这样几个基本要素——对生活的热烈向往;蓬勃向上的精神;积极有为的活动;

---

① [丹]克努兹·伊列雷斯.孙玫璐,译.我们如何学习:全视角学习理论[M].北京:教育科学出版社,2010: 170.

亲身经历的体验。

我们创设模拟生活的情境场域，关注儿童学习经历中的生活细节，将学生学习过程生活化呈现，突出参与、体验、情绪、需要、成就，从而更好地提升学生学以致用的真实学力。如教学《认识人民币》中简单的计算时，把"超市"搬进教室，让儿童准备好钱币的学具，进行购物活动。学习活动将学习与真实生活形成关联，儿童在学习过程中也就会有更多的情感、认知和行动投入，从而喜欢上学习，并积极、主动地去构建知识。同时，将所学的知识运用并解决现实生活中的一些问题，使得学习和生活能够有机融合在一起，经历知识或技能的运用或应用，对外部世界做出积极的贡献，从而使儿童产生极大的成就感与满足感。

儿童的学习不仅限于课堂上，更延伸到丰富多彩的校园生活之中。传统的游戏、经典的故事、生活的细节、伙伴的相处等都能成为儿童学习的内容、方法和手段，在真实的生活情境中探知未觉的世界，从学习中获得可爱的本能，在生活中学习，将儿童学习塑造成儿童生活的一种样态，实现儿童学习的积极氛围。

第三节 优秀吸引和积极学习生活的关系

优秀吸引以人的优秀为媒介资本。教学"是以课程内容为中介的师生双方教和学的共同活动"。[①]也就是说，教学过程中传递的是课程内容。而优秀吸引所要传递的是人的优秀，它需要师生将关注点从内容转向人本身。作为媒介资本的个体优秀有可能是学生的精彩表达、独到观点、解题思路，还可能是学生的良好习惯、思维方式、好的学习方法等。教学过程中的这一视角转换，意味着教师要从研究教材走向研究学生，也唯有以生为本，才能真正将儿童学习推到前台。

优秀吸引需体现积极的场域关系。吸引是指把事物或别人的注意力引到自己方面来，可见，目标对象和主体之间一定是个相互的过程，即主体本身具有吸引力，目标对象愿意亲近并被吸引。但具有吸引力的并不一定是优秀的，优秀吸引更需要主体能充分展示优秀的魅力，焕发优秀的潜质，使其成为一种"磁场"。目标对象则需要有向上、向善、向美的积极心态和进取精神，能和主体之间不断保持积极的情绪依赖。可以这样说，优秀吸引的惯习养成过程，也就是积极学习场的建设过程。

优秀吸引是积极学习生活的惯习。惯习是一个开放的性情倾向系统，不断地随经验而变，在经验的影响下不断地得以强化，或是调整自己的结构。形成惯习的过程也是一个从经验中学习的过程，与人的性格、习性、思想情感息息相关。优秀吸引成为儿童积极学习生活的惯习，更确定了一种生活学习的立场，使学习更贴合生活经验，符合生活逻辑，如在某个情境中，自觉地知觉到他者的优秀，并能主动靠近、努力习得优秀，使自己变得更优秀。这是一种有着特定"逻辑"的逐渐认知、学习、内化、强化优秀的实践活动，具有一定的实践操作意义，最终将建构并形成优秀自觉的定式系统。

一、目标对象视角下的"优秀吸引"行动建构再造

深入优秀吸引的目标对象即被吸引者的角度，对于他者的优秀，可能产生积极和消极两方面的情绪：积极方面，如欣赏、羡慕；消极方面，如漠然、嫉妒、恨。优秀吸引，需要摒弃消极，充分调动和发挥积极的情绪力量，再造儿童学习生活的思维和行动方式。

1.提升认可：发现和赏识优秀

优秀吸引范畴中的发现和赏识优秀，是基于积极场域关系的对优秀的认同，其目

[①] 顾明远等.教育大辞典[M].上海：上海教育出版社，1998 (8)：185.

的是帮助学生从自我中心和利己主义的学习状态中摆脱出来，着眼于学习伙伴的优秀之处，在优秀的同辈文化中汲取经验，获得成长。

发现和赏识优秀不能仅仅停留在赞赏的表层，要将其合理转化为学习资源，才能有效地推动更深层次的自主学习。而要促成资源的转换，学生对优秀资源的认可度就显得尤为重要。认可是积极倾听和旁观的结果，客观的认可中有着对他者优秀的考量，也包含着对自身学习的审视，可以是赞同接受式的认可，也可以是包容存疑式的认可。因此，认可本身也是一个学习的过程。

提升认可度最有效的方法就是帮助学生建立起积极持久的互学关系，在这一关系中，每一位学生都能切实地感受到优秀并乐意深入其中，发现、摄取优秀成为学习的习惯和需要，认可而后博纳，也就能促成学生学习力的提升。

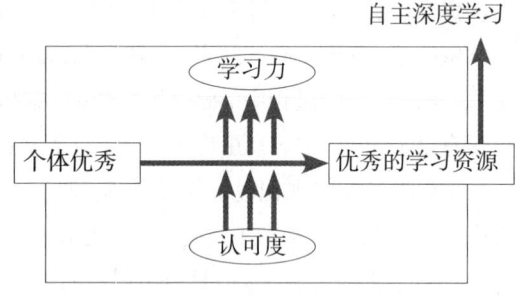

图② 积极的互学关系

总之，将发现和赏识优秀的着力点定位在优秀的学习资源的转化上，能帮助学生确立一种积极的互学关系，反之，积极持久的互学关系也能促成个体资源到优秀学习资源的合理转化，从而推动进一步的自主深度学习，这也就是优秀吸引范畴中发现和赏识优秀所要做的。如上图所示。

2. 爬坡历练：卷入和修习优秀

优秀吸引的惯习必须在学生一举一动、一言一行的不断历练、修习中逐步养成，优秀的学习资源需要通过各种学习活动才能让学生真正的转识成慧。因此，在教学过程中，我们努力创设持续激励、伙伴卷入的爬坡式、意向性活动，让学生浸润在优秀中，不断深入、体验、修习优秀。

如我们用推进合作学习的方式组织学习活动。通常，小学生的合作学习会表现出种种"合"而不"作"的现象：学生只顾表达自己的观点；异质分组导致的话语霸权；出现不同意见而引发争执等。以优秀吸引的惯习养成为目标后，我们的合作学习从关注他者错处的挑刺、忽略同伴感受的排他，走向了对优秀的自觉卷入和修习：积极复述、模仿优秀；努力融合观点；自主展开思辨；总结提炼经验等。合作学习后的交流，则从排他性的自我表达，走向倾听式的回应表达，并不断生成总结性的提炼表达。

以"排他性的自我表达——倾听式的回应表达——总结性的提炼表达"这一爬坡式目标为例，其中包含着积极倾听、对优秀表达的析解、融合自身经验的反思概括等。因此，需要不断引导学生修习的有倾听的技能，可借助加勒特、萨德克等验证的七种行为技巧："眼神的交流、面部表情、身体的姿势、空间位置、沉默、简短的语言认同和概括"。[①]有学科学习方法的运用能力修习，如语文阅读学习需要掌握的感悟之法：重点词解释理解、关键处换词对比、上下文呼应解读、想象画面呈现、联系生活拓展等。无论是知识内容还是经验方法的优秀，不断修习应该成为学生的一种自觉意识。

3.形塑价值：内生和焕发优秀

当优秀得到持久修习，便能从刻意习得走向自然融合，表现在学生的语言、行为等习惯中，流露在学生的谈吐、气质等修养中，他者的优秀也就成了自我主体的优秀，由内而生，不断焕发。

对于小学生而言，内生和焕发优秀最显著的表现就是自我意识的发展。在优秀的不断认可、修习、融合过程中，学生的自我认识、自我知觉能力在不断觉醒，能将他者优秀作为学习资源包含种种积极的心态，如谦虚、真诚、尊重，而运生这些积极心态的是思学、渴学、好学的自我意识。有了正确的自我认知，才能更好地包容、悦纳优秀，进而深入修习，不断达成更为客观的自我评价，如从笼统模糊地感觉到多角度清晰的觉知，从简单的对优秀的顺从到理性的思辨、融合，从表层内容的关注到方法、品质的透析等。

内生和焕发优秀意味着对知识和经验有了新的建构，古人有云："学然后知不足""知不足然后能自反"， 新经验的建构过程中，也必然存在着这样的"自反""自省"，这是高水平自我意识的发展，包含着自我监督、自我控制、自我修整等，在自我监督中不断意识到自己与优秀之间的差距，在自我控制中无限可能地接近优秀，在自我修整中获得自我提升，实现自我价值，成就更优秀的自己。

二、主体视角下的"优秀吸引"行动建构重塑

作为优秀吸引的主体拥有者，让自己的优秀充分展示出来，是优秀吸引的前提，在此基础上，能以帮助扶持的友好方式对他者给予关怀，最终获得他者与自身抱团优秀的双赢体验。

1.具象化过程，让优秀合理地"露着"

让优秀被最大范围的人看到，才有可能产生吸引。课堂上必须搭建开放式的平台，创造人人都可以参与活动、表达自我的机会，使个体优秀尽可能地展露。一般情况下，我们更多注重展露优秀的学习成果，如优秀作业展示、优秀诵读展演、优质解题示范等，引发的关注点都集中在成果上。优秀吸引，更倡导优秀过程的展露，让藏在成

---

① [美]威廉·威伦等.李森，王纬虹主译.有效教学策略[M].北京：教育科学出版社，2009 (3)：231-232.

果背后的积极品质、巧妙方法、思维方式等可见可感，继而产生可亲可学的真实感、切己感。

我们努力借助网络媒体，丰富学习、作业的形式，如互传课文朗读录音、互背公式、上传批注式阅读笔记、照片记录学习实践瞬间等，使学习过程与生活融合，尽可能地可视化。教师、学生都可以参与评价，由于过程的可视化，评价的指向就更加丰富，除对知识本身的关注外，更多了参与态度、投入程度、学习方法环境等的考察，使优秀立体起来。

我们设立"童年榜样"的展示平台，通过线上线下多方展示推动优秀。展示不仅包含了榜样名片、主要事迹、荣誉成果，更突出推送"榜样养成史"，记录优秀行为的养成过程。一方面，在梳理"榜样养成史"的过程中，努力探寻优秀背后共性化的积极品质、行为方式、发展路径等，找到教育教学的立足点；另一方面，以生活日常为对象记录的"榜样养成史"，能让学生产生亲近感、共情心，在生活的融通中，在同辈文化的遵从中，获得优秀的迁移。

2."为他者"经历，让优秀体己地"引着"

"他者"是法国哲学家勒维纳斯他者理论的核心概念，强调的是每个人都是独立存在的个体，要尊重异质性他者。他者与自我相对，勒维纳斯指出，"我是他者的负责者，我回应他者"。作为优秀吸引拥有者的主体——我，更需要有一种"为他者"情怀，帮助他者，成就他者，与此同时，也修炼、成长了自我。

我们开展"当小老师"的经历研究，使优秀让更多学生认可、看清，并达成转化、迁移。但在实际操作过程中，我们也发现，"小老师"的角色身份在某种程度上滋长了学生炫耀、自得、自负等不良的情绪体验，形成了"小老师权威"，导致受助者对优秀产生抵触，甚至是反感。显然，这不利于优秀吸引的惯习养成。

为促成和提升小老师的"为他者"情怀，我们改进了"当小老师"这一经历，开展"幕后天使"行动，以一周为期，先暗中定下帮助对象，在他者不知情的情况下给予关怀、帮助，周小结时，以他者能说出"幕后天使"的名字，并能表达感谢为行动目标。这一行动需要优秀者对他者有持久的关注，并以他者能接受的方式介入帮助，展现出的是"真诚、热情、友好、慷慨"等优点，而这些优点"有助于实现有意义的人生"。

3.同侪式抱团，让优秀合力地"长着"

优秀吸引应该是一个优秀的集合概念，最终要达成的目标是群体优秀，因此，从某种意义上看，如图③所示：优秀吸引的过程也就是从封闭的个体优秀走向开放的群体优秀的过程。个体优秀成为优秀的学习资源，且作为优秀的拥有者能给予他者关怀，同侪互助，相携共进，形成优秀进取的合力，优秀也便从个体走向群体，从封闭走向开放，从潜在走向实在，从普通走向卓越。

作为学习资源的个体优秀在更多学生的关注、修习下将不断面临挑战,成为群体的优秀,对于学生个体来说也便成了普通的优秀。而想要提升优秀的品质,可以不断融合他者优秀,也可以通过帮助他者达成优秀的方式使主体优秀更加优化、凸显,继而走向卓越。对于个体潜在的优秀亦是如此,唯有以开放的心态,让优秀不断地展露出来,以合作共进的方式,让个体优秀成为群体共性的优秀,才能使优秀不断处于生长状态。

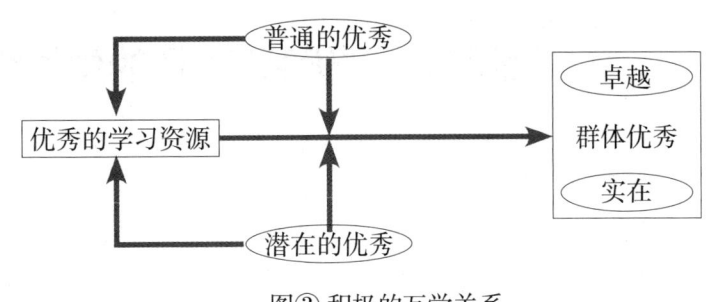

图③ 积极的互学关系

个体优秀和群体优秀是互相影响、互相促进的。在优秀的群体中,每一个学生都能自觉学习他者优秀、不断攀升个体优秀,努力成为最优秀的自己,这种蓬勃向上的个体优秀又使群体优秀充满积极的生长力,这也就是优秀吸引的力量。

第四节 "优秀吸引"的生长路径

优秀吸引：儿童积极学习生活的实践研究，最终指向儿童真实学力的提升，实现个体优秀到群体优秀的跃迁。这一过程中，我们提升优秀的认可度，让学生发现和修习优秀；积极帮助学生建立良好的互学关系，让学生不断内生和显露优秀，以此来提升学力；最终让学习者成为优秀者，内生和焕发出自己的优秀去影响他人，直至优秀共生。当蓬勃向上的个体优秀成为优秀的资源，优秀也便从个体走向群体，从封闭走向开放，从潜在走向实在，从普通走向卓越，群体优秀充满积极的生长力，最终延展成积极生活的续航力。[1]

一、发现和修习优秀："优秀吸引"的学力之源

个体优秀，作为"优秀吸引"式学习的中介，通过显性的发现和赏识之法，能让学生在体认当下学习情况的基础上，看到这一优秀，继而深入发现和赏识，将其合理地转化为教学资源、学习资源，促成学生习得这一优秀。也就是说，在"优秀吸引"的学习中，个体优秀既是教学的"原点"，又是教学的"远点"，发现和赏识优秀，是学生学力提升的基础。

（一）架设持久的优秀互学网

"学习的活动是编织自己同他人关系的活动。"[2]学习离不开群体关系的确立，优秀吸引的学习首先来自人际间的吸引，其关系必然是和谐的。那么，如何帮助学生建立良好的互学关系，并使之持久，从而促成对优秀的发现和赏识呢？

1.伙伴分享，强化群体学习的意识，让发现和赏识有适宜生长的土壤

学生的学习多是在群体中发生的，越是年龄小的学生越易受伙伴的影响，但影响不等于学习，有时候甚至会阻碍学习的进展，这种影响，是小学生的自我中心意识和从众心理所造成的。优秀吸引的学习通过伙伴分享的方式，让学生从自我中心和利己主义的学习状态中摆脱出来，从伙伴身上看到优秀，同时，在众多的分享中，接受多元，学会明辨，有效避免消极影响。伙伴分享，是在某一项学习任务的驱动下展开的学习活动，需要学生在各抒己见的基础上形成群体观点，这意味着每一个学生在群体中都是平等的，每一个学生都要为形成群体观点贡献自己的智慧，学生能在不断强化的

---

[1] 凌红,许惠芳.优秀吸引：儿童积极学习生活的惯习养成[J].江苏教育研究,2019 (11)：35-38.
[2] [日]佐藤学.钟启泉译.学习的快乐——走向对话[M].北京：教育科学出版社,2004 (11)：38.

群体意识中与自己、与他人和解,营造舒适的心理空间,以助于发现和赏识优秀行为的产生。

2.生生倾听,保持尊重体贴的姿态,让发现和赏识有真实充分的依据

"谁说了什么,是如何说的,哪些没有被说到的,是联结课堂教学特质的关键所在。"[①] "说"是显见的,而"说"的背后藏着更深程度的"听",通过"听"的行为,明确"说"中的思维过程——"如何说",察觉"说"的漏洞所在——"没被说到",可见,"听"才是课堂教学关键中的关键。优秀吸引的学习强调培养学生专注倾听的习惯,尤其是学生彼此间的倾听,我们通过考查学生听时的眼神、表情、身姿等,于细节处关注学生的倾听,通过不同回应方式的捕捉、分享,来促进倾听行为背后的思维参与。倾听本身就是一种学习,它的背后有着对共学同伴的尊重与体贴,有助于推动良好互学关系的确立,是发现和赏识优秀的前提。

3.积极反刍,建立学以致用的机制,让发现和赏识有转识成慧的可能

"现实利益才是最大的动力,才是使人走得又稳又远的唯一的动力。"[②] 我们推进积极的反刍策略,帮助学生获得学以致用的现实利益,以此促成群体中的互学关系更加密切持久。所谓反刍,简言之,就是在课堂教学过程中,将他者的优秀通过复述、转述、概括、整合等,转化为自身优秀的学习方式。积极的反刍中有着"我—你"的双边关系,如转述他人优秀观点,有着"我们"的多边关系,如整合形成新的知识、新的思想,这一系列关系,将学生群体的目标、行为、思想等紧紧汇聚在一起,形成了一个互学型的关系网络。

(二) 提升多样的优秀认可度

发现和赏识代表着对优秀的认可,提升对优秀的认可度,能促成更深程度的发现和赏识。认可的表现应该是多样的,充分意识到其中的多样性,能有效地看到优秀发展的种种可能性,推动优秀吸引的学习发生。

1.赞同与接受

这是发现和赏识最直接的表现,是最浅层次的赏识。赞同与接受所表现出的,是对他者优秀最直观的认可和鼓励,容易激发学生当下的成就感,而这样的成就与满足,又是学生开启新一轮学习的动力。对于小学生来说,尤其需要这种直观的激发,如多种形式的点赞活动往往会十分吸引他们,点赞能让他们收获自信,并乐此不疲。赞同与接受中有着对优秀的好奇,是吸纳的开始,在好奇中注入理性,就能更好地帮助学生完成吸纳,卷入到学习状态之中。

---

① 钟启泉.读懂课堂[M].上海: 华东师范大学出版社, 2015 (5) : 30.
② [法]卢梭. 李平沤译.爱弥儿[M]. 北京: 商务印书馆, 2013: 47.

2.包容与存疑

发现和赏识优秀不能仅仅停留在赞赏的表层,要让学生真正发自内心地认可优秀,才能推动进一步的学习。但发现和赏识中所表现出的真心认可未必都是赞同,还有可能是接受但存疑的。比如听了他人的发言,可能会产生这样的想法:我觉得你说得有道理,表达很精彩,但我并不赞同,保留自己的意见。不难看出,这是积极倾听后的结果,认可中有着对他者优秀的考量,也包含着对自身学习的审视,前者是包容,后者是存疑,更是反省,能将学习推向新的空间,获得更宽广的视野。

3.补充与融合

优秀吸引中的"优秀"不追求一种"完人"的优秀,可以是某一方面的言论、观点、行为、思想、品质等,甚至是某一件事中所表现出的举手之劳,人人都能成为那个可供他人发现和赏识的"个体优秀"。因此,对优秀的认可中还应该包含补充与融合式的认可,补充让优秀更丰富,融合让优秀更完善,补充与融合中有着同类优秀的联结,是更理性的发现和赏识。人人能具备优秀,人人能审思优秀,人人能切实地感受到优秀并乐意深入其中,发现和赏识优秀成为学习的习惯和需要,认可而后博纳,就能促成学生学习力的提升。

(三) 增强实在的优秀感召力

优秀资源本身就有一种魅力,能引起人的注意,进而产生两种不同的情绪,一种是积极的,如羡慕、欣赏,一种是消极的,如嫉妒、恨。优秀吸引,需要摒弃消极,充分调动和发挥积极的情绪力量,在发现和赏识优秀的过程中就要作好这方面的引导,让学生真切地感受到优秀的力量。

1.敞开,实现更多角度的看见

优秀吸引的学习强调"听"的同时,也注重"看"的历练,发现和赏识优秀中,除了以倾听的方式展开学习外,还存在着视觉型的学习。但这种"看",不同于阅读书籍表现出的"看",它比纯静态的阅读之"看"更立体、更丰富,是一种视觉及身心的多重体验,因为,每一个优秀的背后都站着一个特有所指的身边真实存在的"人"。我们努力创造人人都可以看见的优秀敞开式机会,让优秀更多角度地呈现,在充满仪式感的见证中树立起优秀的典型意义。如一次优秀的作业,既要让学生看到一个优秀的范本,又要透过这个范本,见识到其中指向情感、态度、价值观的东西,并通过作品结集、榜样名片等外在形式,延长优秀敞开的时效。

2.联结,创造更具细节的遇见

优秀的感召力更来自细节,因为细节对于学生来说是真实可感的,是具体可亲的。

如一个学生有着诵读的强项,每每轮到他读书,总会赢得同学们一片叫好之声,这是个体优秀呈现出的吸引力,其本身就显而易见地存在,无意识地一瞥就能发现。优秀吸引中的发现和赏识,需要引向细节,如他诵读时的快慢节奏、轻重缓急,他怎样张嘴、使气、用力等,与经验联结,与学生现实的生活联结,就有了普遍意义,表现出的这些细节,又是其他学生努力一下就能胜任的,自然而然地吸引着学生去学、去仿,想要变成他的样子。

3.省察,走向更深程度的洞见

仅仅停留在表层的发现和赏识优秀是无法持久的,无法支撑起后续的学习。"学习就是要学会思维",能够转化为教学资源、学习资源的个体优秀中,一定有着思维的体现。如有学生在推荐一本书时,他从书名、作者、主要内容开始,又介绍了该书在人物、情节、语言上的特点来阐述他的推荐理由,他在叙述人物有着鲜明个性的过程中,重点介绍一个人物的某一典型事件,再罗列出其他的一些人物引发大家的阅读兴趣。显然,这是一个极有条理且合乎逻辑的推荐一本书的范例,发现和赏识优秀的过程,需要引导学生对这段推荐语中所表现出的思维过程有所觉知,使学生从对书的认识,走向推荐一本书的具体过程的认识,从"个"到"类",这也是优秀最具感召力的地方。

(四) 建设切己的优秀资源库

发现和赏识优秀是基础,只有走向卷入和修习优秀,才能完成学习。为了推动学生更积极深入地学习,在发现和赏识过程中,应该有意识地引导学生建立起适合自己的内部优秀资源库,让优秀与自身密切关联,从而使后续的学习产生更深远的意义。

1.在丰富的集优体验中感受优秀的裨益

一开始,发现和赏识优秀是以"老师要我这样做"的任务存在,随着优秀吸引的介入,发现和赏识优秀会慢慢成为学生学习生活的习惯,见到他人优秀,会不由自主地去认同,去接受,去审视,去接近,去习得。这是一个从外部强制的积累走向自觉自主的内化式积累的过程。学生不断地浸润在优秀之中,优秀充满了积极的暗示力量,众多裨益也在不知不觉间深入到学生的认识、行为、思想之中。如,学生不断读到他人优秀的作文,随着发现和赏识的深入,也能促成自身良好的语感生长。

2.在细化的分类梳理中触摸优秀的特质

在丰富的优秀积累过程中,由于思维的介入,学生会很自然地对这些优秀进行"分类",尝试性地将不同优秀"放进事先存在的范畴中",展开"类比","人在思考的时候,每时每刻都在发现类比"。这一"分类""类比",会使我们的思维走向明辨,更清晰地触摸到优秀的本质,提炼出优秀的特质,在我们的头脑中,抓住并掌握这些特质,那么思维的迁移也就很自然地形成了。在发现和赏识优秀的过程中，虽然这样的"类比""明辨"是内生的，不被清晰觉知，但它伴随着思维生长，却也是存在的，有意识地引导，发现和赏识优秀便走向了卷入和修习优秀。

3.在不断的充实调用中存续优秀的力量

借助发现和赏识优秀，我们逐步建立起自身内部的优秀资源库，随着库资源的不断理清、明辨，这些优秀在脑中逐渐被感知，被分类，被类比，他人的优秀也就顺理成章地建构成自己的优秀，成为自身经验的一部分。随着优秀一点一点的充实，学习所需的知识背景也就越来越丰富，学习也会越来越轻松，需要什么，就可以灵活地调动和运用什么。

可以说，发现和赏识优秀，是优秀吸引的学习得以深入推进的基础，是学生真实学力获得提升的关键，作为教师，应有一双"慧眼"，充分发现和赏识优秀，尤其是能够转化成教学资源、学习资源的优秀，也应适时、合宜、顺势引导学生之间互相发现和赏识优秀，以保障后续自主深度学习的发生。

二、内生和暴露优秀："优秀吸引"的养成之要

在基于"优秀吸引"的儿童积极学习生活中，内生和暴露优秀体现的是一种被积极的场域不自觉带入后，个体对"优秀"产生认同的心理倾向，最大的特点是个体自愿参与认为与已有关的事件，并积极与他人持续发生互动，进而正确认识自身优秀、洞察他者优秀直至卷入优秀，以达到内化优秀并自然呈现的状态。

如果说，发现和修习优秀是学力提升的基础，那么内生和暴露优秀则是"优秀吸引"的养成之要。在基于"优秀吸引"的儿童积极学习生活中，教师和儿童均是优秀的发现者、传播者、学习者，只有走向内生优秀、暴露优秀，才能真正完成学力的提升。

（一）创设甜蜜的体验

小学阶段的学生，其学习方式要经历由模仿到创新的转变过程，应让学生主动参与各种体验活动，完成知识体系的架构。在学生学习活动过程中，我们努力创设持续激励、伙伴卷入的层级活动，让学生浸润在优秀中，体验、深入、修习优秀。

1.从"只是在场"到"不走过场"

"自我展示与实现"是一个行动者的信念，个体行动的意义正是因为有他人在场所激发的，如果他人不在场，个人独立存在，就失去了行动的意义。主体本身具有吸引力，目标对象愿意亲近并被吸引。但具有吸引力的并不一定是优秀的，"优秀吸引"更需要主体能充分展示优秀的魅力，焕发优秀的潜质，使其成为一种"磁场"。目标对象则需要有向上、向善、向美的积极心态和进取精神，能和主体之间不断保持积极的情绪依赖。

因此，儿童积极学习生活中，必然是要为学生构建积极的活动场域，通过合作、探究、对话、倾听、互助、分享，让所有参与者都获得体验，同时也使他人的在场激发个体的优秀。让学生在持续激励、伙伴卷入的体验过程中，不受外部环境诱惑，真正沉浸到各种学习活动中去，唤醒每个学生内在的积极力量，做到在场而不过场。

2.从"单一模仿"到"主动试错"

儿童学习初始总是以模仿为主，但长期模仿不利于调动学生的内在驱动力。试错学习则给儿童一个很好的补充方式。儿童的认知大多从不确定的尝试、猜测开始，以苏教版四年级上册数学《怎样滚得远》一课为例，当儿童产生强烈的需求，想让球按照自己的想法滚得远，那么他就会很主动地去分析问题、解决问题，此刻他将全部心思、能量聚集在这个方向上，那么他的潜能就会被挖掘出来。

让学生先动脑，再动手，通过反复的调试和修改，完成自己的独创。学生经历"试错"过程的甜蜜体验，不仅获得结论，更重要的是学会了获得结论的方法、经验，提高了主动探索、获取知识的能力，增强学习的信心。而且这种由内在驱使力所学到的东西，激发了儿童潜在的能力、美德和善行，远远超出了教师教授的东西。

3.从"参与竞赛"到"良性竞争"

组织竞赛与闯关是一种适合于小学生的教学模式，有利于激发学生的学习兴趣，更有利于培养学生合作、互助、分享的学习品质。组织竞赛或闯关活动时，可将教学内容分成几个相对独立的部分，每个部分为一"关"，儿童在教师指导下独立或分组合作闯关。学生体验闯关与比赛时，各个显性的教学目标分散在各个"关"中，有利于引起学生的随意注意，吸引全体学生参与到学习过程中，激发学生的学习动机，使学生变得乐学、会学，为学生的自主学习创造了条件。

学生通过积极参与竞赛活动，通过合作与探究，体验成功带来的甜蜜，展示自身优秀，同时也体验失败带来的挫折，在挫折中不断接受来自教师、同伴所带来的情感激励，从中吸收优秀品质，采纳正确建议，最后获得成功，从而形成良性竞争。

（二）调动高阶的思维

从一个中心问题（信息、情境）出发，通过"类比""联想""想象"，把儿童大脑储存的信息全部调动起来，创造性运用知识，调动儿童学习活动中思维的参与度，有助于儿童卷入和修习优秀，提高思维的高度、深度与广度，产生新的认识、方法、途径，达到举一反三和运用自如的目的。

1.在类比中形成积极思维的体系

类比思维针对抽象知识的学习尤为有效，例如数学学习过程中，较高一级的抽象往往要依赖于较低一级的抽象，这一特点就要求我们要重视数学知识的"温故知新"。因此，在学习新的概念时，要让学生复习以前的相关概念，从而为抽象新概念创造条件。在学习过程中，学生与自己原有知识体系作类比，与同伴的课堂生成作类比，从中领悟抽象内容的层次性，提高理解抽象内容的能力，形成积极思维的体系。如小数《比的基本性质》，教师提出：根据"商不变的性质"和"分数的基本性质"，大家思考比会有什么性质？通过这个问题，让学生将商不变的性质和分数的基本性质与比的基本性质进行类比，在类比的过程中重温旧知，推导验证新知。

2.在联想中连接逻辑思维的通道

联想思维是儿童认知世界的重要工具，它虽然不能直接产生有创新价值的新认知，但往往能为产生新认知的想象思维提供一定的基础。通过联想，可以在较短时间内在问题对象和某些思维对象间建立起联系，这种联系会帮助儿童找到解决问题的答案，同时也连通了儿童逻辑思维的通道，培养逻辑思维的能力。例如小学美术《实物的联想》一课，教师通过让学生欣赏香蕉的变形，让学生归纳出实物联想的特征与方法；通过分析毕加索的作品《牛头》，引导学生理解不同材料的内涵特征和表现性；从一把剪刀与一包番茄酱包入手，在其不同的姿态造型中寻找"灵感"，在作品中去体会创新的方法；最后把课堂从实物拓展到生活，鼓励学生以一颗热爱生活的心，在生活的每个角落去寻找灵感，去展现艺术创造的亮点。

3.在想象中提升创新思维的能力

激发儿童的想象力，关注想象思维的培养，对于儿童修习优秀的学习品质必会起到非常重要的作用。例如，小学科学学科可以选择用实物、图片、视频等方式将各种事物面貌、变化发展情况全方位展示出来并启发儿童将之与所学内容联系起来，从而丰富想象的基础；小学语文学科可以丰富语言文字的积累，并帮助其把词语和相应的事物、现象等结合起来理解，从而增加想象的细节和丰富程度；小学信息技术学科可以根据教学内容设置各种任务与情境，从而激发儿童想象的空间……

（三）维持积极的情绪

"积极的学习情绪是推动学生学习的一种重要的心理因素"，在教学时注意保持儿童积极的情绪，引导他们积极主动地参与到学习活动中去，将会形成学生习养优秀的良性循环。

1.设立多层级目标

儿童学习的进步，是从为一个有足够吸引力的目标付出百分之百的努力开始的。因为儿童个体知识、能力等均存在差异，故儿童在常规的班级授课制模式下，会表现出种种"不积极"现象：优等生的频繁回答导致话语霸权；中等生学生只能完成学习任务的浅表层；学困生则以"局外人"的身份陪坐等。层级式目标的设立建立在儿童发自内心的一种期望学习获得成功的愿望上，并有一定的精神或物质奖励作诱饵，如果期望值达到，教师或学习伙伴对其付出的努力做出中肯的评价，获得相应的回报，让儿童获得成就感，有利于儿童产生积极的情绪，走向对优秀的自觉卷入和修习。

例如，在学习小学数学关于"运算律"的知识时，针对学困生的目标是完成基础的学习任务，巩固基础内容，并加强练习。针对中等生的目标则是在巩固基础知识的同时，适当进行探索，并完成一些拓展性任务。针对优等生的目标更高，要求学生进行有效的联想和探究，对运算律相关知识进行拓展，从而培养学生的思维能力和数学运算能力。为儿童设立层级性目标，让每一位儿童都能有目标可达成，体会学习的成就感，保持积极的情绪。

2.设计爬坡式任务

儿童的进步应从学习活动设计的层面上去谋划。学习活动应以儿童的已有经验为起点，以儿童的最近发展区为域限，作更复杂、更富有挑战、更具有价值导向的综合化设计。可以就某节课教学内容设计爬坡式任务，也可以聚焦某一主题作连续性的活动设计，并保证其内部的层级性、递进性与相互驱动性，让儿童从参加活动的那一刻起就对自己所面对的活动本身有整体性的感知，推动其进行更适宜自身的有序规划。以"排他性的自我表达——倾听式的回应表达——总结性的提炼表达"这一爬坡式任务为例，其中包含积极倾听、对他人优秀表达的析解、融合自身经验的反思概括等。因此，可安排全学科教师共同参与此任务的训练，不断引导儿童修习倾听的技能、礼貌的回应、准确的提炼、精确的表达等能力。在能力得到提高的同时，获得他人的认可，产生自信，让不断修习成为儿童的一种自觉意识。

例如，信息技术《认识键盘》一课，根据学生实际情况，设计"输入数字口令'20201025'、输入字母口令'asdf JKL'、输入能体现自己心情的表情符号':-) :-(:-| |-)'"这三个爬坡式挑战任务，逐个认识并学会灵活运用主键盘区的数字键、字母键以及大小写锁定键、上档键等特殊控制键。学生在能力得到提高的同时，获得他人的认可，产生自信，让不断修习成为儿童的一种自觉意识。

3.设置持续性挑战

积极的学习情绪需要有一定的"困难挑战"来刺激，这种挑战是"非常规性""非即时性""非单一性""非安然性"的。这些挑战往往也不是立即就能完成的，需要给儿童更多的思考时间，需要儿童想一想、试一试、做一做，或者与同伴合作探究、讨论，因而在挑战性学习中教师要依据学习进展，适时调控，总结提升。以小学信息技术《小猫出题》为例，教师教学时设计了"最快心算师""最强答题王""最佳程序员""最牛出题官"四个挑战性任务,这些任务中有些可以学生独立完成,有些需要同伴讨论、合作完成,也有些必须经过探究,在试错中突破难点,每一次成功,均能获得来自教师和同伴的认可。学生在完成挑战的过程中,吸收了他人的优秀思维模式,也吸取了他人的优秀学习品质。

让学生浸润在优秀中,不断卷入优秀,学会修习优秀,优秀吸引的惯习必在学生一举一动、一言一行中逐步养成。当优秀吸引成为儿童学习生活的惯习,学习也就充满了积极的力量。

三、焕发和共生优秀:"优秀吸引"的交互之本

在"优秀吸引"视域下,儿童的积极学习沿着一定的路径不断生长。随着对优秀的认知、修习、融合,儿童对自身的优秀状态逐渐产生正确的评估,认识到与他者优秀间的差距,自我觉知进一步清晰。在此基础上,好学、竞学、向上、进取等积极心态被唤醒,并在认知的不断更新中产生学习和进步的持久动力。在这一过程中,儿童有了自我意识的不断发展,知识和经验得到新的建构,优秀自然流淌在儿童的语言、行为等习惯中,流露在儿童的谈吐、气质等修养中,他者的优秀也就成了自我主体的优秀,由内而生,不断焕发,在同侪式抱团中不断增值。

(一)强化知识建构,培植能力

1.架构网状体系,归纳"类"概念

学习强调"举一反三""融会贯通",也就是借由特定的、典型的"这一例"或"这几例",帮助学生充分认知其内在规律及逻辑内涵,使学生脑中构建起知识的网状结构,从而形成"这一类"概念。

教师在实际教学中,首先要引导学生关注所教内容的内在机理,通过对知识之间的内在联系进行梳理,打通知识之间的前后、纵横、上下联结,由单一的散点内容走向网状交错的系统体系。"类"概念初步架构之后,教师还要帮助学生理清相关概念之间的逻辑关系,通过思维导图等方式串联起有紧密关联的上下位概念、相近概念等,并在多组相互联系的概念中,确定各个概念在知识网络中所处的位置、作用及其特性。

学生形成"类"概念的过程,需要提取已经掌握的知识内容,并通过"他者"——老师与同学的提示,或依靠自身的触发与建构,不断引入和丰富新的知识和经验,因此这既是反复强化自身已有优秀的过程,也是再充实、再修炼自身优秀的过程,在理解力、思维力、创造力得以锻炼的同时,新的优秀也能潜移默化地内生和焕发。

2.触动生活关联,投射"真"情境

儿童的学习总是与其生活情境相联系、相融合,因此,只有将学生学习的内容置于真实的、有意义的情境当中,学生学习才能真正发生,并获得长久的实效。

教师在教学过程中,创设与学习内容相融合的、真实复杂的生活情境,并在此之中构建由问题、观点、实例交叉组织的学习任务,使学生在具体情境中运用所学内容进行问题解决,从而促进其知识的内化和真实学力的提升,优秀也在此过程中不断运生。教师还可以在教学过程中引入与生活相关的案例,通过案例的分析和推演来触动学生的生活关联,使他们有更深入的体悟,更精准的表达,更恰当的运用。

生活的体验能够给以学生丰富的觉知,唤醒他们内在的学习需求,激发表达的灵感,润养学生自信、积极的状态,促使他们展现出更为优秀的风貌。

3.创设认知冲突,重构"新"理念

认知冲突是一种心理学认知状态,这里所说的认知冲突是指学生原有认知结构与所学新知识之间的理解不一致,也可以是不同学生之间因思维方式、生活习惯、经验水平等方面的差异而产生的个体间理解不一致。认知冲突的创设,有利于激活学生的已有认知,并与新认知产生矛盾,在此情况下,学生更有兴趣和热情投入对问题的分析与探究。因此,教师有意识地设计一些开放性的问题、有思辨空间的问题,以及容易引起思维冲突的问题,进一步促使学生调动多方面知识和能力,更沉浸于情境之中,展开对话和交流,倾听与分享,合作与碰撞。

冲突、矛盾的解决需要学生以积极主动的态度参与新的认知过程,在巩固已有认知结构的同时,也在问题的解决过程中扩大或重构自身的认知体系。学生更新观念,在"矛盾——探究——解决——重构"的过程中,使自身原有的优秀资源不断得到检验,吸收着新的、更完善的优秀资源,优秀便在此路径中得以增值。

(二)发展自我意识,育养品质

自我意识是一个人对自己作为独特存在的个体的认识,包括对自己的身心特征状况、能力个性、与他人关系、在集体中的地位作用等各方面的认识和评价,以及在认识过程中的情感体验和对自我的控制,包含自我认知、自我评价、自我调控等方面。

1.挖掘未知,形成客观评价

小学阶段,学生自我认知的意识开始萌发,学生需要正确地认识自我、评价自我。没有良好客观的自我认知,很容易导致自我怀疑、失去动力等负面效应。但对学生来说,受认知水平的限制及主观感受的制约,自身往往存有许多"未知",因此,教师需要引导学生对自己形成客观的认知,明确自己的长处、不足和优势能力等,从而形成正确认识,并能够在与他者比对后获得准确结果,将自身的"未知"最大限度化为"已知"。

教师可开展"我的自画像""我真的很不错""独一无二的我"等活动,从不同方面帮助学生分析自身,同时引导他者对自己进行多形式的评价,促使学生真正认识自我。此外,教师应为学生搭建更多展示自我的平台,建立多方面评价体系,使学生能够全面、恰当地评价自己。同时,教师也要注意避免对学生做出笼统模糊的评价,如"你今天表现真不错",而应该清楚指向某个行为或某件事,并真诚表达自己的心理感受,如"你今天按时完成作业了,这一点上很有进步,真不错",清晰的表述可以帮助学生获得他人客观公正的反馈,了解自身的真实水平和能力。

有了正确客观、正确的自我认知,学生能够更好地觉知自身、感受他人,以谦虚、真诚的态度弥散自己的优秀气质,也濡染他人的优秀品质。

2.积极归因,提升自我调控

优秀的内生和焕发与学生的积极体验、积极成就感密切相关,我们倡导对学生开展积极归因指导,使其产生持续性的学习动力,进而提升自我监督、自我调控能力,让优秀的因子在学生身上扩大、发展。

首先,教师需要指导学生捕捉想法。当学生获得某项学习结果时,他会立即产生某种反应,此时,就应当让他快速捕捉结果与反应之间存在的认知与解释。如,学生一次作业质量不好,这是他获得的结果,继而产生了失望的情绪,此时让学生思考:是什么引发你这样的反应?发现学生认为自己没有学习的天赋。其次,无论何种情境中,都要引导学生注意自己的解释风格,进行可控归因。亦即用"我是否努力""我准备是否充分"等原因对自己的成功和失败进行归因,而不是上述例子中,用天赋、才能等不可控因素来解释。这样,能够帮助学生增强自信,并在以后的工作和学习中更加努力,进行有意义的自我修整和自我调控,并且对下次行为的结果形成乐观的预期,从而产生更大的动力,尽可能接近自己所能获得的最大限度的优秀。

(三)同侪式抱团,优化共同体

学习不应只是强调个体心智活动的主动性,更应观照群体间的互动、磋商、讨论,鼓励同侪式抱团,在优秀的融合与内生中形成更为开放、卓越的"学习共同体"。

1.设计螺旋上升式的异质分组

异质分组指的是根据学生个体差异,人为地将不同个性特征、认知水平、学习能力的学生分成一个小组,并引导其形成小组互助。异质分组往往遵循"组内异质,组间同质"的模式。这一分组方式能让组内成员形成优势互补,提高合作学习的有效性。但在具体实施过程中,异质分组也容易导致"话语霸权"的产生,或出现学习依赖、组内进度不一致等问题。因此,我们认为,应当分几个步骤,设计不同的阶段来落实异质分组,使其成螺旋上升状态,从而真正达到学生间的合作共赢。

首先,教师仍然可以根据性别、个性、学习能力等因素对班内学生展开分组,并在每个小组内设置岗位,如组长、召集人、记录员、发言人、观察员等。这一阶段,主要让学生熟悉合作学习的模式,明晰组内合作的原则,如专心倾听他人发言,每个成员共同参与学习任务,意见不一致时阐述理由、民主投票等。第二阶段,学生通过对自身的了解及个人喜好自主选择希望担任的岗位,一段时间后,更换抽签方式确定岗位。第三阶段,学生根据正在担任的岗位,自主选择伙伴,自由组合成岗位齐全的新小组。一定期限之后,重新选择成员及岗位,组成合作小组。

这样螺旋上升式的异质分组,学生能够选择希望的岗位,而这往往是他擅长的,以此展露自身的优秀能力;一段时间后,也能在变换岗位、重新组合的过程中,锤炼其他方面的能力,并从伙伴身上汲取优秀的因子,习得新的优秀。这样合作共进的方式,个体优秀日渐成为群体共性的优秀,形成优秀的合力。

2.倡导主观信息的主我分享

主我分享是一个感知与体验的过程。在某种特定情况下,人们在获得他人(倾诉者)反馈的一些情绪信息、关于某种事物的瞬间看法或瞬间被牵动的情感的同时,也有和倾诉者完全相同的情绪、观念和情感体验,这样一种共鸣的过程即主我分享。主我分享能够帮助学生建立起积极的人际关系,产生良性的互动交流,从而更容易引发"优秀吸引"的过程。

主我分享可以表达主观信息和情绪,也可以阐述客观认知和看法。两者比较而言,主观信息的分享交流更能拉近学生间的距离,更能促进主我分享"持续性"的发生。

因此,在课堂上,教师应当搭建有利于表达主观信息的平台,例如,口语交际课上开展对于某个观点的微型辩论赛,英语会话时引导学生多表达自己的爱好、习惯等,道德与法治课上多让学生交流生活中的真实经历等。除此以外,在其他活动和场合,也可以有意识地倡导学生间进行主观信息和情绪的传达,如组织好书推介会,晒晒我的家等。另外,师生之间同样可以进行主我分享,如教师分享自己读书的经历,犯错的感受,来反映自己真实的一面,扩大"开放区域",获取信任,拉近关系。多样主题的主我分享能够产生正向的优秀吸引,学生在表达主观信息的过程中修炼优秀的表达、整合、逻辑等能力,也在倾听他人的同时持续地引发认同和共鸣,相携共进,优秀便能不断生长。

优秀在知识建构、自我意识发展、同侪式抱团中不断内生与焕发,最终构筑起这样一个积极学习生活的理想状态——从潜在的优秀到实在的优秀,从普通的优秀到卓越的优秀,从封闭的个体优秀到开放的群体优秀,以真正实现"优秀吸引"。

第五节 基于"优秀吸引"的
儿童积极学习生活的整体架构及愿景勾勒

积极教育从"十一五"期间萌芽,"十二五"期间成型,至今已有十多年的历史。从课堂文化、积极课堂、积极心育到现在的儿童积极学习生活,其实践和研究步步深入。

通过实践,我们丰富了"儿童积极学习生活"的内涵特质,创生校本概念"优秀吸引",提炼出"优秀吸引"生长图示。以此为基础,生成指向教学认识的《课堂主体行为认识对比表》,指向教学操作的《积极课堂教学评价表》,以及指向学生主体参与的《积极课堂学生学习情况自主评价表》。同时,深入合作和探究的积极学习经历,梳理不同年段学生不同的目标要求及行为表征,分参与、投入、成就三个维度,确立阶梯上升的三个层级,形成了层级设计表、伙伴共学单。

通过活动梳理、统整设计、实践提炼、修改完善的过程,整合各项学习活动,我们进行"爬坡历练"型活动课程群的开发,形成"五育"特色课程:"童年榜样"课程、"伴读"课程、"花样跳绳"课程、"绘阅"课程、"小农人"课程。课程面向每一个学生,贴近和融入学生生活,满足学生多元多类需求,每个学生都能从中找到立足点、生长点,促进学生全面而有个性的发展,实现"把课程关怀带给每一个学生"的愿景。

通过实践,我们明晰积极教育、儿童积极学习生活、优秀吸引的时代内涵,凝练"过一种积极的学校生活"的办学理念;构建"把课程关怀带给每一个孩子"的课程体系;形成十大积极学习策略,打造"优秀吸引"特质的积极课堂;形成优秀吸引的管理,优秀吸引的教科研,优秀吸引的教师培训等支持系统,理性地构建了儿童积极学习生活的实践体系,并通过多维联动、逻辑建构,将学校管理、课程实施、教学实践、多元评价与师生发展融通。

教育管理过程中的"优秀吸引",指借助优秀教师、优秀团队的力量,充分挖掘外部环境、教师行为、学生活动中的优秀资源,通过倾听赏识、对话分享、行动验证等形式,形成师生自主自觉投入到学校生活中的"优秀吸引"的管理模式。践行他者关怀,实现优秀规约的认同;重视在场体验,拥有全人视角;实施优秀行为的分享,聚焦优秀角色的生长,建立彰显关怀、贴合生长、协作共进的发展机制,使教师成长拥有持久的动力和无限的可能。

科研管理过程中的"优秀吸引",指借助优秀教师、优秀团队的力量,充分挖掘教育教学书籍、教师行为、备课研讨活动中的优秀资源,通过倾听、对话、行动验证等形式,将优秀资源合理介入到各种教科研活动中的一种培训方式。我们通过对话式阅读,从荐读分享走向思想共振,开启知性阅读旅程;通过主题式研课:从就课论课走向微课题聚焦,卷入实践反思涡流;通过互启式写作:从个体经验走向合作共研,提升核心行为意义;通过典例式推介:从旁观见证走向迁移融合,共持科研成果生长。

积极课堂中的"优秀吸引",我们认为是儿童积极学习生活的惯习。我们努力通过提升认可度,让学生发现和赏识优秀;通过设计爬坡式的历练体验,让学生不断卷入和修习优秀;通过指导学生形塑价值,让学生内生和焕发优秀,形成优秀的自觉。作为优秀吸引的主体拥有者,让自己的优秀充分展示出来,是优秀吸引的前提,在此基础上,能以帮助扶持的友好方式对他者给予关怀,最终获得他者与自身抱团优秀的双赢体验。

在全方位、立体的实践中,我们期待儿童积极学习生活,最终会呈现如下愿景:

1.如临时雨、相观而善

这是基于学习生活中融洽的人际关系而表现出的学生内在感受,努力追求的是一种积极的"学习场"状态。如临时雨、相观而善,具体指向教师与学生、学生与学生之间相互交往,和谐相处,这样才有助于互相学习,互相促进,达到补偏救弊、扬长避短、开阔眼界、增广见闻的目的。在学生调查中也发现,学生渴求老师温柔、友爱、会讲故事、讲求平等,希望同学友好、团结、互帮互助,这是个体在群体中最热切的诉求,这样融洽的关系将直接影响着学习目标、学习任务的达成。基于融洽关系的积极学习场,有助于激发学生的活力、开发潜能、促进创造力的提升,同时,也能培养学生积极的认知品质和意志品格,使之形成一种热爱学习、热爱生活的积极人生态度,达成"整体人"的发展。

2.长善救失、学以致用

一切学问都是从生活中来的,学习要贴近学生生活,到生活情境中去学,不断积累和丰富生活经验,这样才能体现学习的真正价值,这是课程的视角,也正是我们研究的儿童积极学习生活所追求的。在学生调查中,我们也发现,学生喜欢的课堂教学形式很好地阐释了"学习即生活"的理念,他们希望有看书的时间、能学中玩,希望课堂是充实、活泼、有创意的，这些都是对传统"讲授法"的扬弃，能够有效激发学生的学习兴趣，是真正符合生活逻辑的学习，包含着学生对学习生活满意的感受，拥有实现个人潜能的机会，体现了积极参与的愿望，表达出个人意愿的自觉状态。长善救失、学以致用，想要表达的也是贴合学生生活的积极的学习方式，每一个学生都善于发现自身和他人的长处，以此来弥补自己的不足，并将其合理运用到自己的生活中，促进自身的生命成长。

3.兴致盎然、蓬勃向上

在学生的调查中，"有趣"这个词出现频率特别高，有趣就是富于变化、感兴趣，其本身就存在着一种吸引力，能让学生在不知不觉中投入学习生活。兴致盎然、蓬勃向上是外显的积极体验状态，包含着参与的热情、投入的激情、成就的满足，透过这些状态，我们能感知到学生在学习生活中表现出的实现有意义人生的优点，如勇气、宽容、自尊、真诚、有荣誉感等，这些优点能成为学生的积极个性强项，充分挖掘这些强项，长善救失，学以致用，就能从个体的兴致盎然、蓬勃向上转变为群体的兴致盎然、蓬勃向上，提升生命成长的幸福指数。

第三章
学科课程实践

在聚焦"积极课堂"的过程中,东亭实验小学形成了考量积极课堂的多维量表;针对学科内的某一领域形成了七大教学范式;提炼了体现积极学习意义的若干教学核心行为,变"教学能力"为"学生学力",逐步完善了对"积极课堂"的理解。"十三五"开始,东亭实验小学进一步聚焦课堂,聚焦儿童学习,一方面将"十二五"课题成果应用于各大学科教学,另一方面围绕"优秀吸引"在语文、数学、英语、美术和道德与法治等学科展开新的实践。

第一节 建立联系：语文学科创生积极的言语实践活动

"语文课程是一门学习语言文字运用的综合性、实践性课程。"现今，我们的语文阅读教学正在由"重理解、轻表达"转换为"理解和表达并重"，且适当朝向"运用"的形态。"语文课程要引导学生多读书、多积累，重视语言文字运用实践，在实践中领悟文化内涵和语文应用的规则。"以言语实践为中心的阅读教学，越来越被大家所认同，因为这样的教学是培育、提升学生语文核心素养的重要途径。

如何在语文阅读教学中进行言语实践，实现从"理解"到"表达"的跨越呢？笔者认为，"建立联系"不失为有效策略。所谓"建立联系"就是教师文本解读精准指向学生的语用能力，教学时找准切入点，让学生与记忆中的信息组块建立关系，产生联想，感官向时间和空间维度立体打开，实现思维的有效探索，从而形成崭新的观念，达成新鲜的语言表达。

语文阅读教学过程中，教师如能敏锐地发现文本的语用价值，积极运用"建立联系"策略进行言语实践，必然能收获意想不到的结果。

一、故事勾连——触类旁通练仿说

成尚荣先生说，"走进儿童心灵的不一定是知识、概念、道理，而往往是故事。要让知识、概念、道理走进儿童的心灵世界，应当把它们寓于故事中……"故事是儿童天生的伙伴，教学中以类似的故事为线索，和孤立的文本故事进行叠加链接，通过故事与故事的勾连让学生不知不觉间抵达丰满形象的理解，魅力语言的感受，再将相关的"故事元素"进行改组、融合，从而建构学生内部语言系统的"自生故事"，切切实实地得到言语实践能力的练习与提升。

《日月潭的传说》属于"传说故事类文本"，这类课文的文后常常会出现"讲讲这个故事""复述故事""分角色读故事"等练习要求，由此体现语文课程的主题内容和能力目标，本文也不例外。基于三年级学生的学情，如何用上丰富的词汇，把故事从"讲清楚"到"讲生动"，是本文的教学难点。教师在研读文本设计教学时应着重考虑这一点，可聚焦以下两处语段：

语段一：他们翻山越岭，披荆斩棘，吃尽了千辛万苦，终于从阿里山的山洞里拿到了金斧头和金剪刀。

此处勾连二年级已经学过的《沉香救母》的故事，回忆其中对沉香"吃尽了千辛万苦"的具体描写，讨论后迁移到《日月潭的传说》中，抓"翻山越岭""披荆斩棘"两个关键词想象练说：一路上，大尖哥和水社姐不知翻过了多少座高山，也不知跨过了多少道深涧。饿了就采几只野果充饥，渴了就捧几口泉水喝喝。脚上磨出了一个个血泡，身上划下了一道道血痕，真是吃尽了千辛万苦！

语段二：回到潭边，他俩又冒着生命危险，纵身潜入潭底，与两条恶龙激战了三天三夜。

此处勾连前面学过的《哪吒闹海》的故事，仿照着故事中哪吒和恶龙打斗的片段，围绕"激战"的"激"一词把大尖哥和水社姐与恶龙战斗的场面说具体。学生们从《哪吒闹海》中的一系列连贯性的动作——"猛扑、一闪、躲、纵身、趁势、举起……"体悟用词的准确生动，并由此及彼，迁移练说：大尖哥和水社姐冒着生命危险，纵身潜入潭底，与恶龙展开了激战。恶龙张开血盆大口，张牙舞爪地猛扑过来，他们灵巧地一闪，躲到一边，恶龙扑了个空。他们趁势纵身一跃，举起金斧头奋力一砍，恶龙倒了下去……

单薄的句子运用故事勾连的方式教得更丰实，更立体，学生也在迁移练说中从"意"的积累走向"言"的生长。可以说，指向言语实践的故事勾连，使得教师的教有了主心骨，学生的学有了向心力，并由此形成"由学到练"的语言发展梯度，课堂节奏也会呈现一种变化，变得鲜活起来。

二、情景再现——物我一体真对话

情景再现的"现"，我们可以把它理解成哲学的通用词——"见"。即通过文本语言为儿童提供一个最接近真实或面向自己内心的场景，呈现极具私人意义的生动情境，让儿童的感官向四面八方打开，与自然万物建立联系，彼此遇见，互相"对视"。会心处，甚至物我一体，生命交融。学生的内心有了反应，语言的表达就有了一种真实的感受，真切的情意。

以《桂花雨》的教学为例。

师：桂花雨带给"我"很多快乐的感受。仔细读读这段文字，从哪里看到了快乐？

生：我从"帮着在桂花树下铺竹席，帮着抱桂花树使劲地摇"这样的举动看到了快乐。

师：怎样的摇才是"使劲地摇"？

生：使出浑身的力气、使出吃奶的劲儿……

师：这么使劲摇呀摇，累吗？

生：不累，好玩、带劲、开心……

师：这哪是在帮忙干活儿呀，就是在玩，就是在闹，就是在游戏！接着说，你还从哪里看到了快乐？

生：我从小琦君的喊声中感受到了快乐。她连用了三个感叹号，桂花像雨一样落下来的情景太美了。

师：三个感叹号，真够快乐的！桂花纷纷落下来，这是怎样的情景呢？

生：小小的金色的桂花，一朵又一朵，从树上飘飘悠悠地落下来，像阵阵金色的细雨。落在地上，像铺了一层金色的地毯。

（课件呈现桂花纷纷扬扬飘落的情景，师生对话。）

师：瞧，桂花纷纷落下来！一朵又一朵，落在你的头发上，好像——

生：给我戴上了美丽的发卡。

师：落在脖子里，感觉？

生：痒痒的，像在给我挠痒痒呢。

师：落在——

生：落在我的衣服上，像绣上了两朵金色的小花。

……

师：它落得我们满头满身，我们都成——香人儿啦！

此时，你就是小琦君，你会怎样喊呀？

（课件出示："我（　）地喊：'啊！真像下雨！好香的雨啊！'"）

生：仰起头、拍着手、手舞足蹈、兴高采烈、又蹦又跳、眉开眼笑、喜笑颜开……

生再次演读。

"使劲摇""大声喊"这两个关键词成为学生言语活动的生长点。通过教师的教学，学生走进文本，与作者琦君笔下的"桂花雨"相遇，产生身临其境的"在场感"，自由舒展的"共通感"，建构起一个联结学生与文本的"时空场"。入情入境的角色扮演唤醒他们的生活经验，瞬间幻化成一个天真烂漫的小女孩站在金黄的桂花树下，使劲摇桂花，在缤纷的花雨中，欣赏、陶醉、享受、惊喜……实现"读者时刻"和"作品时刻"的交融与超越，催生了学生语言、情感、思维的生长。

三、主题聚合——前后贯通再创写

高年段的阅读教学，需要从课程能力生长的视角，精简环节，将线形的教学流程转变成块状的教学结构，将零散的教学内容整合成具有内在联系、有序的学习实践板块，引导儿童通过联结性学习和自主性建构，获得言语智能的充分发展和语文素养的整体提升。教师首先要深入研读文本，透视文本结构，找准语言实践的关键内容，并围绕这一核心，把具有相似主题的内容聚合成块，进行关联性学习，从而让学生举一反三，学以致用。

苏教版六年级下册《天游峰的扫路人》，"感受老人形象"自然是重要的教学目标,以往教学设计大都停留在通过理解文本感受扫路人自信、乐观、豁达的精神这一非本体教学内容上,造成了语文课程性质的异化。有位教师紧扣文本中两段描写老人外貌形象的语段,独具匠心展开教学,通过主题组块的聚合对比,形成文本独特的语境结构,架构起课堂语用体系。

1. 组块关联,领悟表达精准

教学时,教师打破一望而知的浅层阅读,以这样的提问唤起学生的新鲜感,让文本语言微妙而切近地触动学生,吸引学生,激起他们的思考:"这篇课文的语言表达很特别。这样一位老人的外貌,作者没有集中一段写,而是用了两段话来描述。读读这两段话,这两段外貌描写分别在什么情况下写的?"学生交流后总结:第一次是初识,看到的只是一位普通的老人,老人的身份是扫路人;第二次是带着敬意去打量,看到的是一位令人敬佩的天游峰扫路人形象。因为认识不同,看到的人物形象自然也就不一样。

2. 推衍表达,丰满人物形象

教师结合学生回答再次追问:"作者在登山途中初识老人,将他的形象看在了眼里;通过对话对扫路人有了新的认识,将老人的形象留在了脑海里。读读课文9~12自然段,老人的形象又留在作者的哪里?"学生再度与文本深入对话,并交流感想:随着认识的深入,老人的形象印在了"我"的心里。

接着,教师引导学生模仿文中两段描写老人外貌的言语组块,结合9~12自然段的内容,用一段话写一写作者回忆中的老人形象。学生遵循作者表达的思路,写下了他们心中老人的丰满形象。"看在眼里——留在脑海——印在心里",三个板块前后贯通,既形成关联,又呈现螺旋式上升的趋势,构建起整体化的言语表达教学内容。

阅读教学中"建立联系"的言语实践借给学生一双慧眼,逐渐习得"透视"语言文字的功夫,以较敏锐的视角看到语言文字的表达规律,感知语言的张力,把握语言表达的本质,更好地吸纳、内化语言。同时,"建立联系"的语言实践更关注儿童内在的需要,激发学习的兴趣和潜能,遵循儿童学习语言的规律,引导他们在自然建构的过程中,掌握语言知识,形成语言技巧,促进语言发展,生成具有儿童成长意义的课堂。

第二节 适"度"而教：数学学科课堂教学效益提升之悟

课堂教学是教与学的双边活动，学的真谛在于"悟"，教的秘诀在于"度"。《说文解字》曰："悟，觉也。"悟，就是理解、明白、觉醒、领悟。悟性强的学生，数学在他们看来都是那么顺理成章，数学定义、定理都能达到"印在脑海里，融化在血液中，落实在应用上"的境界。课堂教学是一门艺术，艺术是要讲究"度"的，"度"就是恰到好处，就是有利于教学目标的实现、教学任务的完成，教师准确把握好教学的"度"可以更好地提升课堂教学的效益，让学生更轻松地掌握知识、形成能力。

一、控制难度，适配学生起点

多年的教学经历使我深深地感受到，小学生在数学学习中普遍存在这样的问题：对于所学概念不能很深入地理解、运用。所以一遇到上概念课，就感觉非常枯燥、乏味。长此以往，形成恶性循环。数学知识的特点之一就是具有抽象性，我们的教学就应善于把抽象的知识具体化，帮助学生实践，认识，再实践，再认识，从而较好地全面理解、掌握所学知识。因此，教师在设计问题时就要把握好分寸，针对不同的概念、不同的学生群体设计不同难易程度的问题。问题要有一定的难度，才能刺激学生的思维，调动注意，但也要注意难度恰当，以顾及大多数学生的智力水平。

教学《分数的基本性质》一课时，为了让学生理解"什么是分数的基本性质"这一概念，我们可以这样来组织教学：

（一）组织教学，引出概念

1.同学们，今天的新课我们从折纸开始。每个同学手中都有一些长度相同的纸条，请大家把这些纸条折一折、画一画，然后用一个分数表示。想一想：你把什么看作单位"1"？

2.同学们得到了不同的分数，在这些分数中，有些分数的分子、分母虽然都不相同，但它们的大小是相同的。你能猜一猜是哪些？

3.验证学生猜测。拿出表示这些分数的纸条，重合比较，并贴于黑板上。

4.提问：你是根据什么作出正确的猜测的？

（二）探索规律，建立概念

1.引导思考探索：

为什么 $\frac{1}{2} = \frac{2}{4} = \frac{4}{8}$ 呢？它们的分子、分母是按照什么规律变化的呢？

(1) 从左往右看，$\frac{1}{2} = \frac{2}{4}$，那么 $\frac{1}{2}$ 是怎样变成 $\frac{2}{4}$ 的？$\frac{1}{2} = \frac{4}{8}$，$\frac{1}{2}$ 又是怎样变成 $\frac{4}{8}$ 的？

(2) 你发现这两题有什么共同的变化规律？

（3）再从右往左看，$\frac{2}{4}$、$\frac{4}{8}$各是怎样变成$\frac{1}{2}$的？你又发现它们有什么共同的变化规律？

2.学生汇报，师生共同讨论，引导学生抽象概括出分数的基本性质。

同学们刚才发现的这两条，是否只适用于以上例子呢？你能举些例子吗？谁能把这两条规律全面、完整地总结成一条？

3.小练习：右边的式子对吗？为什么？现在这条规律全面了吗？（强调"0除外"）

4.刚才我们是看着图并联系分数的意义发现并概括出分数的基本性质的，同学们能不能根据分数与除法的关系和整数除法中的商不变的性质来说明呢？

数学知识相互联系，循序渐进。对于分数的基本性质，教师要清楚地知道其所蕴含的数学思想和独特的思维方式，在设计问题时，既要表现出对教材内容的认识、理解、应用，又要表现出对教材内容的综合、分析、评价，"要让知识从学生的思想中流淌出来，而不是我们灌输进去"。这段教学设计中，面对学生很难一下子概括总结得出"什么是分数的基本性质"这一问题，教师抓住分数基本性质的本质属性，通过让学生动手操作，自主得到一些分数，然后对这些分数进行猜测和验证，引导学生从分数的意义，对几个分数从不同方位进行观察，从乘（扩大）、除（缩小）两方面分析，使学生从变中看到不变，巧妙地将这一大问题分解成若干个学生能够思考的小问题，层层推进，不断打开学生的思路，从而将感性的认识上升到理性认识，把具体的知识条理化，归纳得出规律。

当总结出规律后再提出"为什么'相同数'不能为零"，并通过正反实例的判断与商不变性质的联系，使学生全面理解掌握分数的基本性质。在这个过程中，孩子们的思维像一个光源，从一个基点出发，朝各个不同方向作立体式投射。这样的提问设计比起直接告知"相同数不能为零"，增加了难度，使大多数学生体会到了智力角逐的乐趣，更完善了对学生观察能力、逻辑思维能力和抽象概括能力等数学素养的培养力度。

二、把握密度，亲历学习过程

在信息输入和输出协同进行的教学过程中，教师作为信息的输出者，要保证输出有效的信息和有效地输出信息，就必须在教学中的"疏密度"上下功夫，做到疏密相间，科学合理，提高课堂的教学效率。一个单元、一个课时都有它的重点、难点和关键点，教师的提问要精、内容要适宜、方法要恰当、节奏要和谐，处理好全面讲述和重点讲述的关系，以突出重点，突破难点，保持一种动态的平衡，真正使问题成为学生从已知到未知的向导。必要的时刻，教师甚至可以"退"出学生的活动场景，让学生自己在争论中发现、感悟、明确，进而生长生成。

教学《认识含有万级和亿级的数》这一内容时，"0"在不同位置的读法既是重点又是本节课的难点。我们这样来展开教学：

（1）瞧，这些数里都有"0"，这些"0"的读法一样吗？你能根据"0"的读法的不同给它们分分类吗？小声商量商量。

(2) 有想法了吗？谁来分？（允许下面学生出声提醒）

(3) 你看出来他是怎么分的吗？学生回答后反问分的孩子：你是这样想的吗？这样分确实很有道理，能获得认同的方法一般都是好方法。

(4) 我们具体来看，这三个数中的"0"为什么都不读呢？这些"0"都在每一级的什么位置？确实根据我们以前读数的经验，个级末尾的"0"——（不读），万级末尾的"0"——（也不读），我们就能概括地说每级末尾的"0"——（都不读）。

(5) 看来"0"的读法与它所处的位置有关，这三个数中的"0"又在什么位置呢？这个"0"在万级的——这两个连续的"0"在，这个"0"在，这个"0"在——这些"0"还在每级的末尾吗？像这样"0"不在每级的末尾，我们就说"0"在其他数位上。

(6) 那么读其他数位上的"0"时还要注意什么？

(7) 我们通过观察、比较、分类，发现了关于"0"的读法，一起把我们的发现响亮地读一读。

(8) 随机练习

（出示6000 0004）这个数可不得了，它有那么多的"0"，你还会读吗？谁来试试？这个数中哪些"0"不用读？这三个"0"呢？

在学生根据"0"的读法的不同给数分类的过程中，老师可以尝试退出学生活动的场景，只是远远地静静地看着，孩子们在思考、争论之后，将数分成了两类，自己初步发现了"0"的读法与所处位置有关。也许应该感谢孩子们的机智，使冲突顺利解决。但孩子们的机智不正是来自老师有效的引领与巧妙又刻意的预设吗？在激烈的认知冲突中，教师的退，激发了学生的进，使得课堂在那一刻峰回路转，当教师远离了学生的视线，并且不对学生的争论发表任何意见的时候，孩子们自主创造的潜能被无限激发，学生们的思考、争论让教学有了生成的空间，那一刻精彩纷呈……但再深入仔细地想想，仅仅有了生成就足够了吗？如果老师缺少智慧独到的眼光，缺乏退出学生活动场景的勇气，那么即便是面对再多的生成也会熟视无睹！正是这样疏密有度、合理巧妙的预设，将诸多零碎的小问题，整合成学生能够充分思考并有能力自主解决的大问题，防止了多个小问题对学生的疲劳轰炸，课堂密度合理，同时也增加了问题的思维深度。

三、巧设梯度，促进自主建构

人类认识问题往往由浅入深层层推进，由已知到未知，由表象到本质。因此，通常设计课堂提问时，考虑到学生认知能力，要用感性的材料多角度设问，让学生在熟悉旧知识的前提下，在有梯度的层次设问中逐步过渡到新问题。问题的设计要由易到难，由简到繁，由浅入深，由感性到理性，由现象到本质，设计一定的坡度，才能便于学生理解和掌握，才能增强学生的自信心，激发学生的学习兴趣，促进学生积极地去思考、去想象，去创造。坡度过陡容易挫伤学生的主动性，心理上会产生困惑感，久而久之，会丧失自信心；坡度过缓学生不需要多少思索，难以激起学生认知心理的平衡，也会挫伤学生的积极性。因此，要充分了解学生的知识水平和认知能力，熟悉教材的前后联系，把握各类学生的差异性和个性特征，让不同的学生都有思考的空间。

教学《小数的意义》一课，这节课的重点就是对小数的意义的建构。为实现意义无缝建构，教师设计了这样的一组问题：

（一）我们一起到更广大的领域中去研究小数

出示一个正方形。这个正方形可以表示我们刚才研究的一元、一米吗？当然它也可以表示一千克、一小时等等，在数学上，我们把这个正方形看作整数"1"。

我想在这个正方形中涂色表示出0.7，应该怎么办？

你的意思也就是把整数"1"平均分成10份，涂出这样的7份吗？你怎么想到要把整数"1"平均分成10份的？

你能在这个正方形中表示出0.13吗？想想怎么办？把正方形平均分成100份，也就是把整数"1"平均分成100份，这样的13份就是0.13。你又是怎么想到的？

在数学上，我们常常用这样的直线上的点来表示数。（出现数轴，让学生找出0.7。）这儿哪个点是 0.13呢？

预设A：找不到。

师：是啊，老师好像也找不到。

预设B：能找到。

师：那你能来指一指它的位置吗？你的数感真好，已经知道0.13的大致位置了。要找到精确表示0.13的点，需要老师帮什么忙？

好的，就按你们说的，继续平均分，要把0—1平均分成多少份呢？ 现在谁能再来说说0.13表示的意义吗？

（二）三位小数意义的探究

回到数轴。这个点是0.13，这是——（0.14），在它们之间还有小数吗？可能会是多少？你们举的例子中很多都是三位小数。三位小数的意义是否也正如我们的推想呢？请大家同桌合作，自己来研究解释。

学生在教师的启发诱导下，通过图形或数轴，自主建构出两位小数的意义，并在此基础上对三位小数的意义独立作出研究和解释，进而完善小数的意义。这些带有梯度的问题设计，符合学生的认知规律，为学生接受新知、建构概念了铺垫，降低了思维的难度。

四、挖掘深度，助推思维提升

课堂教学是一个动态的不断发展推进的过程。这个过程既有规律可循，又有灵活的生成性和不可预测性。"每一个学生都是发展中的人，都蕴含着巨大的发展潜力。"何为"数学思想"？何为"有用的数学"？我觉得数学教学要着眼于学生潜在能力的开发与挖掘。小学生的思维因为年龄小，在认识和把握一个问题时，容易只考虑单方面因素或者把几个因素割裂开来考察，因此往往具有局限性。科学地发展及培养学生思维的广阔性，对于培养学生的创新思维能力具有十分重要的现实意义。所以作为一线教师，一定要适时适当地挖掘课堂提问的深度，用我们有深度的提问，帮助学生悟出所学知识中的道理，悟出训练方法中的规律，从本质上进行把握，促进方法的形成，提升感悟的层次。一颗数学思维的种子，不管我们是有心还是无意，只要播进了学生的心田，它就会以别人难以感知的方式存活、生长起来，而且，它的果实会成倍地膨胀。

在小学数学课堂上，具有一定深度的问题无外乎两类。一类是问题的正确答案不止一个，这类问题要求学生从不同角度不同侧面来分析解决问题；另一类是解答问题时，要求学生把学过的知识纵向、横向或纵横交错地联系起来综合运用。

教学《用含有字母的式子表示稍复杂的数量关系和公式》，教师设计了这样一个环节：

出示：摆1个三角形用3根小棒

像这样增加1个三角形后，共用小棒的根数是：_____，这个"2"表示什么？

增加2个三角形后，共用小棒的根数是：_____，这里的"2×2"表示什么？（是的，每增加一个三角形要多用2根小棒，增加2个三角形就要多用2个2根小棒。）

增加3个三角形后，共用小棒的根数是：_____

照这个样子继续增加，能增加多少个呢？那么你想增加几个三角形，共用小棒的根数是多少呢？和你的同桌说一说。

汇报交流：

预设A：学生都增加具体个数。师：根据上一节课的经验，你能想一个办法概括的表示出我们班每个人想增加的情况吗？

预设B：有学生直接说出增加a。师：你是怎么想到的？（是啊，字母a一下子把我们想说的全概括进去了。）

运用已有经验来解决新问题，这不仅是一种方法，更是一种智慧。数学学习就需要这样的智慧。把掌声送给有智慧的自己。

这里的a可以表示哪些数呢？2a代表什么？3+2a呢？它还表示什么？

明确：含有字母的式子即可以表示具体数量，还可以表示数量之间的关系。

这里教师的提问，层层设疑，不断挑战学生的思维高度。这样提问的设计，有利于学生在教师的启发诱导下，通过积极思维，主动获取知识，掌握方法，培养能力。

"度"不仅是质和量的统一，更是教师的教法与学生的学法的统一，是实现数学课堂教学最优化的必要条件。教师把握好"度"，引导学生自己去经历知识的发现过程和方法的形成过程，学生就能真正有所得，有所"悟"，课堂的效益才会真正有所提升。

第三节 "互相学"：英语学科教学中合作学习初探

从新课程改革开始，合作学习就在中小学普遍尝试和施行，目前在小学英语课堂中，合作学习仍是普遍运用的教学方式，因为小学英语教学主要通过对话展开，而对话就是合作。然而，由于对合作学习的理解偏差，部分教师目前仍然存在较多认识和实践上的误区。

佐藤学教授曾就"互相教"和"互相学"两种合作方式进行比较。他说："'互相教'的关系是单方的权力关系，与此相比，'互相学'的关系是互相关爱的关系，是每一名学生都作为主人公互相合作学习、共同提高的学习关系。'互相教的关系'由独白构成，'互相学的关系'是建立在对话的基础上的。"笔者在研读佐藤学教授《静悄悄的革命》一书后，重新思考"积极合作学习"的内涵，并在课堂上进行尝试，笔者发现以"互相学"为基础的合作学习方式更有利于师生间、学生间积极的对话与沟通，不论对学生知识的习得还是大局观的养成都有非常积极的作用。笔者就以译林版《英语》五上《Unit 3 Asking the way》第一课时Story time为例，谈一谈自己的教学实践。

一、基于积极倾听，提问导入语篇主题

"互相学"的前提是倾听，"相互倾听是真正学习的开始，是合作学习的基础"。（佐藤学）因此，笔者在一开始就关注学生倾听能力的培养。在本课伊始，笔者先出示了上一单元的插图，帮助学生回忆前一课的内容，使Yang Ling去参观Su Hai的新家显得更顺理成章。之后笔者抛出问题：Yang Ling doesn't know the way to Su Hai's home. If you were Su Hai, what would you do before you start? 并点名回答。一生回答说：I'll call her. 教师再追问另一位学生：What's the phone call about?得出本课主题Asking the way，并进入故事学习。

在这一环节，笔者设计了让学生结合自己的生活经验的表达，即去拜访同学，但不知道他家的位置，之前应该做哪些准备？学生可以通过听取别的同学的想法再进行补充，教师的追问更需要学生专注地倾听他人的回答。佐藤学教授提醒广大教师："学习，一般认为这是能动的行为，但不应忘记的是，在能动的行为之前，还有倾听这一被动的行为。学习是从身心向他人敞开，接纳异质的未知的东西开始的，是靠'被动的能动性'来实现的行为。"

二、基于积极体验，展开主题式语篇学习

体验教学是一种关注学生个体特征的教学策略，体验教学指向每一个个体，让每一个个体都亲历学习过程，能激发学生对学习内容的独特领悟。在第一个环节，笔者先让学生通过观看动画，回答问题：How many times does Yang Ling ask the way? 接着迅速浏览语篇，找出两句关键的问路句型：How do I get to your home?和How do I get to the bookshop on Moon Street? 并进行教学。然后学习Part 1，通过人机对话的方式进行，学生扮演Yang Ling，计算机播放Su Hai的回答，学生通过听并选择的方式，获取主要信息：get on the metro at Park Station, get off at City Library Station, walk to Moon Street, next to a book shop. 然后教师在黑板上画出文本中的地图，请学生上台指出路线。接着教师问：Can you be Su Hai and show the way? 学生一起边说边借助黑板上的地图指路。在后半段语篇的学习时，笔者提问：Can Yang Ling find the bookshop after she comes out from City Library Station? Why and why not?学生通过同桌讨论找到关键句：She's on Sun Street. 然后跟进警察的回答并进行教学。在教学go along, turn left/right等词汇时，笔者带学生一起扮演警察，边做手势边指路，带学生体验做警察的感觉。文本学习之后，笔者加了体验环节，把教室变成马路，将Sun Street, Moon Street的路标放在相应的课桌上，并竖起一个traffic lights，让一名学生扮演Yang Ling，手里拿着bookshop的图片去找Su Hai的家。其他同学在台下异口同声：I take the metro. I get on the metro at Park Station and get off at City Library Station. I'm on Sun Street. I go along this street, turn right at the traffic lights. I walk along Moon Street, the bookshop is on my right. 在全班学生的合作过程中，Yang Ling找到了Su Hai家。

在语篇学习的环节，笔者以ask the way主题贯穿始终，创设了多种体验式的合作方式，除了常用的自主到文中找信息、同桌合作、四人小组对话等方式，台上台下互动合作、一人与多人互动合作、 Hands on多感官体验方式等都给了学生不同的感受和感悟，获得积极的体验。

三、基于个体差异，延伸多样式自主表达

佐藤学教授说："保障每个学生的学习权利，就应该在课堂中尊重学生的多样性与个性，在合作学习中，决不追求小组内的思考和意见的统一与一致。这种合作学习与一般的分组学习或集体学习的最大差别在于，它不是重视集体的班组的一致性，而是强调合作学习中的学习主体终究是个人。"

在文本学习的基础上，笔者给学生设计了两个层次的拓展活动，首先是help a

friend.出示学校附近地图,并抛出问题: Some students from Yunlin Primary School(附近一所学校) want to visit our school, how do they get here? 学生通过互相讨论得出答案。接着笔者给出visit a friend/visit a place的设计,学生分组自行商量和选择并用目标语句进行对话,画出路线图。

笔者认为,一堂课如何构架,教师如何与学生互动,都受教师教学的理念主导。"互相学"的课堂更需要教师在课堂上通过自己的引领帮助学生体会互学的内涵。笔者在教学过程中经常运用的语言是: Do you agree with him/her? Any other ideas? You can ask me/your partner for help. 佐藤学教授说:"学校是通过教师的帮助和学生的合作,来实现学生独自一人无法进行的学习的场所。"笔者将继续潜心实践,期待在"互相学"的积极合作学习的探究过程中有更多收获。

第四节 "美术+阅读"：美术课堂步入育人新境界

美术是人类文化、社会生活中的一部分，也与其他学科有着千丝万缕的关系。所以，当下的美术教学要走出单一的知识、技能的学习层面，走向与生活、文化以及其他学科融合的学习层面。而阅读就是一把打开美术通向生活、文化以及其他学科的钥匙，它能开启美术与文化的对话，让美术更具人文性；加强美术与生活的互动，让美术更有致用性；促进美术与其他学科的融合，让美术学习更丰富，更有深度。"美术+阅读"，从人的发展出发，建构起美术课堂综合育人教学新范式，从而全面提升儿童的综合素养。

一、"美术+阅读"，让美术教学从课堂走向生活

大部分美术作品创作的灵感来源于生活，只有抓住生活这个共同话语，才能拉近名作与学生之间的距离。而原来的美术课堂远离学生的生活经验，导致学生对美术学习缺乏兴趣，对美术作品无法理解，创作设计毫无新意。面对此种现状，介入阅读，有助于搭建起美术与生活的通道，唤起儿童的生活经验，在体验、经验和情感相结合的情况下，获得有效的理解，提升儿童解读作品的能力。

如在教学《诗配画》一课时，怎样才能使学生在创作作品时达到"诗中有画，画中有诗"的理想境界，那就需要引导学生通过细阅读，慢品味，去发现诗就是诗人通过文字记录自己的日常生活、抒发自己的喜怒哀乐，关心国家时事政治的一种方式，诗中反映的是古人的生活轨迹：《锄禾》记录了农民的辛劳；《山行》记录了古人的旅游；《游子吟》记录了儿子对母亲的思念；《示儿》记录了诗人的爱国情怀……从阅读中寻找到切入口，一下子就拉近了学生与诗人之间的关系，从而激发了他们的探究之心，再通过深入阅读，品味、感悟出诗人的情感后，继而为古诗配上相得益彰的画面也就显得水到渠成了。

再如教学《车》一课时，教师首先通过百度阅读了解车子发展的历史，在课堂中通过师生互动分析出车子的不同造型是因为生活的需求而产生的，它的造型由当时的工艺和材质决定。中国古代没有发动机，所以只能用马拉车，称之为马车。普通人乘坐的马车都是以木头为主，而达官贵人乘坐的马车则是以青铜为主。再通过师生共同阅读《世界汽车大百科》《快来设计一辆车》中的部分内容，结合自己的生活经验发现，车

子发展到现在成为了人类生活必需品。小到自行车、私家车，大到高铁、工程车，虽然种类繁多、造型各异。但它们的造型都是根据生活中不同的需求和功能展开的。跑车流线型的设计和低矮的轮子是为了追求速度；越野车粗壮的轮子和厚实的身子是为了翻越崎岖道路；高铁长长的身体是为了乘坐更多的客人。

通过分析车子与生活的关系后，学生就能从生活的角度来思考设计未来的车子。能根据不同身份、不同年龄、不同爱好的人的需求，结合造型方面的创意，设计出更具生活气息、更具个性化的车子。通过欣赏沙发车、橘子车、吉他车的外形，再结合材质、结构和功能的解读，让学生发现舒适又速度缓慢的沙发车适合老年人，时尚又小巧的橘子车适合年轻人，创意又实用的吉他车适合浪漫的旅人。正是有了这些知识和生活经验的融入，学生们的作品设计不但有创意，而且更具人文性。他们利用盔甲的坚硬设计成工程车；球鞋的轻盈设计成跑车；卡通小鸡的可爱透明设计成游览观光车……

正如王大根教授所希冀的那样：让学生"像艺术家一样创作"，多角度的阅读为学生的创作输送了适合的养分，美术课堂将教学内容与学生生活经验紧密联系在一起，打破单一地从技能方面进行的创作，使美术课堂从技能走向生活，使学生能尝试像艺术家一样结合生活的需求进行科学、合理、人性化的设计创作，体验与艺术家一样的创作过程，在实际生活中领悟美术的独特价值。

二、"美术＋阅读"，让美术教学从单一走向综合

传统的美术课堂，以单一的专业美术知识与技能教授为主，而核心素养取向的学习尤其强调综合性。只有通过跨学科的知识融合，才能使之相互服务，相互促进，从而达到美术学科的完整性和全面性，重构起立体的教学范式和动态的教学观。而阅读则是知识融合的重要手段。

《诗配画》一课中，怎么为古诗配上具有意境美的画面呢？通过深入阅读，不但要从古诗中找出具体的物体，还要找出隐藏的情感，这样才能用绘画中的构图呈现古诗中的意境。比如《夏日绝句》中，主要物体是项羽和江水，如果把项羽画的太过饱满，就无法体现画面的萧条之感；把项羽画成正面，又无法淋漓尽致体现出他的孤独凄凉之感。只有把项羽的背影缩小放入下面的一角，才能与面前的江水和远处大片的留白形成一种空间感和悲凉的意境，这样的画面不但画出了诗中的物，更画出了诗中的韵。古诗中不但有物，还蕴含着丰富的色。古诗中的韵律意蕴和绘画中的虚实浓淡也是相映成趣的。比如《绝句》中前两句"两只黄鹂鸣翠柳，一行白鹭上青天"中黄、翠、白、青的色彩鲜亮醒目，而后两句"窗含西岭千秋雪，门泊东吴万里船"中窗、西

岭、雪、门、船的色彩素淡雅致。这种强烈的色彩对比构成了美术中的透视感和空间感：近景的实和远景的虚，近景的浓（鲜艳）与远景的淡（素淡）。有了这种审美的提炼，学生在创作时自然而然会融入这些具有美感的知识，从而使画面产生一种与诗句相映成趣的和谐之感。通过深入阅读古诗后，诗启发了画中的意态，画给予诗以具体想象，诗画交辉，意境丰满。所以，美术中融入阅读，可以丰富美术作品内涵；阅读中加入美术，可以让阅读更有情趣！

教学《看戏》一课时，不但要教会学生表现戏曲人物的动作、表情、服饰和道具，更要让学生了解戏曲人物的动作、表情与舞台上的表演是融为一体的；服饰与人物的身份和个性是密不可分的；道具则有着一定的寓意和代表性，并通过不同的阅读手段让学生深入学习。通过视频阅读，发现戏曲中的一举手，一投足，都像在跳舞一样。这是因为中国戏曲就是用舞蹈来讲述故事的，从而达到一种造型美。戏曲中的动作还有着特定的含义，"起叫头"是人物感到不安时的动作；"上马"表示正在骑马的状态；"起霸"则是征战前整理盔甲的动作。通过课前阅读提炼出服饰上的图案主要以动植物和花鸟为主，有一定的寓意，不同款式、不同图案、不同色彩代表不同身份和个性。最后通过收集的资料发现在戏曲中有战场、将军、渔夫，但是在舞台上却没有车、船、马这些道具。这是因为古人为了舞台的视觉效果达到美观的极致，用车旗、船桨、马鞭再配上演员的动作就代表了这些道具。通过这些学习，学生不但能表现出生动形象的戏曲人物，更能汲取到戏曲中蕴含的知识，感悟到成千上万，形形色色的戏曲人物是我们中国戏曲历经千百年海纳百川的融合与孕育才凝练出来的。最后呼吁闲暇之余带上爸爸妈妈看上一场戏，了解更多戏曲中的奥秘，激发出学生对中国优秀文化传承的强烈之情。这种跨学科的融合，让美术从平面走向立体，从单一走向综合，进而树立正确的价值观，提升学生的综合素养。

三、"美术+阅读"，让美术教学从技能走向文化

文化理解，是美术核心素养之一，指从文化的角度观察和理解美术作品、美术现象和观念。所以美术是一种文化学习，文化是经历了长期的历史积淀而保留下来的精髓，应该在广泛的文化情景中加以认识。了解和吸收这些文化精髓，才能逐步培养学生的人文底蕴、形成一定的人文情怀，从而具有一种人文精神。而阅读则是吸收这些文化精髓的重要方法之一。

在教学《中国花鸟画》一课时，师生可以共同阅读这三位画家的生活经历：八大山人原名朱耷，是朱元璋的直系子孙，8岁能作诗，十几岁就考中了秀才。就在他满身光

华将要一展抱负的时候,清军入关,明朝灭亡,朱耷一路逃亡,最后在山中隐居遁入空门。但是朱耷对清朝满心愤恨,怎么表达呢?那就翻个白眼吧。于是,天上的小鸟,地上的鹿,水里的鱼都全方位翻起了白眼。朱耷画笔下的动物多是雁、鹿、鱼这些山林里的动物,这也和他居住的环境有着密不可分的关系。宋徽宗赵佶作为经济最发达的宋代皇帝,平时见到的花鸟肯定是最为华贵、富丽堂皇的。就如满身艳丽的锦鸡,花团锦簇的孔雀,姿态优雅的麋鹿等等。所以,赵佶笔下的题材肯定是鲜少有大白菜之类的。齐白石出生在一个很贫穷的农村家庭,从小就下田劳动,所以在他的生活中看到的最多的就是田园风光。理解了这三位画家的生活经历,再去解读他们作品的艺术风格就会事半功倍。如果脱离了这些背景文化,只从作品的内容、形式、艺术风格等方面分析解读的话,学生掌握的就是一个死的、静态的知识。

再如教学《有生命的石头》一课时,要从成千上万的石头中选出最具有代表性的石头进行"以小见大"的教学,就需要教师从百度中寻找相关信息后进行阅读、比较、删选。在选中云南石林、南京雨花石和无锡太湖石三种最具典型的石头后就要对其进行深度解读,通过师生共同阅读《云林石谱》《岩石与宝石》等书后,首先从视觉表象层面识读出来的就是云南石林气势雄伟,造型独特,有的像剑,有的像灵芝;南京雨花石小而花纹精美,天然的纹理形成一幅幅意象画面,无锡太湖石则是以"皱、漏、瘦、透"以及姿态丰富的特点形成自己独具一格的风格。其次"从为什么长成这样?"来识读它的背景知识:它们大小、造型、肌理上的差异,是由于地理、气候、环境的不同而导致。石林是由于地理、气候原因形成的喀斯特地质地貌;雨花石其实是一种天然玛瑙石,主要产自扬子江畔;而太湖石则是由于石头在河水中长期被水波冲刷,长期腐蚀而形成的。最后围绕"它们可以干什么?"这个问题来进行传递文化精神的识读:正是由于我们中国地大物博,疆域辽阔,才拥有了这么多千奇百怪、各具特色的石头。云南石林雄伟的气势会让人有一种突破自我、积极向上的联想;南京雨花石鬼斧神工的色彩纹理让文人雅士形成了一股赏石、咏石的雨花石文化;无锡太湖石的万千姿态蕴含着一种独特的生命力,从此有了"米芾拜石"的故事。石头,原来是冷的、硬的,但正是有了人的参与后才有了两次生命:一次是物质生命,沧古而悠久;一次为艺术生命,温暖而有情。所以,文化赋予了美术课程以温暖的色彩,使美术课程从技术层面上升到文化层面。

阅读就像是一座桥梁,搭建起美术通向背景、文化、生活、价值观等的各条通道,最终使美术教学从单一走向丰富,从平面走向立体,从技能走向文化,从课堂走向生活,最终引领学生逐步形成能够适应终身发展和社会发展需要的关键能力、必备品格与价值观念,实现人的发展。

第五节 爬坡历练：
道德与法治学科规则教育"落地"的实践

党的十八届四中全会提出了"将法治教育纳入国民教育体系，从青少年抓起，在中小学设立法治知识课程"，小学阶段的道德与法治学科的设立，顺应了时代的需求。而规则意识作为法治意识的起点与基础[①]，在小学阶段的《道德与法治》课程中呈现梯度发展的设置。

年级	内容	目标
一年级上册第4课	上学路上	1.认识常见的安全和交通标志，遵守交通规则，注意安全。
一年级上册第7课	课间十分钟	2.懂礼貌，守秩序，行为文明。
二年级上册第9课	这些是大家的	
二年级上册第10课	我们不乱扔	
一年级上册第6课	校园里的号令	3.初步认识规则和纪律的作用，遵守学校纪律。
二年级上册第11课	大家排好队	
二年级上册第12课	我们小点儿声	
三年级下册第6课	我的好邻居	4.懂得邻里生活中要讲道德、守规则，与邻里要和睦相处，爱护家庭周边环境。
二年级上册第6课	班级生活有规则	5.知道班级和学校中的有关规则，并感受集体生活中规则的作用，初步形成规则意识，遵守活动规则和学校纪律。
四年级上册第2课	我们的班规我们定	
三年级下册第11课	四通八达的交通	6.了解本地区交通情况，知道有关的交通常识，自觉遵守交通法规，注意安全。
三年级下册第12课	慧眼看交通	
三年级下册第8课	大家的"朋友"	7.体验公共设施给人们生活带来的便利，形成爱护公共设施人人有责的意识，能够自觉爱护公共设施。
五年级下册第4课	我们的公共生活	
三年级下册第9课	生活离不开规则	8.自觉遵守公共秩序，注意公共安全。做讲文明有教养的人。
五年级下册第5课	建立良好的公共秩序	
三年级上册第13课	万里一线牵	9.知道现代通信的种类和方式，体会现代传媒，尤其是网络与人民生活的关系。在有效获取信息的同时，增强对信息的辨别能力，遵守童心的基本礼貌和网络道德、法律规范，做到文明上网。
四年级上册第8课	网络新世界	

那怎样依托教材，培养学生的规则意识？皮亚杰儿童道德发展理论指出，7~12岁儿童规则意识发展基于规则实践，经历"个人行为大于规则"——"规则分歧"——

[①] 亓同惠.《"规则认同"对中国法治的意义——基于文化背景、价值取向和资源禀赋的评析》.[J].现代法学.2020.2.

"规则共识"的过程。[①]因此,我们认为:应依据儿童道德发展规律,建构指向符合儿童规则意识发展需求的连续性、提升性的爬坡式教学实践,让儿童浸润在积极的规则体验中,实现《道德与法治》学科"培养合格社会公民"的价值追求。

一、丰富课堂形式,落实规则知识"真"建构

道德与法治课堂是进行规则教育的主阵地。小学道德与法治学科中的规则教育内容呈现由浅入深、由学校延伸至社会的特点。只有在课堂中进行能够让儿童积极体验的活动,才能帮助他们明确这个规则到底是什么,并且通过低年段与中高年段规则知识的联合共生,为儿童接下来的实践运用、达成共识奠定基础。

1.小判断,链接真感知

课堂教学中,选择日常生活中的场景开展判断活动,消除了儿童学习陌生感的同时,帮助儿童初步形成对规则知识的感知。

以《班级生活有规则》一课为例。教师以校园视频"没有规则的课间"还原课间情境,引导学生判断:小朋友违反了哪几个规则?分别产生了什么后果?学生认真观看的同时,经过判断思考,明确了不随意奔跑、接水要排队、上下楼梯靠右行等是课间要遵守的规则。紧接着,再让学生说说在平常的生活中看到的一些不遵守规则的现象,说说自己的看法。学生在回忆现象、思考本质、表达输出的过程中,实现了迅速剥离具体生活场景中规则的外在表现,显露出其内涵的能力提升,也为儿童深入了解规则、尝试遵守规则奠定基础。

2.同演绎,引发真共鸣

儿童是在实际生活体验中不断成长的个体,但由于生活范围的限制,对规则的认知只能是自己眼中的规则。在课堂教学中,教师提供真实场景让儿童进行角色扮演,在角色置换的过程中,实现儿童对规则价值的真判断,对自我价值标准的真建立,达到对规则的真共鸣。

在《建立良好的公共秩序》一课的学习过程中,教师立足疫情背景,借用"疫情期间一外企女高管不听劝阻外出跑步"的新闻素材,创生情境模拟题"邻居家的在外留学的哥哥外出跑步,你会怎么做?"让学生通过演绎劝阻邻居家的哥哥,来明晰遵守公共秩序对自己、对他人、对社会都是至关重要的。

在情境演绎的过程中,表演的同学对规则本身有了更深入的理解和体会。观看的同学,也在不知不觉中被卷入进了对规则的自然认同之中。真体验获得真感受,真思索获得真共鸣,产生共鸣才会努力尝试遵守。

---

① 张小莲.《皮亚杰儿童道德发展理论对儿童规则教育的启示》.[N].宁德师专学报.2009.4.

3.辨两难，助力真内化

规则都是日常生活中需要自然而然遵守的，那为什么不遵守规则的现象仍时有发生？究其根源，是遇到两难情况时，一些人选择了个人利益而忽视了集体利益，这恰恰是对规则没有真正认同的表现。因此，呈现两难境地，引导儿童用思辨的规则思维来分析，是十分有必要的。[①]

《我们小点儿声》一课中，教师发表了一个同学的疑惑："好不容易下课了，为啥不能在教室里尽情玩，放声笑呢？"一方面是让自己舒适，不管他人；另一方面则是注意自己的言行，却不能尽情地玩耍放松了。这该怎么办呢？在学生交流的过程中，出示一个人和许多人同时说话的音频图谱，引导学生发现其中的科学知识，进而真正感受到遵守规则是对自己、对大家都好的事，实现规则知识由知道到遵守的逐渐内化。

判断揭开规则知识的表象，演绎建立与规则的联系，而思辨让规则网络的构建更加坚实。判断是基础，演绎为提升，思辨促内化。一堂课中，可以灵活使用三种方法，推动儿童课堂规则知识的学习，也可以成为不同学段的教学过程中的侧重点。只有让儿童在各种活动中正确认识了规则，才能够让他们遵守规则。

二、丰盈特色项目，强化规则意识"巧"提升

儿童学习生活的主要场所为校园，其中隐含着各种各样的规则。打破课堂与校园的壁垒，让儿童多角度、全视野的感悟规则，寻访身边的规则榜样，通过仪式活动体会规则遵守的严肃性，才能更好地强化规则意识的提升。

1.规则小讲堂，明晰校园处处有规则

我们常说"世上不是缺少美，而是缺少发现美的眼睛。"开设规则小讲台，让儿童成为校园生活中规则的发现者、归纳整理者、宣传者，扩大了规则范围，从而更加真切的感知到规则与生活的密切联系。如学习了《我们小点儿声》，以"小点儿声"为主题，请"小讲师"说说在教室内哪些时候该小点儿声。也可走出教室，先看一看、想一想：还有哪里也要注意小点儿声，再由"小讲师"进行发布。学习《建立良好的公共秩序》，可以引导学生观察校园内的标志来探寻其中包含的规则。

规则小讲台，可以由个人发布发现的规则内容，也可以由小组发布他们共同的发现。可以是课堂规则知识的延伸，也可以是综合活动中的规则知识补充，如参加消防演练的规则。这个过程中，观察者将那些隐藏在师生语言、行动中的看不见的规则真实地呈现出来。对于聆听者来说，则是接受了一次规则实际的洗礼。让儿童对规则的认识不仅仅局限于课堂中呈现的生活场景，为个人规则意识提升起到了积极的促进作用。

2.亮眼睛寻访，探索遵守规则小榜样

儿童规则意识的产生，一方面来源于践行规则的实践活动，另一方面来源于运用

---

① 郭雯霞.道德与法治：要培养什么样的人——基于教材话题的探问.[J].中小学德育.2018.2.

规则的协作活动中的榜样示范。规则榜样的力量，让儿童从单一的课堂学习中摆脱出来，从险隘的自我视域中摆脱出来，着眼于同伴在具体情境中对规则自觉遵守，从他们的身上感知规则品质、巧妙方法、规则思维等，从而获得自身规则意识的成长。[①]

举行"亮眼睛"寻访活动，寻找身边的遵守规则的小榜样，由发现者进行事迹宣传，颁发榜样证书，号召同学学习。发现榜样的过程中，既有对榜样行为的规则意义的考量，又有对自身规则学习的审视。"亮眼睛"寻访，实现了儿童规则意识的持续发展。对于规则榜样自身而言，被认可的经历，更激励着他们继续长久的、主动的坚持规则。与此同时，看到了身边的规则榜样，让那些学习者也有前进的方向。当规则遵守形成积极氛围时，将裹挟着所有人共同前进。

3.啄木鸟法庭，实现规则意识软着陆

最好的规则学习素材，必然来源于学生的真实生活。将校园生活中的规则事件引入"啄木鸟法庭"，通过演绎呈现，在充满严肃性、仪式感的程序性活动中，让儿童更加理智地思索、讨论与验证，从而产生对规则的尊重与信仰。

将一学生不排队奔跑入食堂，撞到多名同学并造成拥堵的真实事例呈现在"啄木鸟法庭"中。引导学生通过事件描述、场景演绎、评判演绎等形式，让学生明白规则面前无小事，从而规范自己的言行，实现规则教育追求的软着陆。法庭的审判过程是完全按照实际法庭审理案件流程进行的，这样严肃的仪式呈现，还架起了规则意识与法治意识的桥梁。

规则教育的目的就是让儿童能够从知道规则，到在他人的监督下能够遵守规则，再到能够自觉主动地遵守规则，即拥有自律的规则意识。这一过程需要儿童与他人的不断交往协作。当儿童切实感受到遵守规则能让交往更有效，能带来更积极的体验，才会实现对规则真正意义上的遵守。

三、丰厚生活实践，内化规则习得"实"效能

规则是生活的基石，规则教育的最终目的是培养自觉遵守规则的好学生；走出学校，进入社会，成为知法守法的好公民。让儿童能够知行合一，应该不断扩大学习实践的范围，让儿童把在课堂上、学校里学习到的，应用于具体的生活实践中，从而验证规则教育的实效。

1.研学活动

儿童的生活由学校、家庭、社会构成，规则学习无止境。开展研学活动，将规则学习的主阵地放在社会中，以主题的形式引导儿童总结生活中常见的规则，发现那些被

[①] 凌红.许惠芳《优秀吸引：儿童积极学习生活的习惯养成》[R].江苏教育研究.2019.11.

忽视的规则,并且制作研学调查报告。规则——儿童——生活的链接更深刻。

2.倡议活动

开展倡议宣传活动。规则知识教育往往需要聚焦于生活中的小细节,而规则教育则要注重全面性。儿童不仅仅是规则的学习者、践行者,成为宣传员,更能彰显出儿童的主体地位。制作宣传海报,拟定规则标语口号,进入社区进行实际宣讲。系列化的实践活动,让儿童的规则意识有了更加实质性的变化。

3.打卡活动

古人云"学然后知不足,知不足然后能自反"。儿童规则学习的过程中,需要规则遵守的自我监督、自我控制、自我修整。组织打卡活动,让儿童自行监督规则践行的实效,欣喜于具体有效的达成,并产生坚守的内驱力;发现自己的不足,并能够主动调整心态,控制言行,从而收获再次达成的喜悦。在这个循环过程中,将规则意识内化为自觉守规则的惯习。

小学阶段的规则教育是规则知识学习、规则意识提升、规则惯习养成的螺旋递进过程。把握住儿童学习的特点,创设具体的情境,综合运用活动性体验,打通课内与课外,才能将规则教育落到实处。

第六节 思维进阶：学科课程的教学现场

"文言文"主题

文言文是语文教学中的重要内容，初中、高中时课本中会有篇幅极长的文言文，而且青涩难懂。从三年级开始，统编教材中就出现了文言文。整个小学阶段共14篇，选文类型丰富，神话《精卫填海》、寓言《守株待兔》、人物轶事《杨氏之子》、语录体《古人谈读书》；表现手法多样，除叙事为主外，《王戎不取道旁李》《少年中国说（节选）》《书戴嵩画牛》等叙事中还带简明的议论。教学时，不同的年段采用不同的教学方法，引导学生学习理解文言文的不同方法。故事类的文言文，可关注人物和事件，教师可以让学生尝试用自己的话说一说这个故事，讲一讲这个故事，并且讨论人物形象。哲理类的文言文，教师要引导学生关注和发现人物言行背后的思维过程，从而揭示寓意，说明道理并获得启发。至于《古人谈读书》之类的语录体文言文，教师要引导学生把握观点和作者阐述观点的方法。

设计1:《司马光》教学设计（部编版三上）

【教材分析】

《司马光》是小学阶段安排的第一篇文言文。这篇文言文按照事情发展顺序讲了司马光砸缸救人的故事，表现了司马光聪明机智、遇事沉着冷静的优秀品质。本单元的语文要素是"学习带着问题默读，理解课文的意思"，二年级时学生已经学会默读是不出声不指读，这里又对默读提出了进一步的要求，即带着问题默读，一边读一边思考。《司马光》这课要落实这一要素，引导学生默读时思考句子的意思，能用自己的话讲一讲这个故事。

【设计理念】

虽然司马光砸缸的故事他们都耳熟能详，但是以文言文的方式来进一步学习还是头一次，所以在阅读和理解上存在困难。本节课重在通过自主阅读、教师范读等形式让学生掌握诵读小古文的方法，通过借助注释、看插图、讲演结合等形式理解文意，从而感受文言文与现代文的区别，产生学习文言文的兴趣。

【教学目标】

1.跟着老师读好课文，注意词句间的停顿。背诵课文。

2.借助书上注释理解课文内容，能用自己的话讲一讲这个故事。

3.学习理解文言文的方法，初步了解文言文与现代文的区别。

【教学重点】
能按文言文的节奏读好课文，注意词句间的停顿。

【教学难点】
借助书上注释理解课文内容，能用自己的话讲一讲这个故事。

【教学准备】
多媒体、课件

【教学过程】

一、谈话激趣，引入新课

1.今天老师给你们请来了一个朋友（出示司马光，学习复姓，简介）。

2.这节课我们就来学习司马光小时候的故事，伸出聪明指，和老师一起写课题。读课题：24 司马光

【设计意图】
以介绍朋友的方式引出课题，激发了学生对司马光的期待。在此基础上带领学生认识复姓，初步了解司马光，为文言文的学习奠定轻松的基调。

二、初读课文，读准节奏

1.自由读课文，读准字音、读顺句子。

（1）小朋友们，读着读着你发现这篇课文和我们平时学习的课文有什么不同？

预设：这一篇课文篇幅很短，字数也很少，只有30个字，读起来还很拗口，这种文章我们叫它"文言文"（板书）。

简介文言文：文言文是我国古代人写的文章，语言简练，读来拗口。

（2）文言文虽然篇幅短小，但是要读好它可不简单呢，谁来挑战一下？

评价时落到实处：多音字"没"，后鼻音"庭、登、瓮、迸"。

2.范读，注意课文朗读的节奏。

（1）文言文是非常有韵味的文章，朗读时不仅要读准字音，还要读出节奏，这样才能感受到它的魅力。听老师来读一读（边读边出示停顿）：

群儿/戏于庭，一儿/登瓮，足跌/没水中。众/皆弃去，光/持石/击瓮/破之，水迸，儿/得活。

（2）生练读。

听出节奏了吗？赶紧也像老师一样试着自己读一读吧。

（3）指读。

评价语预设：

你的节奏读得很到位，如果停顿的再短一些就更棒了。

虽然你读出了节奏，但它还是一句话，应该读的连贯一些，听老师来读。

（4）去停顿读。

谁还能读的有节奏,有韵味呢?指读,齐读。

【设计意图】

通过自主朗读、教师范读、借助停顿符等形式,让学生掌握诵读文言文的方法,初步感受文言文与现代文的不同。

三、疏通文意,了解大意

1.小朋友们读的真不错,那么课文讲了一个怎样的故事呢?（出示书上有课文有注释的图片）接下来请小朋友借助书上的注释来理解课文内容。

2.讨论方法,了解大意。

群儿/戏于庭,一儿/登瓮,足跌/没水中。众/皆弃去,光/持石/击瓮/破之,水迸,儿/得活。

借助注释哪些字词你已经理解了呢?

（1）预设1:"庭":庭院。你知道庭的意思是庭院,那你知道"群儿戏于庭"是什么意思吗?原来"戏于庭"就是"于庭戏",于就是在的意思,文言文在理解意思的时候有时候要调换一下顺序。

预设2:"瓮":（出示缸的插图）这是瓮吗?说说你的理由。借助注释知道了瓮是口小肚大的陶器。你还通过什么判断出这不是瓮?（出示对比图）瓮是口小肚大的,缸是口大肚小的。原来看插图（板书）也是我们理解课文的好办法呢。谁来说说"群儿戏于庭,一儿登瓮,足跌没水中"的意思呢?

（2）"光持石击瓮破之"

预设:"持":①坚持。对吗?（不对）请你读读这个句子,那它是什么意思呢?②拿。瓮是非常坚硬的,能把瓮击破的一定是一块大石头,大石头应该是拿吗?（搬）看来有的字还要联系上下文,这样才能够把字理解得更准确。（板书）

"击":司马光搬起石头用力地击打瓮,用力击打就是砸。

请你来当一当司马光,演一演他当时的动作。（瓮太坚固了,一下没砸破,再来一下,两下,三下,哗啦,瓮终于破了,那个孩子得救了）你觉得司马光是一个怎么样的人?（板书:机智勇敢）

（图片）小朋友你们看,一个孩子不小心掉入瓮,随时可能淹死,他拼命喊着救命。其他小朋友有的……有的……还有的……是啊大家都慌了,只有司马光没有慌,搬起大石头使劲砸瓮,你觉得他还是一个怎么样的人?（板书:沉着冷静）

3.读课文,悟品质

谁来读读课文,赞赞司马光的沉着冷静、机智勇敢。

听老师来读一读（可摇头,变语调,句子间加渲染）。请生再读。

评价语预设:你读得真不错,文言文虽然短,我们读起来也是一波三折,真是有意思呢!

4.齐读课文。

5.练习背诵。

想不想记住这个故事,回去给爸爸妈妈也夸一夸司马光呢?让我们尝试着来背一背。(部分、全文)

【设计意图】

在解决难理解词句的过程,让学生掌握理解文言文的方法,理解文意的基础上感受司马光的品质。

四、总结全文

今天这节课我们运用了借助注释、看插图、联系上下文等方法读懂了司马光砸瓮的故事,感受到了司马光是一个沉着冷静、聪明勇敢的人。

【设计意图】

回顾所学,加深记忆。

五、学以致用

老师这里还有一个文言文小故事,请小朋友们借助今天我们学到的方法试着读懂《孔融让梨》,和同桌交流交流。(出示《孔融让梨》)

大家真厉害,借助各种方法我们都能自己读懂文言文了呢!古代的很多文化瑰宝都是以文言文的形式记载下来的,老师希望你们课后能继续去读一读其他的文言文小故事。推荐阅读《小古文100课》。

【设计意图】

能把这堂课所学进行迁移运用,再次感受文言文的独特魅力。

【作业设计】

1.完成小练。

2.阅读《小古文100课》。

【板书设计】

24司马光　　文言文
沉着冷静　　借助注释
机智勇敢　　看插图
　　　　　　联系上下文

设计2:《文言文二则》教学设计(部编版四下)

【教材说明】

《文言文二则》是部编版小学语文四年级下册第六单元的第一篇课文,是小学阶段出现的第六篇文言文。本课含《囊萤夜读》和《铁杵成针》两则。前者两句话,相对语言晦涩；后者篇幅略长，内容相对浅显。在学习这一课之前，学生已经掌握借助注释、联系上下文、联系生活等理解文言文的基本方法。在这一课中，课后习题又明示了另一理解文言文的基本方法，也就是借助义用组词的方式来理解。纵观这一课所在单元，人文主题为"成长故事"，语文要素为"读懂长课文的主要内容"，显然此课之所以编入此单元契合的是人文主题。

【设计理念】

文言文进入教材，是部编版新教材的一大创新之处。基于古诗教学的一般经验，很多教师在进行文言文教学的时候都习惯性地沿用"读准字音——读出节奏——读懂文意——感受主旨"这样的教学流程。但对于学生而言，这样的文言文教学中规中矩，上得很扎实，但失去了教学的情趣性。在此课的教学中，笔者力求改变程式化的教学模式，有效设计富有挑战性的言语任务，引领儿童与文字对话，逐步经历"认知性阅读思维—理解性阅读思维—评价性阅读思维—创造性阅读思维"的发展阶段，从而实现语言和思维的共生共长。

【教学目标】

1.会写"囊、萤、勤"等生字，积累有关勤学的成语；

2.理解"囊萤""恭勤不倦""焉""铁杵""夏月则练囊盛数十萤火以照书""太白感其意，还卒业"等重点词句的意思；

3.正确、流利朗读课文，能背诵《囊萤夜读》；

4.结合关键词句，体会车胤的"勤"；通过想象补白，体会李白的"恒"。并从中明白学习的真谛。

【教学重点】

1.引导学生通过关键字词的理解，理解整篇文言文，明白课文主要讲了什么。

2.结合关键词句，体会车胤的"勤"；通过想象补白，体会李白的"恒"，从中引导学生明白学习的真谛。

【教学难点】

想象补白，体会李白的"恒"。

【教学过程】

一、揭题质疑，带着问题初读文

1.同学们，今天我们一起学习18课：文言文二则。

2.出示第一则课题，指名读。

3.板书课题，重点指导"囊""萤"的书写，并理解。

4.质疑，并板书问号。

5.学生带着问题初读课文，建议读完后看看注释。

【设计意图】

开门见山式的导入形式，直接引出教学对象，言简意赅。导入方式的选择贴合文言文简练的特点。板书第一则文言文题目的过程中，注重"囊""萤"等生字的书写和理解，由此带动整个题目的理解。随之进行的质疑环节，符合儿童好奇的阅读心理，解惑的过程实际暗含对整篇文章主要内容的把握。

二、检查初读，理解词句读懂文

1.指名读课文。

2.生字显示拼音，指名领读并理解。

胤：车胤，囊萤夜读的就是他，我们一起读读他的名字。

恭勤：肃敬勤勉。

（1）你怎么知道的？

（2）我们一起来读读这个注释。肃：肃敬；勤：勤勉；恭勤：肃敬勤勉。

（3）这个注释就是告诉我们车胤对待学习？（非常勤奋、认真、投入）

（4）是的。那恭勤不倦，怎么理解呢？（肃静勤勉不知道疲倦）

真不错，大家借助注释读懂了前面三个生字！最后一个生字焉，书上没有注释，谁能根据你的经验来猜一猜？（语气词）

3.再次指名读课文，追问：为什么读盛（chéng），理解"盛"，追问"盛了什么""用什么盛""用来干什么""什么时候盛"，借此理解长句子"夏月则练囊盛数十萤火以照书"。

4.指名读长句子，并将长句送回课文，再次朗读。

5.交流"谁囊萤夜读？怎样囊萤夜读？为什么囊萤夜读？"相机理解全文。

6.自由练说课文主要内容，提出讲述中有困难的地方。指名交流。

【设计意图】

在初步理解文章内容的时候，遵循学生语文学习的逻辑，由字带词到句，由此突破了文中的难句子"夏月则练囊盛数十萤火以照书"的理解。并借由课初的质疑，梳理了主要内容，完成了文言文学习至关重要的一环。

三、因果梳理，拓展阅读感受勤

1.过渡：读着读着，我们就把课文读懂了。用"谁""怎样""为什么"再次带领全班同学梳理课文内容。

2.用上"因为……所以……"说一说车胤囊萤夜读的原因。

3.把关联词送进文言文，再次指名交流。相机补充"所以"在古文中一般用"故""由此"来代替。

4.找出文中其他表示因果关系的地方，说一说。

车胤恭勤不倦，所以博学多通。

车胤家贫不常得油，夏月则练囊数十萤火以照书，以夜继日焉，所以博学多通。

车胤以夜继日,所以博学多通。

5.从文中选择一个最合适的字送给车胤,交流这样选择的理由。(板书:勤)

6.用四字词语形容车胤,相机补充:

废寝忘食 勤学苦练 夜以继日 通宵达旦 勤学不倦 博学多才

7.拓展阅读:《孙康映雪》《凿壁偷光》,交流孙康、匡衡读书的方法。

8.交流三篇文言文告诉我们的道理。

9.小结:后来,这位囊萤夜读的车胤就成了通晓经传的儒学博士。

【设计意图】

教师在任务导引过程中,不囿于简单刻板的识记和词句表面意思的理解,而应该向思维的深层次开发。在这一环节的设计中,笔者就紧扣文言文中暗含的因果关系,进一步理解课文。在知识与经验积累的基础上,将感知到的新资源、新材料、新见解融合起来,通过联想、想象、判断、推理等思维活动把握文本材料内在的联系,从而深刻地理解了车胤囊萤夜读的本质——勤。

四、走近李白,文字补白体会"恒"

1.过渡:认识了勤奋读书的车胤,第二则文言文又讲了谁的故事呢?(板书:铁杵成针)出示《铁杵成针》,自由读一读。

2.指名读第二则文言文。

3.交流:讲了谁?怎么知道?还讲了谁(老媪)?文中还有一个道具(铁杵),理清文中人物之间的关系,并借此梳理故事的主要内容。

4.质疑:李白一开始"未成,弃去";后来"还卒业"。到底是什么使李白发生了这样的转变呢?

(1)预设:因为他看到了一位老奶奶在磨针,受到了启发。

李白被老奶奶的意志所感动。

(2)到底是怎样的意志?其实,原文中,还有一段小插曲,出示,指读:

白笑其拙,曰:"功到自然成。"

(3)追问:现在你明白了吧?李白是被老奶奶怎样的意志感动了?(坚持不懈,持之以恒,滴水穿石的意志所感动。)

(4)是的,老奶奶铁杵磨针,看起来不可思议,却在告诉李白:

只要功夫深,铁杵磨成针。

铁杵磨成针,功到自然成。

(5)受到启发的李白,回到山中,你觉得他会怎么做呢?

(6)那你能用文言文的方式来表达吗?出示:

太白感其意,还,_____,_____,卒业,终_____。

(7)小组讨论,交流。

5.这样的李白,如果也让你用一个字来形容,你会用哪个字?(板书:恒)

【设计意图】

相对于《囊萤夜读》的晦涩，《铁杵成针》在文本的理解上并不存在难点，学生基于原有文言文学习的基础就能大致理解故事梗概。对于学生而言，此文的难点在于故事主人公李白与"铁杵成针"之间的关系。因此，在此课的教学中，笔者在引导学生理解故事主要内容之后通过一个核心问题："李白一开始，未成，弃去；后来，还卒业。到底是什么使李白发生了这样的转变呢？"；一个想象补白："受到启发的李白，回到山中，你觉得他会怎么做呢？"打通了李白与"铁杵成针"之间的通道，既锤炼了学生的思维，又水到渠成感受了人物品质，理解了文章主旨。

五、回归整体，拓展阅读劝学篇

1.质疑：同学们，学到这儿，老师不禁产生了一个疑问：李白和车胤，生活的时代不同，做的事也不一样，故事传递的精神也不一样，为什么编者要把这两则文言文放在同一篇课文里呢？

都是名人读书的故事，主题相同。

还在告诉我们：读书不光要勤，还要恒。这是学习的真谛。

表达相同主题，方法不一样，相互补充。

2.其实，古往今来，关于"读书"的文言文还有很多，课后可以去读一读。

3.布置作业：(1)自读《悬梁刺股》《手不释卷》。(2)背诵《囊萤夜读》。

【设计意图】

一节课将两则文言文全部上完，并非取决于文章的长短，而在于是否真正能实现主题统整。在此板块的教学中，执教者就通过教师的质疑："为什么编者要把这两则文言文放在同一篇课文里呢？"引导学生去思考，去发现，最终找到文本之间的联系。在此基础上进行的拓展阅读，既有方法的迁移，也有主题的延展，从而真正实现"一篇"带"一类"的教学价值，打开儿童学习文言文的视界。

【板书设计】

<pre>
                18 文言文二则
           囊萤夜读   铁杵成针
  成长   车胤   李白
  学习   勤   +   恒
</pre>

设计3：《书戴嵩画牛》教学设计（部编版六上）

【教材分析】

《书戴嵩画牛》是部编版小学语文六年级上册第七单元的一篇文言文，是苏轼为唐代画家戴嵩的《斗牛图》写的一篇题跋，讲述了一个牧童指出著名画家戴嵩画中错误的故事，赞扬了牧童率直不盲从、实事求是、敢于挑战权威的品质以及杜处士敢于面对错误,虚心谨慎,勇于接受批评的优秀品质。课文有两个自然段,刻画人物神态的语言准确生动。课文配有两幅精美的插图,体现了故事中人物的神情状态,有助于烘托学习氛围,便于学生展开想象,理解课文。

【设计说明】

经过三、四、五年级的学习,学生已经初步掌握了理解文言文的基本方法。六年级教师在展开文言文学习时,就需要对学生提出更高的要求。如本单元的语文要素是"借助语言文字展开想象,体会艺术之美"。因此,《书戴嵩画牛》这篇课文的主要目的是让学生体会文言文的魅力,同时,能运用想象的方法,丰富文章的内容,体会人物形象。在培养能力方面,旨在提高学生的朗读能力,并且能抓住重点的句子、词语,理解文章的能力。因而本活动设计以立足于学生的发展,从学生的实际学情出发,鼓励学生以自读探究为主,借用现代化教学媒体和自身语言的感染力,创设情境,营造氛围,调动起每一个学生的情感体验,促进学生清晰、准确、深刻地把握文章的中心,明白做事要虚心向有实践经验的人请教的道理。

【教学目标】

1.读准字音,读通句子,通过借助注释和联系上下文,把握文章内容;

2.能抓住描写人物形象的词句,想象故事细节,用自己的话讲讲这个故事;

3.通过把握重点句子,明白做事要虚心向有实践经验的人请教的道理。

【教学重点】

通过对重点词句的把握,体会牧童和杜处士的人物形象,然后根据人物形象合理想象故事细节,用自己的话讲讲这个故事。

【教学难点】

通过把握重点句子,明白做事要虚心向有实践经验的人请教的道理。

【教学过程】

一、温故知新,导入课题

1.引导学生回顾背诵之前学习过的诗题中含有"书"字的古诗——《六月二十七日望湖楼醉书》《书湖阴先生壁》《回乡偶书》。

2.提问:你们发现了吗?这三首诗的诗题中都有同一个字——"书",书就是?(书写、记录)。

3.导入课题:今天我们学习的文言文,题目中也有一个书字,这里的书也是——书写记录。(随老师书空课题)(提醒学生"嵩"的字形和读音),指名学生读课题,全班齐读。

4.介绍戴嵩:戴嵩是唐代著名的画家,画牛尤为著名,他画的牛栩栩如生,人们都叫他"戴牛"。最为著名的就要数这幅《斗牛图》了(指《斗牛图》图片)现在还保存于台北故宫博物院。大文豪苏轼(板书:苏轼)看到这幅画,有感而发,就在画上写下了一段文字,就是这则——(学生齐读)《书戴嵩画牛》。

5.理解题意：苏轼看到戴嵩画的这幅《斗牛图》后记录下的文字。

6.了解新的文体——题跋。出示资料，提问学生从中看懂了什么？（生交流）

预设：写在书画、碑帖前后的文字叫作题跋。（出示两幅题跋的图片。）

预设：内容多为品评、鉴赏、记事、发表观点等。

【设计意图】

通过联系旧知导入新知，帮助学生在新旧知识之间建立联系，从而更加快速地理解本文题目。然后再对本文的文学常识进行适当的补充，为接下来文章内容的习得打下坚实的基础。

二、多样读文，整体感知

1.提出问题：那苏轼的这篇题跋，写了一个什么故事？又想发表什么观点？请大家打开课本，自由朗读课文，读准字音，读通句子。

2.挑战读好多音字。（请生读，其他学生评价。）

杜处士　　　　好书画

所宝以百数　　曝书画

（1）理解"数"这个多音字：当这个字用作动词，表示计算时，读作第三声，比如我们常用的成语：不可计数、数不胜数都读第三声；当用作名词时，读第四声，比如数字……齐读"所宝以百数"。

（2）理解"曝"这个多音字：（预设：曝就是晒）要晒书画，当然需要太阳啦，所以曝是日字旁，记住了吗？它还有一个读音？（bào，曝光）。

3.师小结：理解了意思，能帮助我们读准多音字。

4.过渡：根据意思不仅能读准多音字，还能读好长句子。挑战读好长句子。

（1）有戴嵩《牛》一轴，尤所爱，锦囊玉轴，常以自随。

A.指生读，询问如何划分节奏：为何要在"《牛》"和"一轴"中间停顿呢？（有戴嵩《牛》一轴就是有一轴戴嵩画的《斗牛图》。（板书：《斗牛图》）

所以，这里的轴是个量词。（举起一轴画）瞧，老师这里就有一轴画。

B.引导学生理解"锦囊玉轴"的"轴"。（请学生指一指。）老师这里的只是一根木轴，文中的是玉做的轴呢，看来这幅画极为珍贵。

C.带着理解再读好这句句子。

（2）此画斗牛也。牛斗，力在角，尾搐入两股间，今乃掉尾而斗，谬矣。

A.指生读，询问如何划分节奏：为什么在"尾"和"搐入"之间停顿。

B.理解搐的意思：收缩。股的意思：大腿。询问学生从何而知，从而总结方法：关注注释，是学习文言文的好方法。

相机提醒"股"的含义：多数人会认为是"屁股"。其实，"股"指的是"大腿"。比如说"悬梁刺股"刺的就是大腿而不是屁股。

C.理解"尾搐入两股"：这是斗牛时的一种姿态，句子中还写到了另外一种姿态——"掉尾而斗"。借助图片区分两种姿态。

D.带着理解再读好这句句子。

E.引导学生关注句末语气词：为什么读的时候要把"也""矣"拖得老长？

F.引导学生感情朗读本句：是啊，古文讲究的就是之乎者也，朗读的时候还可以摇头晃脑，你来学着古人的样子读一读？

师小结：加上这些语气词，古文读起来就更有韵味了，这就是文言文的韵律美。

5.挑战整篇文章的朗读。（指生分段朗读）。

6.全班齐读。

【设计意图】

通过字词的朗读到长句子的朗读再到整篇文章的朗读，学生们在"爬坡式""递进式"的朗读训练中与文本进行对话；通过多种方法理解文言文字词，学生们对文章的主要内容就有了大致的把握，还能感受文言文语言的文字美和韵律美。

三、小组合作，理解文意

1.过渡：文章读正确了，那这则文言文讲了一个什么故事呢？请同学们在小组内讨论一下，互相说一说。别忘了拿出伙伴共学单评价一下哦。

共学任务	课文讲了一件什么事？		
层级	要求	自评	他评
积极参与	全程在场		
	发表观点		
积极投入	认真倾听		
	回应反刍		
积极成就	优质表达		
	整合改进		

伙伴共学单（评价）

2.学生交流，汇报学习成果。其他小组仔细听，有没有需要补充的地方。

小组合作展示：

四川有个杜处士，喜爱书画，他所珍藏的书画可以用百来计算。其中有一幅是戴嵩画的牛，杜处士尤其珍爱。他用玉做了画轴，用锦缎做画囊，经常随身携带。

有一天，他摊开了书画晒太阳，有个牧童看见了，拍手大笑着说："这张画画的是斗牛啊！斗牛的力气用在角上，尾巴紧紧地夹在两腿中间，现在这幅画上的牛却是翘着尾巴在斗，错了！"杜处士笑笑，觉得他说得很有道理。古人有句话说："耕种的事应该去问农民，织布的事应该去问织女。"这个道理是不会改变的呀！

3.师：哪一小组可以用不同的方式再来交流一下？（引导一学生完整讲述故事。）

4.理解人物形象：故事中出现了两个人物——杜处士和小牧童（板书），他们对于同一幅《斗牛图》，各有怎样的表现呢?

A.杜处士的表现是："尤所爱"——爱(板书)，谁来具体说说爱的表现?

"锦囊玉轴"：用自己的话来说就是隆重包装，这是爱的表现之一。还有呢?

"常以自随"：他无论什么时候都会把画带在身边。比如说：外出游玩时——访友时——还有什么时候杜处士也会把画带在身边呢?(1~2位学生)还有?

经常曝书画。

所宝以百数，尤所爱的还是——《斗牛图》。(指板书)

B.那小牧童的态度呢?

预设1：生若提及"谬矣"，追问：他觉得哪里错了呢?(用自己的话来说一说)谁来用上"因为……所以"说得更清楚一点。

难怪小牧童拊掌大笑呢。(板书笑)这是怎样的笑? 谁来演一演。(演绎)加上动作谁再来读一读小牧童的话。

预设2：如果答到"拊掌大笑"。(板书：笑)他因何而笑呢? ——(回到"谬矣"的地方)难怪他拊掌大笑呢。这是怎样的笑? 谁来演一演。(演绎)加上动作谁再来读一读小牧童的话。

C.听了牧童的话，杜处士也笑了。(显红："笑而然之")同样是笑，你读出了什么? ——谦虚大度。(相机点评：真不愧是有德才的处士啊。)

【设计意图】

此环节主要是教给学生理解课文内容的方法：抓关键词谈体会；联系上下文谈体会；进行个性化朗读和演绎等。让学生与文本亲密接触，设身处地、入境入情地读书。在此环节的小组学习中，伙伴共学单的使用也非常重要，学生在填写评价单时的思考过程也是对自己的成功和不足进行一定的认知过程，使学生在学习过程中具有好奇心与热情，为学生积极进取提供源源不断的动力。

四、生动讲述，深入体会

1.师：这真是个有趣的故事。如果能把这个故事讲给别人听，肯定很有意思。接下来我们就以小组为单位来绘声绘色讲故事。请大家拿出伙伴共学单，以小组为单位进行挑战。

共学任务	讲述文言文故事	
任务等级	具体要求	星级评价
结合注释完整讲述	1. 讲述通顺连贯。 2. 能精准表达以下关键词句的意思：掉、谬、股、所宝以百数。	★★★
积极投入	1. 有想象拓展点，如：常以自随。 2. 能表演牧童"拊掌大笑"的样子。	★★★★
积极成就	1. "杜处士"角色讲述：我是杜处士…… 2. "小牧童"角色讲述：我是小牧童…… 3. "杜处士""小牧童"角色轮换讲述。	★★★★★

伙伴共学单(主题任务)

2.请2组学生以不同形式上台表演,并邀请其他学生进行点评。

3.师小结:我们用不同的方式绘声绘色地讲述了故事,这样不仅能帮助我们更好地走近人物,还能更深刻地理解文章呢。

【设计意图】

本环节意在培养学生的想象力,引导他们学会根据文本内容对文章空白处进行补白。通过讲述和演绎,学生们不仅能更加深入理解文章内容,还能锻炼他们的语言表达能力,一举两得。本张伙伴共学单设置了由易到难的共学任务,可以鼓励学生更好地选择适合自己小组的表演形式,从而有层次性地完成讲述故事的任务。

五、拓展升华

1.师:讲到这儿,我们已经明白了苏轼讲了一件什么样的事情,那么他又想表达什么观点呢?用文中的话来说——

古语有云:"耕当问奴,织当问婢。"不可改也。也就是说——(解释)

2.拓展训练:赚钱当问(商人)——财当问商,病当问——医,再鼓励学生举几个例子,如学当问师……

3.总结道理。(板贴:虚心请教有实践经验的人)

4.同学们,戴嵩的《斗牛图》是这样画的(出示《斗牛图》);小牧童却说——谬矣,你更赞同谁的观点呢?谁来有理有据地说一说。

到底谁是谁非呢?课后,同学们可以继续去探究这个话题。查查资料,有条件的话,还可以亲自去看一场斗牛比赛哦。

5.布置作业:

(1)加上想象,绘声绘色地讲讲《书戴嵩画牛》的故事。

(2)探究性学习:你更赞同谁的观点?

【设计意图】

本环节意在引导学生从多种角度思考问题。到底谁是谁非,其实已无从论证,但是这样能引导学生辩证思考问题,在他们心中播下探究的种子,在今后的学习和生活中留个心眼,自己来一探究竟。

【板书设计】

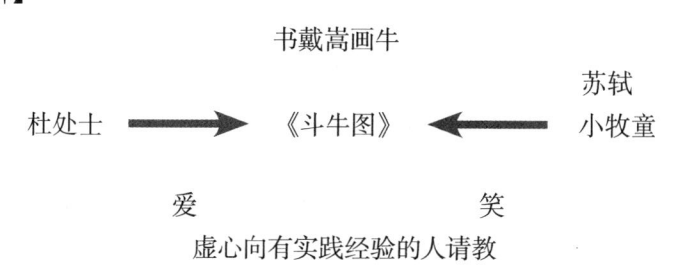

书戴嵩画牛

苏轼

杜处士 ➡ 《斗牛图》 ⬅ 小牧童

爱　　　　　　　　笑

虚心向有实践经验的人请教

"分数的意义"主题

苏教版小学数学教材将分数的认识分为两个阶段，分别是三年级《分数的初步认识》和五下《分数的意义和性质》。而三年级又分为三上《认识一个物体的几分之一》和三下《认识一个整体的几分之一》。

设计1：顺应儿童立场，促进概念建构
——以苏教版三上"分数的初步认识（一）"为例

【教材说明】

本节课是分数的起始课，如果教师将分数的"数"的意义与"率"的意义混淆，会给学生的理解造成困难，因此本节课我们暂时淡化分数"数"的意义，突出分数"率"的意义，让学生借助已有的经验拓展新的认知领域。

【设计理念】

结合我校优秀吸引理念，本次教学在多个环节中为学生搭建开放式的平台，创造人人参与活动，表达自我的机会，并在积极交流沟通中让个体的优秀被放大，通过个体的优秀来吸引其他人的优秀，从而达到群体优秀，形成积极的互学关系。

【教学目标】

1.学生结合具体情境初步认识分数，知道把一个物体或图形平均分成几份，每份是它的几分之一；

2.能正确读、写分数，知道分数各部分的名称；

3.初步学会联系分数的含义，并借助直观手段比较几分之一的大小；

4.使学生在认识分数的过程中，进一步丰富数学活动的经验，培养观察、操作、思考和表达交流的能力。

【教学重点】

认识几分之一及其大小。

【教学难点】

理解几分之一的含义。

【教学过程】

一、联系实际，在积极参与中引出分数

出示图片，师：星期天，图图和小美去公园野餐，我们一起来看看他们带了哪些食品呢？这些食品怎么分才公平呢？什么是平均分呢？把每种食品平均分给两人，每人分得多少？你能用手势表示吗？把1个蛋糕平均分给两人，每人分得几个？半个也就是二分之一，今天这节课我们就一起认识像二分之一这样的分数。

【设计意图】

"分数的初步认识"是学生学习分数的起始课。分数概念对学生来说是非常抽象的,怎样把这种抽象的分数可视化? 教师选择从学生已有的生活经验出发,学生在分食品活动中感知平均分,围绕平均分的本质内涵,引导学生经历从平均分一些物体到平均分一个物体,从而步入新知识的探究中。当学生发现不能用手势表示半个蛋糕时,与已有知识产生了认知冲突,既激发了学生的学习欲望,又体现了分数产生的必要性。

二、数形结合,在动手操作中探究含义

1.认识一个物体的二分之一

师:我们把蛋糕平均分成了几份?(2份)"半个"是其中的几份?(1份)

说明:像这样把一个蛋糕平均分成2份,其中的一份就是这个蛋糕的二分之一。

师:谁也能像老师一样来说一说,二分之一表示什么意思?

追问:这一份是这个蛋糕的二分之一,另一份呢?(也是二分之一)

师:现在我们认识了二分之一,这个分数该怎么写呢,各部分名称又是什么呢?翻开数学书87页,请同学们自学。

师:谁来展示一下你的自学成果?(学生汇报)

师:你的自学能力真强,仔细看老师示范:先用直尺画一条短横线,这是(分数线),表示平均分;再在分数线下面写2,这是(分母),表示平均分成2份,再在分数线上面写1,这是(分子),表示其中的1份,二分之一就是这样写的。

追问:考考你们,分母2表示什么?(平均分成2份)分母1呢?(其中的1份)

说明:理解的很到位,在分数中分母表示平均分的份数,分子表示其中的几份。

师:刚才我们是把一个蛋糕平均分成两份,你还想把什么平均分成2份?

师:同学们刚刚举了很多例子,看来把一个物体平均分成2份,每份都是它的二分之一。

【设计意图】

学生对分数的认识并不是一张白纸,他们知道一半可以用 $\frac{1}{2}$ 来表示,但是对 $\frac{1}{2}$ 的含义并不了解。因此基于学生的学情,教师在学生说出一半就是 $\frac{1}{2}$ 后,重点讲解 $\frac{1}{2}$ 的含义,让学生知其然还知其所以然。从一个蛋糕的 $\frac{1}{2}$ 过渡到一个物体的 $\frac{1}{2}$,学生在积极复述,模仿优秀的过程中对分数有了初步的认识。分数的写法这一环节,教师大胆放手,让学生自主学习,给学生创造自我表达的机会,并在展示学习成果后给予积极的肯定,形成积极的互学关系。

2.认识一个正方形的二分之一。

师:刚才我们通过平均分初步认识了 $\frac{1}{2}$,那你能表示出这张正方形纸的 $\frac{1}{2}$ 吗?

展示:学生作品。

比较:这两种折法不同,涂色部分的形状也不同,为什么都可以表示这张正方形纸的 $\frac{1}{2}$ 呢?

强调：因为它们都是把这张纸平均分成了2份，阴影部分是其中的1份。

师：你还能在这两张正方形纸中找到 $\frac{1}{2}$ 吗？（没有涂色的部分）

小结：同样的正方形纸，虽然折法不同，但是只要把这张正方形纸平均分成2份，每份都是它的 $\frac{1}{2}$。

3.认识一个正方形的几分之一。

操作：你还能折出这张正方形纸的几分之一？

学生自主创作，教师巡视并收集，展示学生作品。

展示学生作品：

小结：看来只有把这张正方形纸平均分成4份，每份才是它的 $\frac{1}{4}$。

师：还有同学折出其他的几分之一吗？

引导：看，把一个正方形平均分成了2份，每份就是它的 $\frac{1}{2}$；把一个正方形平均分成4份，每份就是它的 $\frac{1}{4}$；把一个正方形平均分成8份，每份就是它的 $\frac{1}{8}$。你发现了什么？

小结：把一个正方形平均分成几份，每份就是它的几分之一。

评价：真是个会思考的孩子！如果我把这个正方形平均分成100份呢？

（每份就是它的一百分之一）

4.认识一个图形的几分之一

完成想想做做第1题。

指名学生回答，并说说是怎么想的。

师：结合图形和涂色部分表示的分数，你有什么发现？

生：把一个图形平均分成几份，每份就是这个图形的几分之一。

【设计意图】

根据皮亚杰的认知发展阶段理论，三年级的学生思维还处于具体运算阶段，学生能够理解抽象的概念，思维具有可逆性，也能进行简单的逻辑推理，但他们的思维还离不开具体直观事物的支持。为此本环节以 $\frac{1}{2}$ 为重点，引导学生主动迁移。从一个蛋糕的 $\frac{1}{2}$ →一个物体的 $\frac{1}{2}$ →一张正方形纸的 $\frac{1}{2}$ →一张正方形纸的几分之一→一个图形的几分之一。通过对不同折法的展示，以及错例的思辨中领悟分数的本质内涵，即不管怎么分，只要把一个图形平均分成几份，每份是它的几分之一。这样的设计符合儿童思维的发展，顺应了儿童立场，让学生经历了从具体到抽象的认知过程。在创造分数环节，让学生折一折、画一画、说一说，并让学生上台展示，为学生搭建了开放式平台，创造人人都可以参与活动、表达自我的机会。充分调动了学生群体的积极性，让学习充满了积极的力量。

三、主动探究,在思维碰撞中凸显本质

1.比较几分之一的大小

师:刚刚我们通过折纸活动认识了 $\frac{1}{2}$、$\frac{1}{4}$ 和 $\frac{1}{8}$。

请你在小组中任选两个分数比较大小,并说说理由。

预设1:比较阴影部分。

预设2:比较平均分的份数。

师:你还想比较哪两个分数?

师:你能把这3个分数排排大小吗?

得出结论:$\frac{1}{2} > \frac{1}{4} > \frac{1}{8}$。

师:结合图形观察式子,你有什么发现?（把同样大小的一个图形平均分,分的份数越多,每一份就越小。)

2.想想做做3

谈话:通过刚才的活动,我们已经初步掌握了比较几分之一的方法。接下来我们来玩一个猜分数的游戏,老师给出一个涂色部分,你来猜一猜涂色部分表示的分数。准备好了吗?

师:这是一根完整的分数条,可以用整数1来表示。依次出示 $\frac{1}{2}$、$\frac{1}{3}$、$\frac{1}{6}$。

师:你能比一比这三个分数的大小吗?

师:像这样继续分下去,还能得到哪些分数?像这样分得完吗?

师:想一想,像这样继续分下去,得到的分数会越来越?（小)

师:为什么?

生:把同样大小的一个图形平均分,分的份数越多,每一份就越小。

师:刚刚学习的知识你能灵活运用真厉害!

【设计意图】

教师将课堂生成资源转化为新的教学资源。呈现学生利用正方形表示的分数,直观比较几分之一的大小。在比较分数大小时,采取了小组里交流,学生自主选择,在思维碰撞中探究出几分之一大小的比较方法。猜分数环节,是以"分数墙"的形式呈现出来,教师提出了问题:"像这样继续分下去,还能得到哪些分数?像这样分得完吗?"学生的思维变得活跃,说出了很多分数,并在积极参与、积极交流、积极倾听中认识到把同样大小的一个图形平均分,分的份数越多,每一份就越小。这样既加深了学生对几分之一本质内涵的理解,又渗透了几分之一与单位"1"的关系。为后续学习打下基础。

四、实践拓展,在生活实际中体现价值

1.寻找生活中的分数

师:同学们,其实分数也经常出现在我们的生活中,我们一起来找一找吧!

出示图片,看图片说分数。

看来只要我们细心发现,生活中处处是数学。瞧,黑板上也存在很多分数呢!

2.完成想想做做第5题

师:观察图片,思考《科学天地》大约占黑板报的几分之一?《艺术园地》呢?

3.接下来是一个轻松环节,老师要和同学们玩一个小游戏。

老师周末逛超市买了这样的巧克力,你能从中找到像几分之一这样的分数吗?答对就把相应的巧克力奖励给你。

师:回顾这节课的学习过程,你有哪些收获?

【设计意图】

有部分练习已经穿插在之前的教学中,所以练习环节主要安排了生活中的分数,目的是让学生体会到分数的产生是来自生活实际的需要,感受数学与生活是紧密联系的。巧克力题实则是考查学生能否对分数进行灵活应用,他们从不同角度展开联想,得到了不同的分数,聪明的孩子会想,要想吃的多,分的份数就必须少,这个分数就得大。在这一环节中每个学生体验到了学习的乐趣。

【板书设计】认识一个物体的几分之一

$\frac{1}{2}$ ……分子
……分数线
……分母

$\frac{1}{2} > \frac{1}{4} > \frac{1}{8}$

把一个蛋糕平均分成2份,每份是它的二分之一
把一个物体平均分成几份,每份是它的几分之一

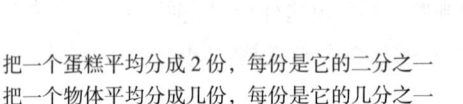

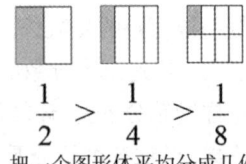

把一个图形体平均分成几份,每份是它的几分之一

设计2: 优秀吸引: 构建儿童积极学习课堂样态
——以苏教版三下"分数的认识(二)"为例

【教材说明】

苏教版三年级下册"分数的初步认识(二)"是在三年级上册的内容基础上教学的,是将学生的认知从"认识一个物体的几分之一"过渡到"一个整体的几分之一"。因此对于学习这部分内容学生已经具备了一定的学习经验,在课堂的一开始就要让学生有一种"熟悉"的感觉,使学生人人成为课堂"优秀"的主角。

【设计理念】

学习是儿童主要的生活方式,课堂是儿童学习的主要场所,儿童通过课堂不断深入学习获取知识、发展思维。如何突破本课的难点,让学生理解整体与部分之间的关系,教师需要给予学生充分的表达时间,阐述自己的观点、接纳或反对他人的观点,营造一个平等对话的课堂空间。在这样的思维碰撞中,突破本课的教学难点。同时,教师通过设计开放性的问题,让学生自主探究、获得成果并向大家交流自己的成果。优秀的学生个体有了积极展示自我的舞台,也为他者的习得优秀提供了可模仿的舞台。最后,小组合作的学习方式让课堂学习样态更上一个台阶。面对更有挑战性的问题,合作学习的方式能够为学生提供更多思考与交流的机会,让优秀的学生个体通过帮助他人而进一步凸显自己,也让其他个体在合作中习得优秀、获得成功,最终实现群体的协同成长。

【教学目标】

1.使学生在具体情境中进一步认识分数,知道把一些物体看作一个整体平均分成若干份,其中的一份表示这个整体的几分之一。

2.通过自主探究、动手操作、合作交流等学习活动,使学生经历知识的获取过程,进一步构建分数"几分之一"的实际概念。

3.使学生进一步体会分数与实际生活的联系,了解分数在实际生活中的应用,感受分数的价值。

【教学重点】

1.把一些物体看作一个整体,并理解把这个整体平均分成若干份,其中的一份就是这个整体的几分之一。

2.正确理解整体与部分之间的关系。

【教学过程】

一、立足旧知,营造积极的学习氛围

导入情境(播放视频:孙悟空"大闹天空"中大闹蟠桃园片段)

师:同学们认识视频中的主人公么?(孙悟空)孙悟空大闹蟠桃园得到了许多的蟠桃,他把这些蟠桃分给了他的猴子猴孙们。有两只小猴得到了一盘桃,盘子里就一个桃子,要怎样分才公平呢?(平均分)谁能上台分一分?像这样平均分完后每只小猴得到多少呢,能用一个分数表示吗?(二分之一)分数是我们的老朋友了,你能说说这里的分母2表示什么吗?分子1呢?

【设计意图】

在三年级上册的教学中学生已经初步认识过分数,通过两只小猴分1个桃的问题导入,类似的问题、类似的情境能够引发学生对旧知的回忆。同时,孙悟空大闹蟠桃园的情景更是能够激起学生的学习兴趣,为课堂营造了积极的学习氛围。

二、巧设疑问,构建积极的学习场域

1.把一盘桃看成整体,认识二分之一

师:孙悟空看到两只小猴才分得一个桃,有点过意不去。他说:小的们,老孙再给你们变一些蟠桃出来。同学们,现在盘子里有几个桃?(板贴:6个桃)谁能来说一说是把几个桃平均分成几份？（把6个桃平均分成2份）每只小猴得到这盘桃的几分之几呢？

预设：

学生表达想法。

第一种情况：二分之一。

学生理由：平均分给两只小猴，每只小猴得到其中的1份，所以是二分之一。

第二种情况：六分之三。

学生理由：这里有6个桃子，每只小猴得到3个，所以是六分之三。

师：有哪些同学认为答案是二分之一，哪些同学认为是六分之三呢。那到底哪一种答案更合适呢？

学生再表达。

预设：

合理分析：六分之三表示把6个桃平均分成6份，但是题目中是分给两只小猴，也就是平均分成2份，而不是6份，所以二分之一更合适。

教师肯定学生合理分析。

师：我们把这6个桃放在一个盘子（板贴：大圆圈即为一个盘子），其实就可以把这6个桃看成一个整体。把这个整体平均分成2份，每只小猴得到其中的（1份），每份都是这个整体的（二分之一）。

【设计意图】

以往学生接触的都是实实在在的数，所以当出现每份与每份包含的数量不吻合的分数时，学生便会难以理解。就上述环节，有的学生关注的是6个桃子，而有的学生便会把一个盘中的6个桃子看成是一个整体。基于这样的学情，在设计时不妨就让这一现象"暴露"出来，让学生及时在交流的过程中把自己的理解表达出来、把对他人观点的不同看法表达出来、把总结性的观念试着提炼出来，在生生互动、师生互动中，产生思维碰撞的火花。课堂不只是知识的课堂，还是优秀个体展露巧妙方法、思维品质的课堂，教师要把课堂还给学生，让学生真正成为课堂的主体。

师：如果盘中的桃子数变成4个、8个，平均分给两只小猴，每只小猴可以分得这盘桃子的几分之几呢？在作业纸上画一画，写一写。

学生展示。

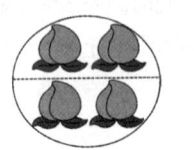

师：你是把几个桃平均看成一个整体，平均分成了几份？（把4个、8个桃看成一个整体，平均分成2份）每只小猴分得这盘桃的几分之几？（二分之一）

2.比较：同学们，仔细观察，4个、6个、8个桃子，桃子的个数发生了变化，为什么每只小猴总是分得这盘桃的二分之一呢？是的，不管桃子的个数是多少，只要平均分成两份，每份都是它的二分之一。

三、自主探究，搭建积极的展示舞台

1.把一盘桃看成整体，认识几分之一

师：刚才我们把4个桃、8个桃，平均分成2份，每份都是它的二分之一。如果给你12个桃，不局限于平均分成两份，你觉得还能怎样平均分？

预设：可以平均分成3份、4份、6份……

师：那每份又是它的几分之几呢？请你拿出作业纸，在上面画一画、分一分，并写出对应的分数吧！

学生上台展示交流。

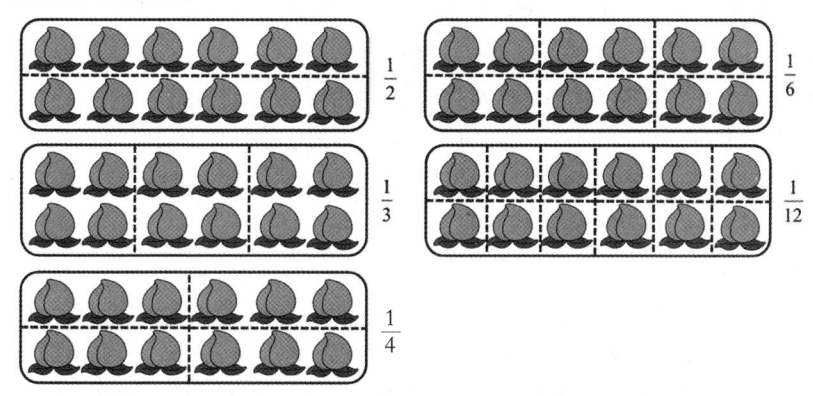

预设1：我把12个桃看作一个整体，平均分成2份，每份是它的二分之一。

预设2：我把12个桃看作一个整体，平均分成3份，每份是它的三分之一。

预设3：我把12个桃看作一个整体，平均分成4份，每份是它的四分之一。

预设4：我把12个桃看作一个整体，平均分成6份，每份是它的六分之一。

预设5：我把12个桃看作一个整体，平均分成12份，每份是它的十二分之一。

2.比较：我们一起来看，都是12个桃子在平均分，为什么得到的分数不同？（平均分的份数不同）你有什么发现？

预设：把一些东西，看成一个整体，平均分成几份，每份都是它的几分之一。

【设计意图】

在上述过程中，教师采用"份数不变改变总数"和"物体总数不变而改变份数"两种做法，引导学生在变与不变中抓住知识的本质，进一步理解"几分之一"的含义。在设计时，教师注重学生的动手操作，让学生从具体操作过渡到抽象认知，直至能够使用数学语言正确表达。同时，课堂上教师通过让学生自主探究，展示交流自己的学习成果，为优秀的学生个体搭建了积极展示自我的舞台，为他者的习得优秀提供了可模仿的舞台。

四、抱团合作，创造积极的生长平台

1.完成教材想想做做1：填一填，说一说，每个球是这盒球的几分之几？每个蘑菇是这盘蘑菇的几分之几？

2.完成教材想想做做2：用分数表示涂色部分。

3.完成教材想想做做3：在每个图里分一分，并涂色表示它右边的分数。

4.数学活动

活动要求1：同桌两人合作，在9个小圆片中依次取出其中的三分之一。

师生演示：教师取出其中的三分之一即3个圆片，学生取出剩下圆片的三分之一即2个圆片。

提问：为什么我们两人取出的圆片个数不同呢？

师：在这里第一次抓圆片的时候多少个为一个整体（9个），所以取走了（3个），第二次抓圆片的时候多少个为一个整体（6个），所以取走了（2个）。

活动要求2：同桌两人合作，在18个小圆片中依次取出其中的三分之一。

活动要求3：同桌两人合作，在124个小圆片中依次取出其中的四分之一。

5.回顾总结：通过今天的学习你有怎样的收获呢？同学们，只要你认真发现，生活中处处是分数，处处是数学。

【设计意图】

在拿取圆片的操作过程中，学生进一步感知当一个整体发生改变时，它的几分之一所表达的个数也会发生改变，有助于学生在"变化着"的活动中发展灵活的思维方式。由于这样的活动要求对学生提出了更高的要求，因此设计了同桌小组合作的形式，由同桌两人协同完成。合作学习的方式能够为学生提供更多的思考与交流的机会，让优秀的学生个体通过帮助他人而进一步凸显自己，也让其他个体在合作中习得优秀获得成功，最终实现群体的协同成长。

【板书设计】

认识一个整体的几分之一

把1个桃平均分给2只小猴，每只小猴分得这个桃的

把6个桃平均分给2只小猴，每只小猴分得这盘桃的

把4个桃平均分给2只小猴，每只小猴分得这盘桃的

把12个桃平均分给3只小猴，每只小猴分得这盘桃的

把12个桃平均分给4只小猴，每只小猴分得这盘桃的

把一个整体平均分成几份，每份就是它的几分之一

设计3：把握课堂教学本质，回归儿童学习本真
——以苏教版五下"分数的意义"为例

【教材说明】

苏教版五下第四单元将系统教学分数的知识。包括分数的意义和性质、分数的四则计算和混合运算、分数的实际应用等内容，它们都是小学数学里十分重要的内容。《分数的意义》这一课，是学生对分数从感性认识到理性认识地突破。"分数"的产生是数系的扩展，是小学阶段学生最难理解的数。虽然学生三年级时已经学过"分数的初步认识"，感知了分数是将"一个物体"或"多个物体组成的一个整体"平均分后产生的数，但是对于分数的产生与真正意义并未理解透彻。学生对于学习的警觉性和对知识的敏感性不同，造成了学习者的差异。故如何将优秀吸引的主体拥有者推到前台，展露优秀，从而吸引他者优秀，形成更高效的课堂，是教学中应当思考的。

【设计理念】

优秀吸引下的课堂教学关注重点在于人本身，传递学生的精彩表达、独到观点、清晰的解题思路等等。教师在课堂教学活动中将发现和赏识优秀转化为学习资源，通过对优秀学生的认可，激发目标对象的被吸引，从而让孩子产生顿悟，内化为心理财富，产生精神动力，去实现自我、超越自我。优秀吸引下的课堂是以生为本的课堂，真正体现儿童学习主体性，因为只有这样，课堂才会变得丰富多彩，才能让学生的情感交融、灵性迸发、个性飞扬。

【教学目标】

1.使学生经历分数意义的抽象概括过程，进一步理解分数的意义；初步理解单位"1"的意义；理解分数单位的意义。

2.使学生在建构分数意义的过程中，进一步培养分析、综合、抽象、概括的能力，发展数学思考。

3.使学生在小组交流活动中，进一步体会与同伴合作学习的快乐，在与同伴交流的过程中汲取学习经验，获得成长。

【教学重点】

从具体实例中抽象并理解单位"1"、分数等概念。

【教学难点】

认识和理解单位"1"。

【教学过程】

一、认识单位"1"

1.说分数。

（课件出示月饼图）师：我们已经认识了分数，你能结合月饼图说说 $\frac{1}{4}$ 这个分数的含义吗？请同学们画图表示出来，并与同学交流。

学生活动后,指名在实物投影上展示画出的图形,并说说分别是怎样得到 $\frac{1}{4}$ 的。交流时追问:刚才平均分的对象是什么?

2.做分数。

师:刚才我们把一个月饼平均分成4份,得到了 $\frac{1}{4}$ 这个分数。想一想,你还能通过平均分,得到其他不同的分数吗?请利用老师准备的材料做一做。

教师提供材料:

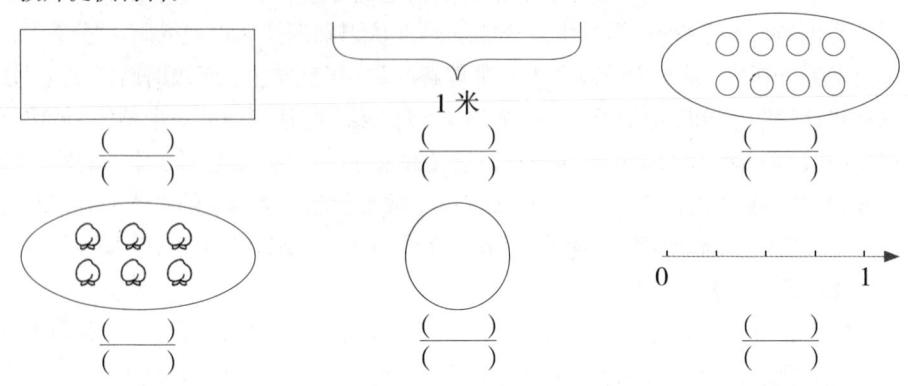

学生四人小组每人任选一种学习材料,动手分一分、画一画、说一说表示的分数。

请学生上台展示创造的分数图片,并边指边说分数所表示的含义。(教师根据学生回答相机板书记录)

交流过程中,教师进一步追问:每次平均分的对象是什么,涂色部分是谁的几分之几等等。相机明确:1米是一个计量单位。用数轴上的点表示分数,平均分的对象是自然数1。

明确:平均分的事物可以是一个物体、一个图形,也可以是一个计量单位,还可以是一些物体组成的整体。(相机板书:一个物体、一个图形、一个计量单位、一个整体)

3.分类。

组织学生观察上面得到的分数,如果把它们分类,可以怎样分?

抓住时机抛出问题:一个物体、一个图形、一个计量单位、一个整体,它们都可以用什么数来表示?

指出:一个物体、一个图形、一个计量单位,或几个物体、几个图形组成的整体都可以用自然数1来表示,通常我们把它叫作单位"1"。(板书:单位"1")

4.单位"1"意义的抽象。

(1)师:如果把这4个圆片能看作单位"1",图中的涂色部分可以用哪个分数表示?课件依次将圆片涂色,分别出示以下四幅图:

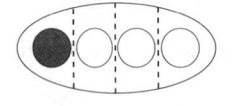

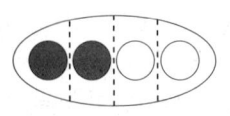

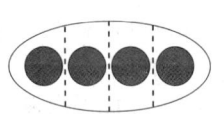

师指表示 $\frac{4}{4}$ 的图,问:这里除了用 $\frac{4}{4}$ 表示,还可以用几表示?

指出:一个圈内的4个圆片都表示出来,那么还可以用1表示。

(2)师:如果是这样的2个圈呢?出示图:

追问:同样是圆片,为什么上面用分数表示,这里用整数表示?

指出:如果把4个圆片组成的整体看作单位"1",那么两个这样的整体就用2来表示。

(3)师:如果把2个圆片组成的整体看作单位"1",那么,这里的8个圆片又用几来表示呢?出示图:

师:如果把1个圆片看作单位"1",那要用几来表示这些圆片的数量呢?出示图:

追问:同样多的圆片,为什么我们用不同的数来表示呢?

得出:单位不同,表示的数也不同。把4个圆片看作单位"1",这些圆片就用2表示;把2个圆片看作单位"1",这些圆片就用4表示;把每个圆片看作单位"1",这些圆片就用8表示。

(4)提升认知

师:是的,刚才我们把8个圆片平均分得到数时,单位"1"不同,得到的数也不同。

指图问:像这里,把4个圆片看作单位"1",那么8个圆片用几来表示?其中的1个圆片呢?

【设计意图】

任何学习活动都是基于经验开始的,对于分数的认识也是如此,学生在三年级时已经积累了一定的感性经验,所以课堂一开始就从学生的知识经验出发,从"说分数""做分数"到"抽象分数概念", 让他们在课堂活动中再现、重组,从对知识的感性认识提升为理性认知。小组活动为学生提供了操作空间,思考空间和表达空间,在学生互学之时较为激烈的讨论中,教师不必一定要给出结论,只要调节好课堂气氛,引导学生开展茶馆式讨论就可以了。对于目标对象及时给予积极的鼓励、暗示、肯定,就可以产生巨大的力量,激发个体潜能,体验优秀。

二、概括分数的意义

1.师:通过上面的学习,同学们对单位"1"有了全新的认识。刚才同学们举了很多分数的例子,联系对单位"1"的认识,你觉得什么样的数是分数?

引导交流:把"谁"平均分?平均分成( )份,表示这样的( )份,是( )。

学生相互交流补充。

2.师：刚刚，我们把这些物体分别看作单位"1"，平均分成（4份、8份、5份、3份），可以概括为平均分成（若干份），表示其中的（1份、5份、3份、1份），也就是表示其中的（一份或几份），这样的数就叫作分数。不难看出，平均分的份数用来作分数的分母，表示的份数用来作分子。（板书：把单位"1"平均分成若干份，这样1份或几份都可以用分数表示。）

【设计意图】

基于对单位"1"有了深层次的理解，在阐述分数意义这一知识时，学生跳一跳就能轻松摘到"果子"。教师要保护学生内在的学习积极性，给他们满足的机会，概括分数意义时多给机会让学生表达，使大部分学生获得成功，感受自我优秀。

三、认识分数单位

1.引导：我们知道整数有计数单位，比如8的计数单位是一，8里面有8个一。那么分数的计数单位是什么呢？

出示数轴图：

师：从这个数轴图上，我们找到了哪些分数？

根据学生回答，逐步出示数轴上的数，并让学生按顺序读一读。

2. 指出：在分数中只表示若干份中一份的数，就叫作分数单位。

问：$\frac{1}{4}$、$\frac{2}{4}$、$\frac{3}{4}$的分数单位各是多少？分别有几个这样的单位？

明确：$\frac{1}{4}$、$\frac{2}{4}$、$\frac{3}{4}$的分数单位都是$\frac{1}{4}$。$\frac{1}{4}$里面有1个$\frac{1}{4}$，$\frac{2}{4}$里面有2个$\frac{1}{4}$，$\frac{3}{4}$里面有3个$\frac{1}{4}$。

3.问：$\frac{3}{4}$再加上几个这样的分数单位就是1？

【设计意图】

华罗庚先生说过，"数缺形时少直观，形缺数时难入微"。分数单位这个概念看似简单，书上定义"表示其中一份的数叫分数单位"。曾见到有教师用自学的形式对分数。单位这一概念一带而过，学生是否真正理解概念本质，就不得而知了。故教学分数单位这一概念我借助数轴帮助学生理解，让学生直观感知表示1份的数与表示几份的数之间的关系。数形结合，即清晰地呈现了分数单位的本质含义，体会到分数单位如整数计数单位一样也是可数的、有序的，又把对概念的理解过程直观展现，让学生更积极地参与思考，获得自我提升，这样的课堂就更高效。

四、分层练习，深化提高

1.用分数表示图中涂色部分，再说说每个分数的分数单位，各有几个这样的分数单位。（完成"练一练"第1题）

2.完成"练一练":分数可以用直线上的点表示,请你在括号里填上分数。

3.在每个图里涂色表示 $\frac{2}{3}$。(完成"练习八"第1题)

问:上面几幅图明明单位"1"各不相同,为什么都可以用 $\frac{2}{3}$ 表示?

4. 出示"练习八"第4题

(1)"五年级一班学生中,会打乒乓球的占____。"

题中把哪个数量看作单位"1",平均分成多少份?会打乒乓球的学生有这样的几份?不会打的呢?

(2)"地球表面有 $\frac{71}{100}$ 被海洋覆盖。"

小小分数带给我们的惊讶及惊讶背后的知识!

(3)"一节课的时间是 $\frac{2}{3}$ 小时。"

分析:如果把直线上的0到1看作1小时,要表示 $\frac{2}{3}$ 小时,首先要把1小时平均分成3份,其中的2份就是 $\frac{2}{3}$ 小时。

(4)"数学课上探究新知的时间是这节课的 $\frac{2}{3}$。"

今天这节数学课,我们认识了分数的意义,探究新知花了这节课的 $\frac{2}{3}$。这里的 $\frac{2}{3}$ 表示什么?

【设计意图】

练习环节,设计三层次的习题:第一层次是"练一练"两道练习,教师引导学生描述各分数的意义,体会不同分数具备共同的属性,使学生经历新知内化的过程,主动巩固抽象的分数概念,发展抽象思维能力;第二层次出示"练习八"第1题,在讲解过程中,教师利用三幅图之间的联系,引导学生进行对比分析,在探求异同的过程中,进一步提升对分数意义的理解,感受数学原理;第三层次用分数的意义解释生活中的现象,呈现书上的三个练习,并根据第(3)小问进行变式,对比两个"$\frac{2}{3}$"意义的过程是整个练习的深入提升,在争辩中进一步深化逻辑思维,明白相同的分数在不同情境中表示的含义有所不同,又一次突出了找准单位"1"的重要性。

五、课堂总结

回顾这节课,你有什么感受与收获?

【板书设计】　　　　　　　　　分数的意义

把单位"1"平均分成若干份,这样1份或几份都可以用分数表示。

单位"1"	平均分成若干份	份数	分数
一个物体	4	1	$\frac{1}{4}$
一个图形	8	5	$\frac{5}{8}$
一个计量单位	5	3	$\frac{3}{5}$
一个整体	3	1	$\frac{1}{3}$

"绘阅"主题

我校立足学校阅读特色，构建儿童"美术+阅读"的相关课程——"绘阅"课程。一方面，我们关注到美术教材中，有一部分内容与"阅读"紧密相关。低年级：《太阳和月亮》《图画与文字（一）》《送你一个书签》《想想说说写写画画》《你会设计邮票吗》《标志》等；中年级：《图形印章》《我设计的动漫形象》《图画文字（二）》《儿歌与童话》《字的联想》等；高年级：《寓言和神话》《作文插图》《我设计的图书封面》《我做的图书》《藏书票》《诗配画》《广告和招贴画》《看新闻画新闻》等。教学时，关注到这些教材内容之间的前后关联，将这些分散在各年段的教学内容系统地整合成一个与阅读相结合的纵向"绘阅"大单元，以满足不同年龄段的教学需求，力求使我校的美术教学真正体现课程的系统性、递进性。另一方面，根据学生年龄特点及发展规律，根据各年级教学内容安排，分层实施"绘阅"课程活动。低年级以独张剪贴绘画为主，中年级以连环画绘本为主，高年级以半立体创编经典为主，引领学生运用不同的工具材料以及美术表现方法，呈现阅读中的所思所想。

设计1:《我设计的动漫形象》教学设计（三下）

【教材说明】

《我设计的动漫形象》是苏少版美术教材第6册第7课的教学内容，属于"绘阅"大单元课程中的一课，美术与阅读相融合，先阅读感受并理解文字，再把文字具象化，在美术课堂上利用超轻黏土呈现设计的动漫形象。本课属"设计·应用"学习领域。

【设计理念】

在教学中，利用中外经典形象作为欣赏，在创造之前先感受中外不同动漫形象的呈现，让学生了解到设计元素非常多，中国文化主在让学生阅读，并从文字中感受美，理解美并创造美，外国文化主在让学生了解设计的方法，技能与理论知识相结合，让学生了解的更深入。（板书更是用金字塔的方式，层层递进）

【教学目标】

1.了解卡通的历史流线，感受卡通中蕴含的不同中外文化。

2.学习卡通形象的基本设计方法，并尝试用手工(超轻黏土)的方式来设计一个独特、有趣的卡通形象。

3.培养学生对卡通形象的审美情趣并激发学生对卡通的持久性兴趣，体验卡通设计带来的创造乐趣。

【教学重点】

学习卡通形象的设计方法，大胆地运用变形、夸张、拟人和添加的方式，创造幽默有趣的形象，并赋予不同的表情、动态和角色。

【教学难点】

激发学生的创造性思维,使设计的卡通形象具有新、奇、趣的特点。

【教学过程】

一、寻访动漫,渗透学习意识

1.课前采访:你喜欢读哪一本书?为什么?

近来学校在搞小书市活动,同学们阅读兴趣高涨,老师这里也有三本书,故事书、科学书、动漫书,同学们最喜欢读哪一本呢?

大家都回答了阿衰,原来阿衰就是这本动漫书呀!

2.师生交流:为什么你们都喜欢动漫书呢?

对,因为动漫书的故事非常的有趣,上面的形象生动可爱。

【设计意图】

动漫书的风格相比普通的文学类更能一下子激发学生兴趣,所以结合阅读,先感受校内阅读氛围,然后激起学生对动漫书的回忆与兴趣。

二、走近动漫,学习设计方法

1.什么是动漫

动漫就是动画和漫画的结合,通过制作,让一些有生命或者无生命的东西拟人化夸张化,赋予其人类的一切感情和动作。

2.欣赏动漫形象

组图欣赏,师生交流:星期天啊,老师去了迪士尼乐园玩,看看我遇到了哪些好朋友呢,你们认识他们吗,说说看,你喜欢哪一个呢?

小结:这些就是我们熟知的动漫形象,幽默夸张,生动可爱,令人记忆深刻,深受大家的喜爱。

出示课题《我设计的动漫形象》

【设计意图】

通过学生所熟悉的游乐园的人物形象,激发师生对卡通形象的情感共鸣。继而在寻找更多的卡通物的过程中,唤起学生创作卡通形象的学习欲望。

3.分析米老鼠的形象特点

(1)介绍:米老鼠!这可是个了不起的大明星,全世界各国家各民族的男女老少都认识它喜欢它!大家知道,他是什么变的呢?那你喜欢这只老鼠吗?

(2)分析:为何真实的老鼠过街人人喊打,而这米老鼠却人见人爱?

和真实的老鼠比它保留了哪些老鼠的特征?又有哪些改变呢?

师:老鼠的耳朵、鼻子、尾巴保留下来了。那你发现了吗,他的耳朵变大了,变得怎么样?是不是更加可爱了呢?你还发现了什么变化?他站起来了,有了手,有了脚,这是什么方法呀?

小结:所以米老鼠的形象是设计师通过(夸张、变形、拟人、添加)的方法来创造出来的。

（3）反例对比：出示各种改变了局部比例的米老鼠，把它来变一变。

脚变小——头重脚轻

眼睛变小——无神、呆滞

耳朵变小——无趣

所以我们发现，米老鼠身上的许多东西都特别经典。

小结：原来，米老鼠身上有好多个大大小小的圆组成的，而这些圆的大小、形状、位置都经过了设计师的反复斟酌，每一个圆都恰到好处，你们知道吗，这个形象是迪士尼公司花了50年，经历了16稿，才最后确定下来，才有了风靡世界的米老鼠，所以，每一个动漫形象的背后，都有精心的设计。

【设计意图】

以经典的美国卡通形象米老鼠为例，引导学生观察分析，归纳出卡通形象设计的方法，为下一环节自主进行设计创作作了坚实的铺垫。

4.分析动漫人物的特征

（1）读一读：《西游记》中吴承恩对孙悟空的描述。请学生读一读。

"只见行者撞进来了。真是个生的丑陋，七高八低孤拐脸，两只黄眼睛，一个磕额头；獠牙往外生，就像属螃蟹的，肉在里面，骨在外面。"

（2）比较分析：文字和形象并列出示：你更喜欢哪一个孙悟空？为什么？

文字给我们的感受像个妖怪，但是动漫中的孙悟空保留了猴子的外貌、动作特征，穿上了衣服，围了兽皮裙，身形敏捷，动作灵活，黄色和红色让这个形象鲜明又充满阳光和正义，符合人们对英雄的想象。这么经典的造型，灵巧的身段，动起来更是给人带来视觉上的愉悦与享受。（动画欣赏）

小结：刚才我们欣赏的两个动漫形象来自不同的国家，代表着不同的文化，但是在造型上却有着异曲同工之妙，都是基于原型，通过变形、夸张、拟人和添加，创造幽默有趣的形象，并赋予不同的表情、动态和角色。

5.任务单

（1）描述你欣赏的对象

_____

（2）你最喜欢哪一部分的设计，表现了什么特点？

_____

【设计意图】

以中国神话故事孙悟空为例，阅读书中描绘人物文字，从形容词和色彩来感受人物性格，并引导学生学会如何用美术语言来表达。

三、设计动漫，表现无拘创意

1.尝试设计，示范过程。

教师改良一个小朋友的作品。出示一个小朋友设计的动漫形象，这里有一个同学做了一个小鸡，一、它是动漫形象吗，不是，它就像一个真实的小鸡，教师示范改良。

（1）表情神态

设计不同的神态。换一个头，变得那么呆萌，那么可爱，那还能怎么变呢？还可以做出不同的头部，有的咧开大嘴巴哈哈笑，有的大小眼瞪着你，有的正在盯着你，这些不同的表情，不同的头部设计，让这只鸡表现出不同的面貌。

（2）制作方法

老师把翅膀变成手，是为了什么？

这是一种拟人手法，老师还给它摆了个pose，仿佛在和你说话呢。

把手和脚掌做大，胳膊和腿变细，这又是为什么呢？这样是为了有一种对比，形象更美观生动，富有节奏美感。

（3）形象角色

穿上燕尾服的鸡先生，穿上魔法袍的鸡先生，是不是感觉不一样呢，我们可以通过改变他的表情，他的服装，赋予他不同的角色，不同的身份。

2.欣赏学生作品

出示：毛毛虫先生，香蕉先生，扑克牌先生

学生分析原型、造型、色彩。

【设计意图】

教师示范中利用超轻黏土的特性，在示范过程当中适时变形，去清晰明确解决学习难点。更深层次地学会并体验到夸张变形拟人和添加的重要性。

四、学生创作

1.布置作业要求

（1）寻找合适的设计原型（动物、人物或其他），运用夸张、变形、拟人、添加等方法来设计一个吸引人的动漫形象。

（2）赋予不同的表情、动态和角色。

（3）给自己设计的动漫形象取一个有个性的名字。

2.学生作业，教师巡回指导。

五、作品展示、欣赏与评价

1. 创造出一个大场景，然后让学生将自己的作品展示出来。

2. 互相欣赏并评价，说一说哪位同学制作得更好（精美、有趣、巧妙）。

六、课堂小结与拓展

1.视频播放动画翻页书。

同学们今天都设计出了一个很有趣的动漫形象，它们其实还会动呢，老师带来一本有趣的书，我们一起来看一下，发现了吗，这上面的机器猫一直在发生变化，我们制作的能不能也动起来呢,看!你知道它们是怎么动起来的吗?

2.了解动画的制作过程。

只需要把它摆出不同的动作,连续拍,连续播放,它就可以变成一个小小的动画。同学们课后可以再次创造,试着拍一拍你自己的动画片吧。

3.学生动画作品欣赏。

把学生的作品摆出不同动作连拍,连续播放,成为动画。

4.情感生发

动画书、动画片绘制一些数据,感受这些工作的辛苦,尊重动漫艺术创作。

【设计意图】

让学生了解更多关于动漫艺术的知识,结合计算机手机等制作,轻松快乐地去制作自己的动画片,可以建议合作,那就会让这部动画片有更多的可能性。

【板书设计】

我设计的动漫形象

表情 动态 角色

变形 夸张 拟人 添加

设计2:《趣画白石》教学设计(苏少版四)

【教材说明】

本课属于"绘阅"大单元课程中的一课,美术与阅读相融合,读一本画册,认识一位画家,创作一幅作品。本课以认识齐白石老人为主题,让学生认识齐白石,培养学生的观察能力。本课的教学内容分两个层次完成:第一个层次引导学生体验、感悟老人外貌特征。在此基础上通过分析作品不同的表现手法,让学生用绘画的形式画出心中的齐白石,并能把自己的创作意图和表现手法介绍给大家。

【设计理念】

1.通过观察、体验、阅读故事等方法引导学生分析齐白石老人的外貌特征,了解他的生活以及性格。

2.引导学生阅读画册,通过欣赏让学生发现创作表现的一些方法。并在制作过程中灵活地运用不同的技法进行表现。

3.激励、肯定,让学生大胆表现齐白石老人的不同形态,把阅读到的故事融入作品,创造出富有创意的作品。

4.作品示范,通过示范激发学生的创作欲望并强调制作过程中的工具和材料使用的安全性和合理性。

【教学目标】

1.通过赏析、了解观察图片,分析齐白石老人特征,学习用纸来表现的手法。

2.通过揉纸、绘画等方法创作生动有趣的关于齐白石老人作品。

3.在学习过程中，启发学生发现齐白石老人的美，激发学生热爱生活的情感。同时，培养学生尊敬老人良好习惯。

【教学重点】

通过观察、体验、分析、比较等方法，分析齐白石老人的特征。

【教学难点】

利用绘画表现齐白石老人的特征。

【教学过程】

一、认识齐白石

1.故事导入：故事的主角是一位画家，有天听到外面有吆喝卖大白菜的。他想："我白菜画的不错，何不画一张白菜去换白菜！"

卖菜的小贩见来了主顾忙招呼道："你要称几斤？秤给得高高的"。这个画家从后面摸出一卷纸说："我拿这画的白菜，换你一车白菜，你可肯么？"

这小贩一听，勃然大怒说："你倒想得美！拿一张画的假白菜，要换我一车白菜！"一顿咆哮，画家只好挟着画的白菜灰溜溜的走了。

2.提问：听了这个故事，如果你是这卖菜小贩，你会怎么做呢？

3.提问：小朋友们，你们知道这换白菜的人是谁吗？

介绍：齐白石是中国最伟大的绘画大师，不仅如此他在全世界也是文化名人，所以，如果这位菜农换了这张画，那他就可以再换上一百车，一千车白菜啦！

4.视频了解齐白石

师：接下来我们来看一段介绍他的视频。

师：哦，原来画家也不是天生的，小时候的他放着牛儿在地上用树枝画画，你猜小小的齐白石会画什么呢？

介绍：齐白石画的最多的，就是花鸟虫鱼，各种小动物。但是最最出名的，就属他画的虾了。

齐白石从小生活在水塘边，常钓虾玩；青年时开始画虾，63岁时齐白石画虾已很相似，但还不够"活"，便在碗里养了几只长臂虾，置于画案，每日观察，画虾之法也因此而变，虾成为齐白石代表性的艺术符号之一。

【设计意图】

通过故事导入，让学生对齐白石这个人物产生极大的兴趣，从而更加想去认识他。然后再进行视频介绍，讨论交流等方式了解齐白石，为接下来课堂内容的习得打下坚实的基础。

二、学画齐白石

1.认识齐白石

提问:让我们一起去认识,你观察到了这是一个什么样的老人?(出示齐白石头像)

2.介绍新材料

师:画面中的齐白石年纪已经很大了,那如果是年轻一点的,还在做木匠时的齐白石脸会是什么样的呢?如果是放牛时的齐白石呢?这就是年轻与老年人的区别啦,但是老师比较想来表现老年时的齐白石,方法比较特别,用到的是撕纸的方法。

3.提问:看看他的头型有什么特点?

老师示范撕纸:上面有点尖,脸颊圆圆的吗?凹陷(老人年纪大了他们的骨头就会比较明显)。

师:老师手中这张光滑的纸就是年轻的齐白石的脸,我们怎样才能使他更像满脸皱纹的老人呢?

预设:揉一揉

给大家3分钟的时间撕出老人的头部并且和我一样大胆地揉皱它。

学生第一次撕和揉,摆在画纸上。

4.观察五官

引导学生逐步观察:眼睛、眼睛周围的皱纹、皱纹的规律、胡子的位置、长短等等。

5.示范(视频)

师:我要来画出我心目中的齐白石,你看胡子可以更丰富,可以加上皮肤的颜色,还能添上眼镜。

6.学生作品欣赏

A(角度)这个老人头和老师画的有什么不一样?我们的脸是立体的,虽然脸型没变,但五官位置发生变化,整个人的角度就截然不同。

B(构图)这个老人在干什么?这个呢?

小朋友有没有注意到他的头是贴在画纸中间的。

C(联想)低头的老人可能在……欣赏画作。

所以不同表情,不同位置的头就会有不一样的情绪和动作,你想让你的齐白石做啥呢?

布置作业要求:等会儿画之前请小朋友们摆一摆,想一想。贴贴牢,再动手。

7.学生第一次作业

作品反馈、引导欣赏不同的动作。

师:你画的齐白石在干什么?

【设计意图】

通过观察图片的方式发现老年齐白石的面部特征,在介绍新的材料牛皮纸来激发学生创作作品的积极性;通过多张图片的赏析,使学生们对他的动态有了大致的把握,并通过不同的动作想象出不同的行为特性。

三、阅读了解齐白石

过渡：我想小朋友心中的齐白石肯定各不相同。其实呀，齐白石不仅画的好，生活中有趣的故事也不少。出示：花生、月饼。

1.读故事

学生读一读小纸条上，老师为大家准备的一些齐白石老人的趣事。

提问：如果让你来画一画这个故事里的齐白石，你打算怎么画？

2.拓展（图片轮播）：生活中的齐白石还喜欢做什么呢？

他也许会安静地坐在院子里，闲看小鸟觅食，他也许会蹲在院子里斗蛐蛐，像一个永远对生活保持新鲜感的孩子。而作为一个画家他最爱待的地方是哪里呢？他在画室又是什么样子的呢？

3.学生作品欣赏

A（葡萄）小朋友们也画了齐白石，看，把他的手臂的线条拉得好长呀，都要伸到天上去了，他要干什么呢？

B（衣服）这是两个完全不同的齐白石，你喜欢哪一幅？哎，小朋友们有没有注意到老人的衣服呀，这就是那年代的老人最常穿的袍子，大大衣袖宽松的身体还有盘扣，如果你可以画出衣服的细节画面就会更精彩哦！

4.拓展欣赏更多学生作品

其实还有更多小朋友画出了他们心中的齐白石。

【设计意图】

此环节主要是让学生通过阅读齐白石的生平故事来更深入地理解齐白石的为人，并与他的作品产生联系。让学生与略显遥远的大画家亲密接触，设身处地想象他的生活。在此环节的学习中，学生在阅读与思考过程中具有好奇心与热情，为后续作品的多样性打下基础。

四、学生作业

1.布置作业要求：

（1）画出老人的身态特征

（2）根据故事画出齐白石老人有趣的样子

（3）注意色彩的搭配

2.学生创作，教师巡回指导。

3.在长卷画册展示作品并评价。

五、拓展

师：历史上有很多非常了不起的画家，我们可以通过读一本书去认识一位画家，了解他们，学习他们。

【设计意图】

最后通过更多画家的作品吸引学生通过今天的学习模式去认识更多的画家，激发学生对生活的美好向往。

【板书设计】

趣画白石
长卷作品展示

设计2：《诗配画》教学设计（苏少版五下）

【教材说明】

本课是苏少版小学美术五年级下册第13课。属于"绘阅"大单元课程中的一课，美术与阅读相融合，在美术课堂上运用美术方法，呈现阅读中产生的所思所想，体会诗画之美。从美术学习方式出发，本课属于"造型·表现"学习领域。"诗中有画，画中有诗"，学生用绘画的方法表现出诗中的内容，创作出诗画结合的作品。

【设计理念】

围绕教学目标，体现"学生为主体，教师为主导"的教学思想。教学中，以"生活"为主线，"找物""找色"为方法，水墨创作为实践手段，四幅作品为一组的展示方式，满足学生课堂学习需求。导入环节，以生活为切入点，寻找共通与共鸣。通过读古诗、品古诗，找物、找色，学习马远、夏圭的构图方法，表现画面的空间感与意境美，提高学生的审美品位。在学生作品呈现上，以四幅作品为一组，在课堂中学生可以穿梭在教室中，形成开放的展示效果，从而深入建立有阅读审美的艺术创作空间。

【教学目标】

1. 体会诗中的生活，通过找物、找色的方法，用秀丽笔勾线、搭配水墨画的方法，画出诗的内容，表现诗意。

2. 通过体会诗中的生活，学习马远、夏圭的构图方法，表现画面的空间感与意境美。巧用笔墨技巧，在理解诗意的基础上，用水墨画的形式来创作画面。

3. 通过读、品、画诗，体会诗画同源的意境美，进一步理解艺术与生活的关系。

【教学重点】

通过找物表现诗中的情境、用水墨画的方法上色，画出诗的内容，表现诗意。表现画面的空间感与意境美。

【教学难点】

能通过线与色的结合,传达对诗意的理解,将诗意与画意融合,创作作品。

【教学过程】

一、走进生活

1.师生交流:现在学生们的假期生活。

2.师生交流:古代孩子们的日常生活。

出示古诗《所见》《池上》《村居》配图。

(1)引导学生观察图片中古代孩子的动作。

(2)PPT显示部分诗中的文字,引导学生猜出古诗《所见》《池上》《村居》。

(3)提炼:很多古诗都是生活的写照。

3.欣赏图片,猜古诗。

(1)学生通过欣赏图片猜出诗题《悯农》《山行》。

(2)提炼:画与诗,是相互对照的。

4.根据题材,将古诗大致归类为叙事诗、山水田园诗、边塞诗、思乡送别诗。

师:古人的诗来源于生活,看,他们也会工作、旅行,也会关心国家大事,还有一种,因为那时,没有电话、汽车,一旦他们远离家乡,他们心情……想念家人,思念友人。所以,留下了许多思乡亲人和怀念友人的诗句。

5.小结:我们的生活轨迹与古人其实都是一样的。揭示课题《诗配画》。(板书:诗配画)

【设计意图】

在第一环节,以学生的生活为切入点,将古人的诗,对照现在人们的生活,说明现在的生活轨迹与古人其实都是一样的,寻找创作共鸣,引出课题。

二、学生的诗(选诗、分析诗)

1.学生读一读最喜欢的诗。

2.学生说一说选择这首诗的理由。

【设计意图】

古诗很多,由学生自己选择自己喜欢的诗,给孩子足够的选择空间。另一方面,学生对诗有喜爱之情,也是进行美术创作的起点。

三、走进诗中(找物)

1.尝试为教师喜欢的诗找找物。

以《绝句》为例,学生说出找到的物,教师同时点击圈出诗中对应的文字,并同步显示对应的图像。

2.教师示范如何组合,并提示绘画技巧。

师:这是一支神奇的书法笔,重一些可以画出树干粗壮的感觉,黄鹂鸟就在这儿呢,细细的线条可以表现出柳条的轻盈,诗人可能就在旁边小屋的窗口,看着远处的景色。侧躺下来，可以画出更粗犷的线条。还有一艘小船，当然，你还可以增加其他你联想到的景物，要注意高低错落。

3.学生为自己喜欢的诗找找物。

(1)学生读一读，圈一圈。

(2)其他学生找出不足，教师协助学生圈画。

4.学生作品欣赏。

(1)分析诗中的景物，猜一猜是哪首诗。

(2)分析诗中的形象、动作，体会画中表现的情感。

5.大师作品欣赏。

(1)引导学生观察并发现特别的构图方法。

(2)欣赏马远、夏圭(马一角、夏半边)两位画家的作品，学生品味画面的视觉美感，空间意境。

(3)提炼：这就是中国画中的留白。它让画面有了空间感，也给人无限的联想。

6.小结：通过找物、构图的美术方法传达诗意。

总结提高：美术作品的选材虽然来源于生活，但是通过独特的构图，画面中虚与实的对比，让画面更具美感，这就是艺术高于生活。(板书：找物、构图)

【设计意图】

学生通过找物的方法，找到诗中描绘的景物，具化画面的内容。并通过马一角、夏半边的作品欣赏，用意识的构图，使画面更具美感。

四、学生第一次作业

1.学生作业：用秀丽笔组合诗中的景物，传达诗意。

2.教师巡回指导。

3.反馈：(1)有没有与诗对照。(2)画面中的细节处理，说一说优缺点。

五、走进诗中(找色)

1.组图欣赏：欣赏从黑白到彩色的画面，体会增加色彩后的画面效果。

师：你们看，增加了色彩这些画又给你们怎样全新的感觉？

提炼：有了色彩，画就有了生机、温度，画面也更有层次美。

2.以古诗《绝句》为例，找色。

(1)读诗的前两句，学生说出找到的色彩。教师同时点击圈出诗中对应的文字，并同步显示对应的色彩。

(2)读诗的后两句，学生体会情感。引导学生用色来传递情感。

3.教师示范(视频)。边示范，边提示用色用墨。

（1）先添上了中景和远景，远山使用了墨色。山与水衔接的地方用淡墨交接，让它有一种朦胧的感觉。

（2）前景的色彩可以明丽一些。给黄鹂上色时，要把笔里的水分吸干。赭石+墨可以让颜色更深、更稳重。前景的明丽与远景素雅形成了对比，这就让画面更有意境了。

4.提炼：同学们，你们看，刚刚我们通过找色的方法，表现出画面的层次、意境感，将诗意与画意融合。（板书：找色、层次、诗情画意）

5.学生作品欣赏。

（1）分析画面的构图美、层次美、意境美。

（2）鼓励学生大胆创作、大胆表达。

（3）合理的落款。

【设计意图】指导学生用"找色"的方法找到诗中的色彩，并以此为基础为画面着色。当然还可以根据诗中的诗人的情绪选择更加主观的色彩。

6.学生第二次作业，教师巡回指导。

六、作业展示

1.4位学生作品为一组，粘贴展示在灯笼上。

2.作品在教室中展示，学生相互欣赏作品。

3.学生相互评价作品。自评、互评、师评相结合。

【设计意图】

将四张学生作品粘贴在一个灯笼上，学生还可以举着灯笼在教室里和他人一起欣赏，作品展示有了活动的场域，教室气氛活跃。相互评价同伴作品，给孩子们更多发言、展示自己的机会，教师作简要的美术专业性点评用以补充。

七、小结拓展

1.小结：同学们的作品成了艺术品。所以每一次努力，都是收获知识、展示优秀的见证。

2.拓展：生活中的诗配画。

出示图片：生活中诗配画的应用场景。

【设计意图】

鼓励学生，让学生的作品也回归生活，让生活也变得更加美好。

【板书设计】

诗配画
找物　诗情　找色
构图　画意　层次

"规则认同"主题

《道德与法治》课堂是进行规则教育的主阵地。依据儿童道德发展规律,建构指向符合儿童规则意识发展需求的连续性、提升性的爬坡式活动实践,让儿童浸润在积极的规则体验中,才能更好地实现《道德与法治》学科"培养合格社会公民"的价值追求。通过对道德与法治教材中规则教育内容的梳理不难发现,在小学阶段,规则教育始终是道德与法治课堂的重点,并且呈现阶梯递进。从一年级的课间小规则,到中年级明确感知校园内的规则,进入高年级后,规则教育则从校园延伸至社会。

设计1:《校园里的号令》教学设计(一上)

【教材说明】

《校园里的号令》是统编《道德与法治》一年级上册第二单元第6课,和《我们的校园》《课间十分钟》《上课了》同属第二单元"校园生活真快乐"。本单元将进一步帮助一年级新生全面地认识校园,体验学校的生活,适应并逐步喜欢上学,帮助一年级新生顺利适应校园生活。《校园里的号令》侧重引导学生体验学校的作息,熟悉学校里基本的秩序和规则并懂得遵守。在学校里,铃声规范着学校师生学习、生活,在铃声发出不同含义的号令下,师生有序地开展着学习、活动。

【设计理念】

一年级的学生刚入校园,对校园的铃声既敏感又陌生。他们听得到不同的校园铃声,也能分辨不同的铃声,但是他们并不清楚每种铃声背后包含的指令,没有建立起校园生活的规则意识。这需要教师的引导并加以强化,让他们明白不同铃声表示不同指令,慢慢地根据不同的铃声做出正确的反应,逐渐将校园铃声与校园生活规则紧密联系起来。本课中,教师通过游戏、听音辨析、猜谜、听故事、观看视频、活动体验等丰富多彩的教学形式,让学生了解校园里各种号令的含义,懂得校园生活的基本规则,并对号令迅速做出反应,形成条件反射。

【教学目标】

1.熟悉不同铃声的含义并能根据铃声、广播、哨声等提示积极参与学校生活。

2.初步感受遵守学校生活的规则与纪律的重要性,并学会遵守学校作息时间。

3.了解紧急号令,并掌握火灾逃生的基本方法。

【教学重点】

熟悉不同铃声的不同含义并能根据铃声、广播、哨声等提示参与学校生活。

【教学难点】

初步感受遵守学校生活的规则与纪律的重要性,并学会遵守学校作息时间。

【教学过程】

一、感受号令,知晓不同号令的含义及要求,明白号令的重要性

1.游戏导入,揭示话题。

木头人游戏:山山山,爬上山,山上有个木头人,举起枪来打敌人!一不许动,二不许笑,三不许露出大门牙!(期间,教师用秒表计时学生坚持不动的时间)

师生对话谈游戏感受:之所以玩得高兴,是因为大家都听清了游戏的口令(强调)。只有听清口令,才能玩得顺利,才能玩得更加快乐!口令,它还有一个更响亮的名字——(出示)号令!(板贴:号令)大声念一念!

号令,就像小小指挥家,我们听到号令,就要立即行动(出示并板贴,齐读):号令一响,立即行动。刚才游戏中,大家都做到了:号令一响,立即行动。

我们校园生活中,有着许多不同的号令呢!让我们一起来找一找,好吗?(板贴:校园里的)读一读:校园里的号令

【设计意图】

开始的导入,教师一改往常惯用的猜谜方式,采用活动性更大更新颖的"木头人"游戏,既很好地调动学生的上课情绪,创造出课堂愉悦轻松的氛围,也勾起了学生的生活经验,巧妙地初步感受什么是号令,自然的揭示出本课的话题。2.校园号令猜猜猜。

(1)出示动物形象的图片,链接学生们熟悉的学校铃声,请学生猜一猜,并简单描述铃声的含义和要求。

①上课铃:立即回教室上课。

②下课铃声:为下节课做准备,喝水、上厕所、休息。

③大课间运动员进行曲:快速排队去操场集合。

④眼保健操:闭眼,认真做眼保健操。

【设计意图】

引入孩子们喜欢的小动物形象,将校园里比较熟悉的四种铃声隐藏在这些小动物身后,一个接一个出现,激发起学生的好奇心和探索欲望。

(2)小组活动:边看图片边回忆校园里的其他号令,讨论是什么在指挥着大家有序参加活动。(周一升旗仪式、周二到周五的做广播操、大课间活动、每周四的红领巾小广播)交流完后,听一听这些号令,验证之前的讨论结果。

(3)猜谜引入特殊的号令——哨子。谜语:长得像个大逗号,放到嘴边大声叫!体验活动:根据不同的哨声作出不同的反映(踏步和集合)。

(4)小结:小朋友,号令就像个魔术师,它一会儿变成铃声,一会儿变成音乐,一会儿变成哨声、广播,真是变化无穷。号令又是一个指挥家,指挥者我们上课、下课、做操、劳动等一切行动,威力可真大!正如儿歌中所说的(出示儿歌,跟着老师念一念)。

小小指挥家,威力非常大,只要它说话,我们都听它。号令一声响,我们就行动!

反复:号令一声响,我们就行动!

【设计意图】

通过听号令猜一猜、图中找一找、实际体验等形式明确校园生活中各个时间段各种号令的含义与要求,有一般号令,也有具有学校特色能凸显学校独特性的号令。

二、明理导行,聚焦学生实际生活中的问题,深入体会号令的重要性

过渡:让学生想象这么大的学校如果没有号令会是怎样的情景(大家都不知道自己要做什么。乱糟糟的,一点秩序都没有了)那是多么可怕的场面啊!

1.听故事感受号令保证学习时间的威力。

故事内容:叮铃铃,这节课是山羊老师的语文课,山羊老师已经在教室等了几分钟了,奇怪了,教室里怎么没有一个小朋友的身影呢?山羊老师很着急,赶紧去找他们。哎呀!小兔子和小花猫还在玩游戏呢!看他们那么开心的样子,好像完全不知道已经上课了!小猪呢?已经上课了,它却还在吃妈妈给它做的饼干呢!哎呀!终于看到小花狗朝教室这边跑了来,山羊老师刚想表扬小花狗听懂了号令,小花狗却头也不回地朝厕所跑去,边跑边喊着:"我要上厕所!"山羊老师气坏了,好不容易把这些不听号令的小家伙都喊到教室里,这节语文课都已经过去一半了!

交流:山羊老师为什么要生气啊?(小动物们不听号令,听到上课铃声,没有立刻回教室上课,结果浪费了半节课的时间。)是啊,要知道,小朋友到学校来的主要任务就是学习啊!白白浪费了半节课的时间,那怎么行呢!

2.看视频,明白号令让校园生活更整齐、更精神

过渡:那如果大课间时间不听号令,又会是什么样的呢?

(1)播放一年级某个班级的大课间视频。计算用时并板书,引发学生思考:怎么要用这么长时间?

(磨蹭、贪玩,快的同学没有帮助慢的同学)

(2)播放高年级同学大课间视频,计时引发思考:他们怎么能这么快?

(听到音乐,立刻离开座位,快速在走廊里整队)不光快,还很精神。

(3)听懂号令,让我们更加迅速,整齐、也更精神了!(相机板贴)

(4)体验活动:听到大课间音乐,快速整队。

3.演习,体会校园号令让校园生活更安全。

(1)听火警警报声,知晓含义和要求(快速逃生)

(2)拓展学习逃生的注意事项(捂住口鼻、弯腰、逐个前行、不慌不乱、安全通道走)。

(3)逃生演习。

(4)小结:听到号令并能快速行动还能保证我们的安全呢!(板贴:安全)

【设计意图】

通过听故事讨论、大课间出操的视频比较、消防紧急疏散演练这几个活动进一步感受号令的重要性,同时聚焦生活中学生们确实存在的问题,提出问题、分析问题、再通过实际操练来指导正确的做法。

三、课堂总结

小朋友们,通过这节课的学习,我们一起熟悉了校园里的各种号令,还知道号令一响,必须立即行动。只有这样,我们才能更加快速、整齐、精神,我们的校园才更有秩序更加安全,小朋友们才能在校园里生活得更加快乐。(板贴:快乐)

【设计意图】

此环节是对本次活动过程的一个回顾,完善板书,同时还引出了下节课的学习内容,激发学生的学习期待。

【板书设计】

校园里的号令

号令一响,立即行动。

迅速、整齐、精神、安全、快乐

设计2:《大家排好队》教学设计(二下)

【教材说明】

本课是根据《课程标准》"负责人、有爱心地生活"中第5条"懂礼貌,守秩序,爱护公物,行为文明"而编写的。低年级法治意识培养的关键就是建立规则意识。排队是日常生活中经常要遇到的生活事件,要想让学生在所有的排队事件中都能遵守规则并形成习惯,需要让他们意识到规则之重要,并需要教师持之以恒的教育和熏陶。本课是继本单元第1课《这是大家的》和第2课《我们不乱扔》之后的第三课,三者之间是并列关系,都属于公共场所中的规则。纵观前后年级的含有规则的篇目,本课居于承前启后的位置,既巩固在集体活动中遵守规则,又为遵守社会规则、遵守法律法规做铺垫。

【设计理念】

低年级小朋友规则意识不强,处理事情易从自己直接的感受和小功利心出发,不习惯规则的约束,在课间游戏、领作业本、食堂就餐等情况下易出现无序现象。基于锡山区教育科学"十三五"规划课题《基于儿童"规则认同"的积极学习经历研究》,积极探究儿童"规则认同"的积极行动策略,紧扣以下三方面展开课堂教学的设计:

1.对比中,感知规则意义。要让低年级小朋友认同某项规则,首先得让他们在认知层面明白"遵守这个规则是好的",然后以此为基础再将教学推向深处。低年级学生年龄小,"对比手法"是完成认知层面这一教学任务的首选。因为,"对比手法"直接直观,极容易给予人感官上、思维上的冲击力,给人以深刻的印象和启示。

2.趣味中,体验规则内涵。趣味,是激发低年级孩子学习热情的有效良方。教学中,要为小朋友量身定制富有情趣的活动形式、活动情境、活动内容。以"趣味"为催化剂,促使学生乐于参与,乐于体验,乐于思考,在自主性的学习中触摸"规则",习得"规则"。

3.操练中,推进规则内化。"绝知此事要躬行",言行合一,才能内化认知。课堂上,在感知规则意义、体验规则内涵的基础上,力求创设多次机会让小朋友实践操练,或创设情趣化的游戏,或创设生活化的情境,或直接到真实生活中去进行积极体验,进而更好地指向生活实践,由外而内地提升规则认同的幸福感,让小朋友发自内心的产生对规则的认同。只有亲身操练,才能记忆深刻,才能体验人心,才能更好地促进规则的内化。

【教学目标】
1.认识到公共生活中排队的重要性;知道哪些地方、哪些情境下需要排队。
2.知道不同的地方排队,有不同的排队方式。
3.懂得排队既要守规则,也要懂礼让,养成自觉排队的好习惯。
4.懂得排队不仅保障人们的安全、秩序,还是一种文明的表现。

【教学重点】
帮助学生了解排队的基本行为规则,感受公共活动中秩序的重要性。

【教学难点】
让学生在实际的生活中养成排队的好习惯。

【教学过程】

一、猜谜导入,揭示课题

1.做猜谜游戏,提出游戏规则。
（1）出示："规则:安静听,举手说。"
（2）出示谜面:一层又一层,就像手风琴。小脚踩踏哒哒哒,上上下下真方便。（打生活用品）
（3）揭示答案,出示楼梯的卡通图片与语音:"小朋友好,你们猜对了吗? 我是楼梯啊。大家可以称我楼梯先生! 楼梯先生将和大家一起上今天的课。"

2.楼梯为介,引入生活,揭示课题。
（1）回忆在学校里何时要走楼梯。
（2）出示学生有序上下楼梯的照片:楼梯先生拍下的这组照片给你印象最深的是什么?
（3）出示楼梯先生的评价:同学们上下楼梯时,排着整齐的队伍,真有秩序,我每次看到这样的景象就特别开心!
（4）揭示课题:今天一起聊聊"排队"的话题。齐读课题。

过渡:其实,校园里、校园外,还有很多时候,我们都需要"排好队"。

【设计意图】

开头以小朋友喜爱的猜谜游戏引出贯穿课堂的"楼梯"卡通人物。一为激趣,舒展小朋友的内心世界,以免可能出现的"沉闷气氛"殃及后面环节;二为本课着重指导"有序走楼梯"作铺垫。同时,出示"有序上下楼梯"的组图,抓住先机在学生心中留下

"排好队"的美好印象。

二、联系生活,感受排队的重要性
1.联系生活,感受美好
校园里哪些情况需要排队?相机出示抓拍的四张图片,感受队伍的整齐。说明:"自觉排队"是我们学校的一项规则,每个小朋友都要遵守。
2.情境辨析
(1)出示卡通人物的想法:排队真麻烦,一点都不自由,如果不用排队,那该多舒服啊。
(2)小朋友交流各自观点。
3.听事故录音,感受不排队的危险
出示楼梯先生录制的一段事故音频:全班下楼梯,有学生插队冲跑,导致摔倒,发生事故,学生大哭。交流中感受不排队会有危险。
4.看新闻播报,再次感受不排队的危害
(1)听新闻播报:2015年10月,某小学由于学生下楼参加活动时,没有排队,发生拥挤踩踏事件,造成1名学生死亡,12名学生受伤。多么惨痛的教训呀!
(2)交流:发生了什么可怕的事?
小结:排队,能保障我们的安全。(板书:安全)
5.推进:排队还能带来什么好处?
(1)做实验:瓶口逃生。
请几个小朋友做实验。思考:怎样的逃离是最慢的,最危险的?怎样的逃离是最快的?
(2)小结:排队的又一个好处是队伍通行速度快。
(3)补充排队的其他好处。(板书:有序)
(4)走出学校,公共场所需要排队的地方就更多了。联系生活,指名说。
过渡:排队很重要,你们会排队吗?那来接受楼梯先生的挑战吧。

【设计意图】
笔者呈现小朋友中存有的"排队麻烦"心理,通过正反两方面,让小朋友在对比中感受排队的重要性。为了促进感受的深刻,本版块分层推进,且根据小朋友的认知特点以"听录音""看新闻""做实验"多样的活动形式展开。这样的教学,远胜于小朋友听老师讲或阅读教材,更能入小朋友的心。

三、小组探究,了解排队小知识
1.以楼梯先生的话引出小组活动:"小朋友,排队也有不少小学问哦。我要来考考大家。请组长领取任务卡,然后和组员一起合作完成。比一比,哪个组的小朋友了解得最多。"出示小组活动规则。
2.组长领取任务卡。小组合作完成。

3.全班交流,预设如下:

任务一:在学校食堂盛菜时,一个小朋友能不能让好朋友插到他前面?

(1)相应小组反馈观点,并说明理由。

(2)换位思考:如果你是后面的同学,前面有人插队,你会有什么想法?(板贴:公平)

(3)听听楼梯先生的小资料:(排队规则)先来的排前面,后到的排后面。这样才公平公正。好朋友也要遵守先来后到的公平规则。

(4)小结并出示排队规则:"先来后到"。(板贴:有先后)

任务二:在银行办理业务,为何两人也要排队,并遵循"一米线"?

(1)相应小组回答:为什么两个人也要排队?

(2)补充回答第二个问题:为什么要"相隔一米"?

小结:"相隔一米,尊重他人(隐私)"

(3)创设情境,强化意识:新冠疫情期间更要做到"相隔一米":(出示自觉排队买口罩的图片)上海,一处居民排队领口罩,自觉相隔一米,他们的自觉文明被大力称赞。如果你们也在现场买口罩。你们会怎么跟在后面呢?请6个小朋友来上台体验,感受:一米的距离,是文明的距离,是美丽的距离。

(4)听听楼梯先生的小资料:(排队规则)两人也排队,排队有间距。一米的距离,是文明的距离。(板书:有间距)

任务三:排队时,有事要离开一小会儿,返回后能否回到原位?

(1)相应小组回答:能否回到原位?

(2)听听楼梯先生的小资料:(排队规则)离开队伍前,要跟后面的人打招呼,征得同意方可再回到原位。

(3)指名体验。

任务四:乘公交车时,要不要让后到的老爷爷先上车呢?

(1)相应小组回答。

(2)楼梯先生的小资料:特殊情况,要懂礼让。

小结:排队要遵守这些规则,也要懂得礼让。板贴齐读:守规则,懂礼让。

(3)出示连环画中的另几幅图:观察一下,两组图中,谁也懂得礼让,他们是怎么做的?选一组图来说。

(4)小结:排队中,看到年纪很大的,或者年龄比我们小的,或者有很着急事的,我们应该让一让。(板书:懂礼让)

4.小结:小朋友,通过楼梯先生的任务卡,我们明白了排队的不少小学问。老师编成了儿歌,让我们读一读,记一记:(拍手吟诵)先来后到有秩序,前后空开互尊重,懂得礼让心灵美,排好队伍讲文明。

5.过渡:有些小朋友很调皮,不能好好排队。楼梯先生要请大家帮帮忙。

【设计意图】

创造性地使用教材上提供的图片，经过重组，成为小朋友了解排队小学问的抓手。并且，以小组学习的形式，给予小朋友自主思考、自由讨论的空间。任务二、任务三承载的排队知识是相对而言的难点。交流中，均展开直观、生动的体验形式，将认知与实践结合，使小朋友学以致用，加深印象，为他们走出课堂能落实于行动而蓄力。

四、创设情境，巩固认识

1.出示楼梯先生的话：请大家做做小老师，帮下列违反排队规则小朋友改正错误。

（1）放学排队时，小涛因为好玩要挤到前面去，结果踩坏了一旁的小栅栏。

（2）（书上的图：跳绳）哇，好玩，我先来跳一个。

（3）今天食堂吃大鸡腿，哈哈，我最喜欢吃，我要挤到第一个去。

（4）（出示照片：两队人楼梯上相向而行）哪个同学走错了？你会跟他怎么说？

2.这堂课，大家表现真棒，楼梯先生也很满意。出示楼梯先生的话：这堂课，大家表现真好。相信，走出课堂的你们，一定能自觉排队，让我们的生活更有秩序，更有文明！我等着大家排着队，文明地走楼梯！小朋友，再见！

【设计意图】

呈现的四种违规行为，正是笔者通过观察、询问整理出的在现实生活中存在的普遍现象。在"巩固认识"环节，创设"当小老师，指导纠正"的活动，为的是让小朋友在获得本课新知的基础上审视这些行为，在"纠错"中反思，在反思中成长自我。

五、总结课堂，实践拓展

1.在公共场所，有序排队，每个小朋友和大人都要自觉做到，这是文明的表现，我们的社会号召大家做文明有礼的人（播放公益视频，感受文明之风）。走出课堂，让我们小手拉大手，有序排队，做文明有礼的中国人。让文明之风，不断上新的台阶。

2.最后，让我们走出教室，排好队，文明走楼梯，用行动表现给楼梯先生看！

【设计意图】

以电视台制作的公益广告进行总结、渲染，对本堂课有着推波助澜之效：校园里要"排好队"，广阔的社会同样要"排好队"，让文明之风吹遍中华大地。课末，让小朋友走出教室，排队文明走楼梯，则是无痕地将课堂与课外打通，将课堂认识与现实行动连接，让课堂真正服务于生活。

【板书设计】

大家排好队

有先后　　安全

懂礼让　　公平

有间距　　有序

设计3:《生活离不开规则》教学设计(三下)

【教材说明】

本课编写依据是《义务教育品德与社会课程标准(2011年版)》中"课程目标"里的第3条"初步形成规则意识和民主、法制观念"以及"我们的社区生活"里的第7条"自觉遵守公共秩序,注意公共安全。做讲文明有教养的人"。这一课建立在二年级上册第二单元第6课《班级生活有规则》之上,二年级时更多的是引导学生关注班级内的规则,三年级扩展到社会规则,重点在于通过各种活动形式促使学生了解到生活的方方面面都有规则,认识到规则的重要性,并将树立的规则意识落实到行动上,实现遵守规则从他律到自律的转化,体现"规则认同"下的学科教育。

【设计理念】

本课分为2课时,主要采用游戏教学、回望感知、情景模拟、思辨等方法,引导学生自主学习,培养学生遵守规则的兴趣,让课堂不止于教学,更多的是沉浸式体验和有感而发的认同,初步具备法治观念和意识。

【教学目标】

1.知道规则是社会生活有序运行的保障,知道生活处处有规则。

2.体会规则的重要性,懂得规则对每个人既是一种约束,也是一种保护。

3.树立规则意识,并愿意在生活中自觉遵守规则。

【教学重难点】

1.知道规则是社会生活有序运行的保障,知道生活处处有规则。

2.树立规则意识,并愿意在生活中自觉遵守规则。

【教学过程】

一、玩一玩,理解规则是什么

1.同学们,今天老师带来了一个小游戏(瓶中抽球),想不想玩一玩?请5名学生用最快的速度将球从瓶中抽出来。

预设:体会没有规则的游戏会出现不公平和混乱无序的结果,游戏过程不快乐。

2.发现问题了吗?谁来帮帮他们?老师制定游戏规则,按规则再来玩一玩。

采访:这次玩的时候你有什么感受?两次感受有什么不同?是什么导致两次游戏体验不同?

预设:引导理解有规则的游戏玩得迅速又开心。

3.小结:这就是"规则"(板书:规则)

【设计意图】

从学生喜闻乐见的游戏入手,体会规则就是"什么可以做""什么不可以做",形象生动,深入人心。

二、找一找，生活处处有规则

1.除了这个，你们还玩过哪些游戏？游戏规则是什么？四人小组讨论，概括出游戏名称和游戏规则，全班交流。

2.同学们，我们刚刚讨论的是游戏规则，除了游戏规则，你还知道哪些规则呢？指名说，并相机板书。

3.这些同学说了这么多规则，谁能给他们分分类？适时张贴板书：

学校生活有规则　社会生活有规则

4.你还知道哪些学校生活中的规则？社会生活中的规则呢？学生补充说。

5.小结：原来生活处处有规则。（板书：生活处处有规则）

【设计意图】

通过前置性学习，让学生初步知道生活中的各种规则，再通过回望、分类的方式创设思维导图，让学生明白学校里、社会生活中处处都有规则。

三、辨一辨，小小规则作用大

1.规则在我们的生活中无处不在，但有同学认为：规则多了太烦人，定这么多规则干什么？课前，老师做了个小调查（出示表格），看看这张表格，你发现了什么？

预设：有8名同学认为，上下楼梯没必要靠右行，哪边空就走哪边；有5名同学认为如果马路上没有汽车，横穿马路时也不用特意走人行横道；有6名同学认为坐地铁、电梯等，不需要先下后上，可以同时进行。

2.你们有没有这么想过呢？学生交流。

3.听起来，这些同学说的也有一定道理呢！那么这些规则到底要不要呢？请小组长上来抽取讨论任务，听清楚讨论规则：

（1）如果没有规则，真的这样做了，会出现什么情况？

（2）遇到这样的情况，你会怎么做？

4.交流结果：

任务一：上下楼梯没必要靠右行，哪边空就走哪边。

（1）如果真的这样做了，会出现怎么样的情况？

（2）某市一所小学就曾经有过一起不守规则而酿成的悲剧（出示阅读角），谈谈你的感受。

（3）出示有序排队上下楼梯的视频，你发现了什么？

（4）再遇到这样的情况，你会怎么做？

小结：遵守规则，让我们的生活更加安全。（板书：安全）

任务二：坐地铁、电梯等，不需要先下后上，可以同时进行。

（1）如果真的这样做了，会出现怎么样的情况？

（2）小组现场演一演：8人在教室门外，8人在教室门内，同时进出和先出后进。生谈感受。

（3）再遇到这样的情况，你会怎么做？

小结：遵守规则，让我们的生活更加有序。（板书：有序）

任务三：如果马路上没有汽车，横穿马路时也不用特意走人行横道。

（1）如果真的这样做了，会出现怎么样的情况？

（2）有没有同学认为，马路上没有车就可以不走人行道，这样比较省时省力，也没危险？（辩一辩）

预设：有安全隐患、不文明、违法。

（3）你知道嘛，行人不走人行横道等不遵守交通规则的，按照《中华人民共和国道路交通安全法》第89条的相关规定，还要处以20元罚款呢。

（4）再遇到这样的情况，你会怎么做？

小结：遵守规则，让我们的生活更加文明。（板书：文明）

5.小结：古人说"无规矩不成方圆"，如果没有了规则，我们的学习、生活就都乱套啦，有了规则，我们的生活更加安全、有序、文明。可见，我们的生活离不开规则。（补充板书：生活离不开）

【设计意图】

通过小组合作，在阅读资料、情景模拟、思辨中感受规则作用大，让学生真实地感受到规则的重要性，并在爬坡学习过程中体会生活中有规则且人人都遵守规则，这样才能让人们的生活安全、有序、文明，从而产生自觉遵守规则的意愿。

四、写一写，生活规则我代言

1.我们的生活离不开规则，越是人多的地方越需要规则。（出示一组学校里、社会中设计规则的图片）这些规则你知道吗？

2.其实，在生活中或多或少都有不遵守规则的行为，如果请你来设计一条标语，提醒他们遵守规则，你会怎么写呢？

3.学生分小组交流讨论，写一条标语，提醒人们遵守规则。

4.讨论交流，小组展示设计的标语，全班同学进行评价，并评出最佳标语。

5.小结：我们知道了生活中处处有规则，懂得了规则的重要性。请同学们在以后的日常生活中，自觉遵守规则，并相互监督，让我们的生活变得更加井然有序。

【设计意图】

通过创设规则标语，可以促进学生对规则的认识更全面、更深刻、更理性，学生认识到规则的重要性，还认识到规则对每个人既是一种约束又是一种保护，让学生更深刻地认识到规则的意义。

【板书设计】

9.生活离不开规则

生活处处有规则

安全 有序 文明

设计4:《建立良好的公共秩序》教学设计(五下)

【教材说明】

本课《建立良好的公共秩序》作为五下第二单元"公共生活靠大家"中的重要部分,与之前的规则教育一脉相承,也是帮助学生成为合格的社会人的重要内容。

【设计理念】

五年级的学生已经有了一定的社会经验,只有让他们通过自己的眼睛感受社会规则存在的重要性,才能够自觉主动地遵守规则。以模拟实验的形式导入,轻松的同时更能够直观有效地让学生了解到在公共生活中,秩序很重要。用社会生活中随处可见的摄像头作为贯穿课堂的线索,用大情境的方式调动学生的积极性。在课堂教学中,逐步消除学生的陌生感,提高投入度。

五年级的学生已经对公共秩序有了一定的认识,通过思辨的方式,进行深入地剖析,才能更加深刻地认识到,只有人人自觉主动地遵守规则,才能让社会生活变得更加和谐。角色的扮演,能够让学生在不同的情境中进行实际操作,从而让"规则"更加入心。

【教学目标】

1.知道良好的公共生活需要良好的秩序来维护,初步形成规则意识。

2.明确构建有序和谐的公共生活人人有责,积极参与公共生活。

3.学会从不同角度观察社会现象,尝试用合法、合理的方式解决生活问题。

【教学过程】

课前导入:有趣实验,初步感受秩序。

1.让我们一起来看一个小实验。(实验:小球逃脱实验)怎样做,才能把五个小球快速地从瓶子里取出来呢?

小结:要一个接一个,按照顺序快速地提起。

2.追问:如果瓶子是着火的公共汽车,着火的商场,瓶子里的小球是置身其中的人们。怎样才能确保他们都能快速、安全地撤离呢?

是的,一个接着一个,有秩序地快速通过。

小结:看来,在公共生活中,秩序很重要。

【设计意图】

通过观看视频,更加直观地感受秩序对于公共生活的重要性。能够快速地引导学生进入课程。

一、照片赏析,认识公共秩序

公共生活中都有哪些秩序,我们该怎样维护公共秩序呢?有一位新朋友一起来解决这些问题。

(一) 公共秩序在身边

1.亮眼睛介绍：大家好，我叫亮眼睛，是一个小小的摄像头。我和小伙伴们的家在社会的各个角落，每天都在记录着公共生活的点点滴滴。

（拍照音）有秩序的公共生活场景。

2.同学们，找到了吗？赶紧拿起笔，来完成一份公共秩序单吧。

当我们过马路时，_____。

当我们参加社区活动时，_____。

当我们乘坐交通工具时，_____。

当_____，_____。

当_____，_____。

3.师生交流：

小结：道路上要遵守交通秩序；在车站、商场、公园等公共场所要遵守公共场所秩序；工人们进行生产作业时要遵守生产秩序；工作中有工作秩序；校园里有教学秩序；网络上有网络秩序……这些在公共生活中需要我们共同遵守的秩序就是公共秩序。

拓展：同学们，现在正处于抗击新型冠状肺炎的特殊时期，要遵守哪些公共秩序呢？

（1）不随意出门，在家里最安全。

（2）外出时佩戴好口罩。

（3）排队、与人交流时要保持1米及以上地安全距离。

（4）进入小区时，配合登记相关信息。

(二) 公共秩序很重要

1.设想一下，如果没有了这些秩序，将会怎样呢？

小结：公共生活离不开秩序。有了良好的公共秩序，我们的生活才能够更加和谐、美好。

【设计意图】

学生的真实生活是学习动力的最好来源，只有来自生活的真实案例，才能拉近学生与社会的关系。对于"秩序"学生本不陌生，处于疫情时期，遵守秩序就显得尤为重要。链接生活，让学生直观感受"秩序就在身边"，我们的公共生活离不开秩序。

二、案例评析，明确秩序要自觉遵守

(一) 遵守秩序要自觉

过渡：然而在我们的生活中，还发生着这样的事情。

1.（播放占用应急车道视频）

师：应急车道是专门给救护车、消防车、警车等执行特殊任务的车辆使用的，是"生命通道"。难道他们不知道吗？

2.法律博士科普：

《中华人民共和国道路交通安全法实施条例》第八十二条第四项规定：机动车在高速公路上行驶，不得有下列行为：非紧急情况时在应急车道行驶或者停车。

《中华人民共和国道路交通安全法》第九十条规定：机动车驾驶人违反道路交通安全法律、法规关于道路通行规定的，处警告或者20元以上200元以下罚款。

追问：既然知道，那为什么他们还会占用呢？

（1）只想着方便自己。

（2）怀有侥幸的心理。

3.像这样的惨剧还有不少。

资料链接：占用应急车道、消防通道等的事故。

小结：和谐美好的公共生活需要我们每个公民共同自觉遵守公共秩序。自觉遵守公共秩序是每一个公民应尽的义务。

【设计意图】

公共秩序无小事。以真实案例入手，直观感受不遵守公共秩序带来的危害，并且进行法律的宣传，让学生明白，这样的行为不仅危害了公共生活，更是违法的，从而，更加严肃地对待遵守秩序的问题。

（二）公共标志来助力

1.既然公共秩序如此重要，那怎么做才能引导大家自觉遵守公共秩序呢？

亮眼睛有什么好建议吗？

亮眼睛：为了提示大家自觉遵守公共秩序，在公共场所的醒目位置都设置了许多公共标志。（拍照音：出示图片）

2.这些公共标志你都认识吗？（连连看）

（标志：禁止吸烟、禁止使用电话、无障碍通道、请勿大声喧哗、安全疏散指示灯、禁止投喂等）

同学们知道的公共标志可真不少啊！那这些公共标志你都在哪些公共场所见过它们，当我们置身在这样的公共场所中时，你又有什么样的感受呢？

请大家选择一个标志完成学习单吧。

3.学习单交流：

感谢这些不会说话的朋友们，有了它们的陪伴提醒，我们的公共生活会越来越有秩序。

4.有了公共标志的提醒，是不是人们就会自觉遵守公共秩序了呢？

视频案例：《"禁游"劝告岂能视若儿戏》

我们不仅仅要认识这些公共标志，更要自觉遵守它们的提醒！

【设计意图】

让学生成为课堂的主体,让学生成为公共标志的代言人。感受公共标志的无处不在,感受不说话的朋友的友好提醒。

三、情境模拟,不文明行为会处理

1.面对一些人为了贪图方便而不遵守公共秩序的情况,你觉得该怎么做呢?

列举一下情况:插队、大声打电话、小狗随意便便

2.如果这些现象不能够得到及时有效的纠正,必然会破坏社会公共秩序,不仅损害社会公众利益,还会损害到我们每一个人的个人利益。

3.延伸:随着人们生活水平的提高,身边出国旅游、办公的人也越来越多了。如果在公共场合依旧不改大声喧哗、不守秩序不排队、不讲卫生等陋习,更会影响整个中国的形象。

小结:我们不仅要从自身做起,注意自己的言谈举止,也要勇敢地对不文明现象进行劝阻和提醒。这样,公共生活中的不和谐就会少一些,微笑就会多一些。

【设计意图】

创设情境,让学生成为其中的主角,正义的化身。进行正面强化的同时,也对更多同进行了具体行动的指导。让所有学生在这样的演绎中,有反复地思考,不断地成长。

四、观看宣传片,同做秩序宣传员

同学们,你们今天的表现太棒了!其实,已经有不少同学就是这样的做的!同学们,赶紧行动起来。让我们都来做良好秩序的参与者和宣传员吧!

(播放宣传视频)

【板书设计】

建立良好的公共秩序

保障

公共秩序 ➡ 社会生活

自觉遵守

第四章
特色课程实践

"优秀吸引"的儿童积极学习生活倡导持续激励的爬坡式意向性活动设计,在活泼的激励机制下,学生与其伙伴不断参与体验,循着各自的生长路径努力向上。在实践的过程中,各个学科组努力将特色活动序列化,系列活动课程化,由此形成德、智、体、美、劳"五育并举"特色课程及由学科课程拓展而来的特色活动课程。

第一节 "童年榜样"课程：塑造优秀积累的美德图谱

习近平总书记指出：少年儿童培育和践行社会主义核心价值观，要适应自身年龄和特点，做到记住要求、心有榜样、从小做起。要把社会主义核心价值观的基本内容熟记熟背，融化在心灵里，铭刻在脑子中，结合学习和生活等实践不断加深理解。[①]我们常说言传不如身教，所谓身教，其实就是一种行为示范给予少年儿童模仿该行为的过程。少年儿童的成长需要有来自榜样的力量。根据班杜拉的理论，人类的大多数行为都是通过榜样作用而习得的。少年儿童通过观察生活中他们认为重要人物的行为，然后模仿进而习得社会行为。

心有榜样，就是要学习英雄人物、先进人物、美好事物，在学习中养成好的思想品德追求。[②]我国历史上有很多少年英雄的故事，在党领导人民进行的革命、建设、改革事业中也涌现了大批少年英雄，现在各行各业也都有很多值得学习的榜样。正如孔子讲的"见贤思齐焉"，榜样的力量是无穷的。

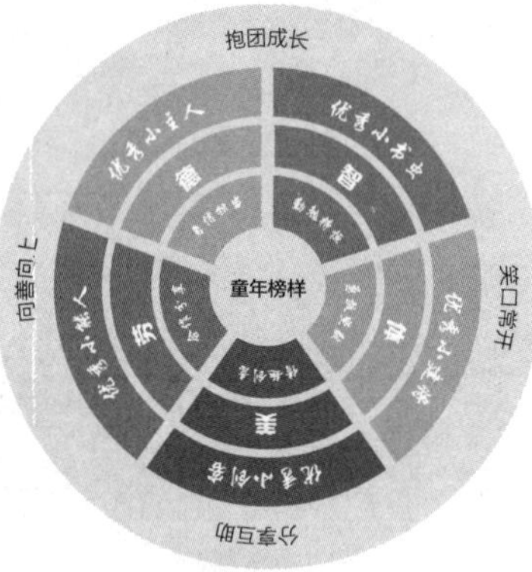

榜样是儿童在成长过程中学习的对象。优秀德行品性的童年榜样具有示范性和被模仿性，一起学习生活的儿童相互认可、接受、内化。在学校敏求文化背景打造下，我们试图融入"优秀吸引"的管理理念，充分挖掘儿童身上的优秀美德活性因子，统筹规划、合理设计"童年榜样"体验空间。

图① 童年榜样

一、以童年榜样为内核的美德图谱的示意

每个儿童都是积极的生活者，他们身上具有独特的美德和善端，活跃着榜样因子。在不断地卷入优秀、传递优秀、延展优秀的过程中形成童年榜样群体。

1.基于优秀积累的提炼

学校秉承"敏求"（孔子《论语·述而》）校训，坚持"勤勉持恒"办学，凝聚着一代代教育人的智慧和理想，杰出学子的引领。自"十二五"以来，基于积极教育理念学

[①] 习近平. 习近平谈治国理政[M]. 北京：外文出版社，2014.
[②] 习近平. 从小积极培育和践行社会主义核心价值观[N]. 北京：人民日报，2014.5.

校坚持开展"带着童年走人生"的积极心育活动，聚焦"期盼和回忆"，倡导"做最优秀的自己"，儿童自身向善向上积极发展，美德能量持续吸收、传递、带动。

"色彩心理学"认为，色彩可以影响心理因素，形成心理颜色视觉感。一个人的性格个性、人际关系、价值观往往会通过色彩表现出来。[①]一般红色给人以热情自信的感觉；蓝色灵性知性兼有，能使人安安静静思考；清新活力的绿色，蕴含着安全感；具有艺术家气质的烂漫紫色，创意无限；明亮度极高的黄色享受着分享合作的快乐。我们通过冷暖五色搭配，相互补充、相互协调，引导学生寻找成长平衡点。

我们尝试采用美德图谱的方式，通过"分享互助"营造积极心理场，推进群体共生发展，由此"优秀吸引"成为行为惯习、文化基因。

2.源自生活日常的体验

千里之行，始于足下。每个人的生活都是由一件件小事组成的，养小德才能成大德。如何将社会主义核心价值观结合学习和生活等实践不断加深理解，真正落实立德树人根本任务，我们将它逐一细化，按步落实推进。

我们以童年榜样（德智体美劳）五种品格为目标引领，建构五大体验活动为实施路径——德：品行养成类，如三字经养习；智：思维激发类，如"书市"小课程群；体：健康发展类，如体育节；美：审美创意类，如艺术节；劳：生活实践类，如"小农人"体验等。同时抓住当下迫切要解决的问题，引导学生在积极的校园生活：积极的学习经历中形成向善向上的精神品质。

3.彰显个体群体的带动

在塑造榜样的过程中，不断捕捉美德因子，发展优秀个体行为表现（优秀小主人；优秀小书虫；优秀小健将；优秀小创客；优秀小能人）。在充分认识自我优秀的基础上，努力寻找他者优秀，使自己不断习得优秀，得以发展。以此塑造石榴娃特有的榜样群像特征：笑口常开、分享互助、向善向上、抱团成长。

优秀的个体作用于群体，群体带动个体，相互交融。沿着"优秀吸引"的生长路径，引导儿童在自主、有序、有效地参与中，培育蕴含敏求气质的东小学子。

二、童年榜样的传袭与育成

1.梳理优秀特征，厘清美德表现

基于积极心理学提出的六大美德（即24种积极心理品质），契合中国学生发展核心素养体系的出台，我们采用自编问卷的方式，对三、四、五、六年级的学生进行了抽样调查。问卷选项采用李克特式等级设计，避免调查中经常出现的"趋中"取向影响

[①] 鲁芳.色彩心理学[M].北京：中国法制出版社，2014.2.

效度。问卷从认知、情感、能力、行为等方面调查学生自身具有的美德现状，从200份问卷中发现，学生对自己有恰当的评价。

有接近50%的学生认为自己已经拥有一些高尚的道德行为和优良的道德品质，如宽容、真诚、诚信等，有58.8%的学生积极乐观、善于合作、勇敢自信，但仍有23%左右的学生认为自己的表现一般，缺少坚韧、勤奋等美德。有少数学生表现出比较消极的态度，如没有持之以恒的精神，不敢大胆表达。所有学生在自我评价时，对未来有所期待，对自己还希望拥有哪些美德有清晰的认识，比如说责任心、好奇心等。

综合此次问卷调查发现，每个学生身上或多或少都具有给自我增添力量的美德。他们身上都具有儿童可以仿效、有利于儿童身心健康发展的优秀特征。

"高山仰止，景行行止"，谓之榜样。基于调查结果，我们聚焦儿童本位，关注儿童表现出来的既定优秀与美好的品质，利用《石榴娃说礼仪三字经》的创作活动，唤醒、激发、放大其内在的积极力量，让学生全面了解自身所拥有的优势与美德。如《待人之礼三字经》中有这样一句："见师长，要谦恭；待伙伴，要真诚。与人处，贵诚意；宽待人，严律己。"在"你拍一我拍一"的节奏声中，将真诚友善的优秀品质深深地扎根在心中。

每个儿童都不缺少独特的美德与善行，它包括内在的积极情绪、优秀品质、良好心态等，而是缺少发现它们的眼睛。我们采用优秀吸引的方式，引导儿童带着一双慧眼发现身边他人的优势与美德，以他们为榜样，在分享中习得美德。例如各类体验活动中出类拔萃的同学；利用业余时间，在学校管理中默默服务的同学——敏和志愿者等；桌长、伞长、灯长等为班级建设尽心尽责的管理员们……

2.展开优秀历练，修习美德行为

"让每个学生成为最优秀的自己"是我们的育成目标。介于学生自身的年龄、心理、能力、知识等方面的特点，以及学生特定的外部客观环境和主观心灵环境，我们创设情境将目标转化为一个个行动、活动，使学生在具体的生活场景、生活实践中体验、感悟，绽放优秀，习得美德，提升素养。实施的三个着力点分别是：身临其境的经历、身心参与的体验、身体力行的锤炼。

（1）身临其境的经历——提供浸润美德的机会

曾子有云："蓬生麻中，不扶自直；白沙在涅，与之俱黑。"面对一个个鲜活的、独一无二的生命个体，将他们置身于良好的育人环境中，有助于在潜移默化中得到濡染。走入校园，银杏广场的五色石榴娃，化身为"自信担当、勤勉持恒、勇敢坚毅、情趣创意、合作分享"的形象使者，是校园文化的亮丽名片；走进教室，荣誉栏里贴的是一行行的每日之星。他们是班级生活中不可取代的关键人物，有着独特的个性、特长、能力等。通过个性名片的张贴布置,让学生全方位、多角度地对自己和他人的优秀进行观察、审视和评价,以此巩固优秀、类化优秀,让每一位学生身临其境,浸润其中。

(2) 身心参与的体验——激发修炼美德的动能

我们都会有这样的体验,当看到熟悉的人出现在电视机或者大荧幕上时,会显得特别激动,甚至还会因此产生一定的崇拜感。为激励学生修炼美德,我们鼓励老师、学生用镜头记录生活,立足学习生活,及时捕捉生活中的美好瞬间,努力挖掘学生身上的美好品质,以VCR为载体,将片段式的内容进行整合,制作成"校园人物榜VCR",在校园显眼的位置"东小舞台"进行展播。不管是"当事人",还是旁观者,面对直观的画面、身边的榜样,更易于去学习、模仿、靠近,从而激发修炼美德的动能!

(3) 身体力行的锤炼——促成习得美德的外显

在认识自我优秀、发现他者优秀的基础上,身体力行的锤炼能让学生不断习得优秀、成为最优秀的自己。为了实现学生自我发展、自我完善的教育追求,学校开展"石榴娃美德争章"成长行动。从德、智、体、美、劳五方面设置积分细则,挖掘和彰显每位学生身上的闪光点,以积分的方式及时肯定学生某一方面的进步,累积满5分就可以换取一枚"星星章",累积满5枚"星星章",就可以换取一枚"石榴娃"徽章。五种颜色的"石榴娃"美德徽章代表"自信担当""勤勉持恒""勇敢坚毅""情趣创意""合作分享"这五种品格,也象征五育并举。在一枚枚"石榴娃美德徽章"的感召下,学生身体力行、不断习得,从日常点滴做起,获得美德的内化与提升,促成美德的外显。

3.强化优秀经验,形成美德习惯

一个优秀的品格是靠无数有内在联系的行为过程、行为细节积累起来的一种文化、一种现象。美德的形成是一个内外兼修的过程,外可修行,内可养性,锻炼学生自己的内省认知能力和洞察能力,进而获得全面而真切的情感体验。

"小蜗牛行为习惯存折"就是一个聚沙成塔、日积月累的过程。以班级为单位,树立身边的榜样,学生通过观察、学习,用存折的方式把获得的语言、形象和行为保存,在外部强化、自我强化和替代性强化中,修炼行为,提升自我效能感,从而形成美德习惯。

勤俭节约是永不过时的美德。"石榴娃节粮行动"的实施遵循"节约光荣,浪费可耻"的原则,通过光盘行动,再次强化节粮意识,养成节约的好习惯。为了更好地落实光盘行动,采用小组内同伴的榜样激励,每人每天节约一点点,积少成多,依次可以获得"量力而食""食之以恒""食全食美"三个阶段的石榴娃节粮币,将节粮美德发扬下去。

"石榴娃成长叙事集"则是帮助每位学生记录小学六年的点滴成长轨迹的成长档案。聚合学校、家庭、社区等的多方资源,通过一系列的展示、竞赛活动,学生全方位、多角度地对自己和他人的优秀进行观察、审视和评价,从学习收获、探究实践、情感体悟、成果分享、寻访实践等方面,助力学生优秀品格的形成。同时,设立"敏求学子"评比,评选出一批在各方面都获得成长的学生登上更高的领奖台。

三、童年榜样的标格与发扬

1."榜样库":建立优秀吸引的敞景式动态资源

榜样库是一个固定的物化空间,如名人馆、美德墙、工匠园等;榜样库更是一个积极的心理氛围场,优秀吸引在这里变得流动,鲜活起来;榜样库更是一个培育机制,建立学生个人档案,关注每一个学子的成长过程,实施动态化的管理。

（1）校史"名人馆"

"名人馆"是学生走近名人,了解名人,触摸其精神品质最重要的基地,给学生强烈的情感体验和精神鼓励。"名人馆"的名人从古至今,分为文化类、科学类、政治类等。除了固定的名人外,我们还会同步推出"线上识名人"活动,学生通过直观文字图片展示、声音视频播放,多项感官参与,实现与名人的零距离、多方位互动,从而得到情感的升华。

（2）榴园"美德墙"

"美德墙"是历届校友优秀品质和精神力量的集中体现,是一面面会说话的"墙壁"。漫步榴园,在美德墙下驻足,有时代精神的践行者,有务实创新的榜样先锋,有治学严谨的科技英才,也有努力拼搏的普通人。他们坚忍不拔、自强不息、崇德向善……他们像润物细无声的春雨,有利于推动学生自身的精神追求,进而形成行为自觉。

（3）长廊"榜样展"

长廊里的"榜样展",来自身边看得见、摸得着的学生,来自体育、艺术、学习、品德等各方面表现突出的学生。朋辈榜样更容易引起学生的共鸣,优秀品质行为更容易获得认同,通过模仿学习内化为自身的行为习惯。最好的榜样就在他们的身边,"宋与陈个人画展"就是如此。临毕业之际,一群绘画爱好者在宋与陈的榜样推动下,用自己独特的视角寻找校园美景,用画笔给母校留下了最珍贵的礼物——校园十景明信片。

"敞景"意味着更加多元化、开放化、自由化。从岁月悠长的名人馆,到杰出校友的美德墙;从线上知名人、识名人、赞名人活动,到线下的榜样名片、"榜样说"小广播等活动,学生们任意选择,自由穿梭在这些开放式的场馆中,浸润名人们优秀的品质,习染他们的优秀,从而激活自身的优秀因子,形成优秀的自觉。

2."榜样圈":形成优秀吸引的亲密型关系网络

榜样在内圈,学习者在外圈,通过建立同思同行的机制,在相互促进、相互影响的共生效应的催化下,形成特定的"榜样圈"。学习者将榜样的优秀品质或有益经验同自身的生活经验相联系,在"最近发展区"内学习榜样的品质与行为。榜样圈不仅解决了"榜样如何优秀"的问题,同时也解决了"榜样与我有何关系"的问题。

榜样圈的形成具有兴趣的自发性。基于相同的兴趣爱好，就像"小农人中队"起初的设想，由学生自发加入"种植园"的活动，在活动中获得劳动的体验，发现自身的特长，从而为学生提供一个符合自我需求的榜样圈。这个榜样圈唤起了不同层次、不同特长学生的热情，继而参与劳动实践活动，使劳动态度、劳动意识、劳动技能、劳动习惯等得到更好的发展。

榜样圈的形成具有目标的激励性。目标激励强调学生自我的内在驱动，是学生自觉的成长。"蔡隆昌中队"通过寻访榜样，激活内需驱动，汲取榜样的力量。寻访老兵王世琛，真实地了解中国革命、建设、改革的历史知识，激发学生向英雄模范人物学习的决心；寻访一线医护人员，学习急救知识和技能，感悟榜样身上的责任意识与使命感；寻访民间点心师——阿桂，深切体会"工匠精神"的内涵……

榜样圈的形成具有组织的建设性。中队联盟的推陈出新正是发挥了榜样圈里中队与中队之间传帮带的作用。通过郭明义、臻兰、毛毛虫等中队的联盟行动，带动一批又一批中队有目的、有计划地成长。在一次次主题活动的引领下，在一次次经验交流的分享中，中队精神在传递。继而，英雄、魅力、特色中队如雨后春笋般生长，一个优秀的圈子在逐渐壮大，形成优秀吸引的亲密型关系网络。

3."榜样群"：汇聚优秀吸引的敏求型精神气质

榜样群是因"聚焦"优秀特征相互吸引而建立较为紧密的联系，从而形成的一个"群"。榜样群具有一定的社会认同感以及群体归属感。

在优秀吸引的助力下，从学生的心理需求出发，在线上树立"真实可信"的榜样，获得对榜样的认同感；在优秀吸引的凝聚下，从学生的实际情况出发，在线下树立"接地气"的榜样，产生对榜样的归属感。榜样群就是将具备诚实守信、勤勉持恒等同一品质的人聚在一起进行宣传，将"一个榜样"变成"一群榜样"。利用从众心理充分激发学生内在的学习动机，让学生意识到该品质的可学习性，从而汇聚更多拥有敏求型精神气质的榜样，最大限度地发挥榜样力量的积极促进作用。

优秀源自榜样，吸引化育童年。以学校为原点，将优秀的榜样群辐射到家庭，扩大影响到社区，带着童年走人生，愿每个学生成为最优秀的自己！

童年是美好的，童年又是稍纵即逝的，每一个成长中的少年儿童，只有从小学习做人、从小学习立志，树立正确的人生目标，培养好思想、好品行、好习惯，将来才能做祖国的建设者。一切美好都是从小开始，从基础起步的。我们只有以优秀少年为榜样，去建树优秀的美德，才能帮助少年儿童通过自己的不懈努力，树立远大志向，为美丽中国梦加油！

第二节 儿童"书市"课程：阅读成为童年的日常生活方式

在互联网不断发展的新媒体时代，快餐化、碎片化、视频化的阅读不断影响、冲击着儿童阅读，学生无法沉浸于书本，体验不到阅读的真正乐趣。本应个性、自主的阅读，却成了学生作业中的任务，需要以娱乐的形式、特定的节日来支撑。课堂中，更是表现出对学生的阅读控制与怀疑，阅读时间无法得到保证，阅读感受成了对教学的应和，阅读功利化、边缘化现象比比皆是。

针对以上问题，学校提出"积极教育视域下儿童'书市'小课程群建设"的设想，选择采用构建儿童"书市"课程的方式，开发"书市阅读+""敏敏伴我读""亲历书市""阅读储蓄"等系列小课程，由此激发学生阅读的兴趣，增强阅读的深度，解决学生阅读中存在的兴趣低、碎片化、功利性等问题，破解儿童阅读困局，使阅读成为学生童年的日常生活方式。

一、儿童"书市"的内涵界定

儿童"书市"，脱胎于传统意义上的"跳蚤"小书市，但又不止于此。我们赋予它新的内涵，它是集市，是雅集，也是市场。它包含四层含义：

首先，书市是综合的平台。借助"书市"这一平台，我们将原有零散的活动加以整合，既深入推广"阅读+"模式，向影视、戏剧等其他领域跨界，形成小课程；又创新"+阅读"模式，与数学、美术等学科加强阅读融合，更加注重体验性、知识性和收获感，不断催生福乐感；将有创见的老师、热心教育的家长、社会人士以及部分学生纳入阅读指导者的范畴；赋予学生阅读者、推介者、表达者、创造者的角色，真正成为学习的主人。

其次，书市是物化的场所。"书市"是"实体店"，是指向场域习养的敞景设计，有"书市课程动态敞景"，如"稻香琴音""长廊在望""杏园留声"等；也有"书市课程静态敞景"，如文化长廊、书吧、阅读小屋、小书架等；此外，还有为学生量身定制各类休闲吧、流动展示区和展演区以及为"书市"课程成果搭建的展示T台等。

再次，书市是课堂的延伸。从单一的跳蚤小书市活动到全面系统的"书市"小课程群建设，"书市"不仅仅是静态的图书资源，更是系列动态的学生阅读体验活动设计；加强与其他学科的融合，打破原有语文学科单兵作战的僵局，打开活动育人的时空结构。在亲历书市的过程中，学生用多样的学习方式，尝试建立起学科之间的知识贯通和统整联系，并在这种统整的视野和思维方式之下具身实践，体验不同类型的学习活动。主体参与突出，注重合作分享，思维自由舒展，是我们期望中的彰显儿童意义的新思维学习场景，带来了更多与阅读相关的活动课程的开发空间。

最后，书市是生活的连接。"书市"活动带给学生的是一种生活体验，"书市"课程的主题根据学生生活场景确立，如"爱心义卖""闲置换购"；而宣传单、主题海报、多种营销策略的运用以及"书市"布展这些活动，更是指向儿童的未来生活，在这一过程中培养的是儿童的社会情感力。可以说，这些活动超出了阅读本身，更是对学生的一种价值引领。

二、儿童"书市"的课程建构

1."书市阅读+"小课程

"书市阅读+"小课程是儿童"书市"小课程群建设的第一大分支。一方面，我们将阅读与国家课程数学、英语、美术等学科融合，注重学科渗透。如与数学学科相融合，开展书价的认识、商品的打折、演算与统计等系列课程，通过定价、算价、还价的演算学习和场景模拟，以便学生在书市过程中更好地展开推销交际，获得与生活紧密联系的课程体验；如与美术学科相融合，开发"绘阅"课程，设计"主题招贴画设计、读本连环画制作、线描经典名著、好书涂鸦"等课程活动，在阅读感受可视化的过程中，达成审美情趣与阅读情智的双赢体验。另一方面，我们将阅读向影视、戏剧、广播等其他领域跨界，加强社团等活动课程设计，强调知识、能力、态度的整合，师生共同还原童年意思，保持童年心态，追寻童年梦想。如成立敏求小剧社，在经典小剧本、名著人物模仿秀、故事串烧等方面作尝试，录制小剧社经典DV，成为后续课程研究和实施的资源。

2."亲历书市"小课程

"亲历书市"小课程以实践为主，侧重于让学生对书市活动有具体可感的亲历体验。如"书市经理人"小课程，课程内容依据4.23"淘书乐"主题书市展开。前期确立书市主题，进行分类修补，展开标价定价；活动中期，开展书市布展、营销推广、"实体店"开设；活动后期，分析销售业绩，落实活动目的，深入总结反思。再如"第一本书"课程，让孩子亲历书的形成过程，让我们的孩子自己去创作书，让孩子自己去装帧，让孩子自己去学会印刷，最终每个孩子都能拥有一本属于自己的书。学生将成为课程自主建构的主体，在丰富生活体验的同时，打开活动育人的时空结构，实现"立德树人"的价值追求。

3."敏敏伴我读"小课程

"敏敏"是从我校"敏求"文化中化身而来的形象使者，在儿童"书市"的建设中，它特指一些对阅读情有独钟并且有创建的优秀他者,可以是教师、学生、家长,也可以社会人士。他们组成阅读推广的团队,通过广播、微信公众号推送、校报、校刊等途径,使"敏敏"们的学识涵养惠及更多的学生、同行及家庭。一方面,以教材中出现的必读书目为原点,编写"阅读储蓄手册",形成"整本书阅读"相关小课程,对新教材倡导的"课外阅读课程化"做校本化补充;另一方面,以周二"悦读时光"为时间保障,开设"敏敏讲古诗""敏敏讲成语""敏敏讲节气""敏敏讲数学""敏敏讲科学"等系列"伴读"课程,进一步打破学科边界,强调课程的融合性与整体性。

4."阅读敞景"小课程

但凡触及灵魂的东西都喜欢躐行,生态环境之于人的影响就更是如此。"阅读敞景"小课程群包含静态敞景和动态敞景。"静态敞景"小课程群含"彩虹书吧""书市主题教室""有声图书馆""名人主题图书馆""特色班级小书架"等,这些物型课程的建设让全息阅读的气息无处不在,校园到处书香四溢;"动态敞景"则是基于"书市"小课程需要,在学生密集活动的时间段和区域,设计几个快闪点,进行班级自组织的快闪设计,不定期展示师生作品,展演师生才情,为"书市"课程成果搭建展示T台,在此基础上逐渐形成"稻香琴音、长廊在望、杏园留声"等东亭实小敏求文化特色园景。

此外,在各小课程的实施过程中,我们还将重视课程评价。通过收集、积累学生活动的表现、体验、收获等,获得相应的石榴娃印章,绘制"亲历书市"手账,建立亲历体验、身心一致的教学评价体系,促成综合素养全面提升,全方位、多角度地展现儿童参与"书市"小课程活动的成果。

三、"书市"课程的特征解析

儿童"书市"课程,是围绕儿童"书市"展开的多门活动课程的集合,各课程分别承担不同的任务,发挥不同的作用,既相互独立,又有内在关联。在"书市"课程建构过程中注重整体设计、系统推进,我们采用重点项目突破的方式,努力体现:

1.综合编织课程

整个"书市"课程包含着"书市阅读+""亲历书市""敏敏伴我读"等若干小课程群,形成一个互相支撑和印证的综合性小课程群网络,旨在给学生的童年留下期盼和回忆,内容设置体现跨学科性、整合性和未来性。它并不单指某一学科知识,也不局限于某一能力,而是融入"听说读写""算演唱画"等多种要素,既注重学科渗透,又加强社团等活动课程设计,强调知识、能力、态度的整合,师生共同还原童年意思,保持童年心态,追寻童年梦想。如敏求小剧社包含了作品的阅读、剧本的编写、台词的背念、对手戏的演绎,场景的设计、道具的准备、排练时间的安排等,考察学生的综合能力。

2.层级设计目标

在"书市"课程的整体设计过程中,我们将核心素养作为课程生长目标,以语文学科为例,确立诵、演、述、论四个阶梯式层级。诵,突出的是经典书文的听读、积累;演,是对诵的提升,加入场景、理解的诵;述,是基于理解、感受的表达陈述;论,注重的是思想,有独特见地的陈述。四个层级由多种趣味性、意义性的课程活动支撑,不同年段各有侧重,低年级多设计、组织诵、演类活动,高年级则需多为学生提供述、论的机会,四个层级贯穿小学六年语文学习始终。在"淘书乐"主题书市的活动组织时,我们也强调活动前、中、后的序列,让学生不断经历准备、参与、总结的过程,养成良好的处事习惯,凸显核心活动的生长意义。

3.自主重建路径

书市课程的主题根据日常需要确立,它的生成途径也是多元的。常操作的主题有爱心义卖——把捐赠的图书以班级为单位展开义卖,筹集善款,奉献爱心;闲置换购——将读过的书置换成书市流通卡,再到分类展区内交换自己需要的书籍;年级自组织——年级根据主题阅读活动,或推介,或展出,或售卖等。在"书市经理人"课程中,重点突出生活经验,自身的、家长的、看来的、听来的,都可以作为学习资源,整个课程活动体现的是生长在"优秀"之上的历练。"淘书乐"主题书市的开放,是一个购物超市的微缩体现,或买或卖,合作销售,文明交易,实际操作中,学生不仅能从展区布置、书本定价、书籍质量等方面进行推销,还能结合主题,从学习需要、奉献爱心、读书成果展示等方面入手,在全面提升素养的同时,获得成长的体验。

四、"书市"课程的意义所在

"书市"课程,既沿袭优秀传统,又继往开来,沿着"既有活动序列化,系列活动课程化"设计路径,通过校本化阅读课程的建构与实施,形塑具有"敏求"鲜明特质的师生形象,逐渐形成"师生家长同参与,学科门类全覆盖"的生活阅读大格局,全面促成学校书香校园的建设,奏响积极教育动人的华章。

1.收"指"为"拳",直击"校本特色"

"书市"课程,从学校26年坚持开展的读书活动中脱胎,以学校数十年开展积极教育实践为基础,将学校百年历史传承的"敏求"校训融入课程内涵与目标建构之中,借助"阅读"打破学科融合的壁垒,丰厚课程理解,树立开放的大课程观;提高课程意识,着眼于发展中的学生;提升课程品质,致力于每位学生的积极成长。"书市"课程,是对国家课程《语文》的一个校本化补充,它开放教学空间,采用全领域综合学习的方式,沿着"教学实践行为化——核心行为概念化——概念思索系列化——系列研究创新化——创新实践行为化"这样一个循环往复的探究思路不断深入国家课程实施研究的同时形成校本特色,以"积极的学习经历者"重塑学习新样态并实现实施课程到创生课程的转变,使国家课程、校本课程真正成为教师、学生的课程。

2. 化"散"为"凝",共建育人团队

福乐是一种非常重要的积极情绪体验,表现为对某一活动或事物表现出浓厚的兴趣并能推动个体完全投入某项活动或事物的一种情绪体验,它在人的意识中会源源不断地出现,人们在生活中总是尽可能多地去主动追求它,就像河里的水流一样连绵不断。"书市"课程就是这样一个给人"福乐"体验的课程开发,因此吸引了众多对"书市"课程情有独钟并且有创见的老师与热心教育的家长、社会人士甚至是学生,共商共建,沿着"优秀吸引"倡导的成长路径:发现与赏识"优秀"——卷入和跟随"优秀"——发扬和迁移"优秀"——形成"优秀"的自觉,成为课程资源共建者、课程实施者和学习评价者,共同参与课程建设研讨,共同开展课程设计与实施的交流,形成综合育人共同体。

3. "小"中见"大",形塑"敏求学子"

"我非生而知之者,好古,敏以求之者也。"孔子的言述成了我校"敏求"校训的缘起,百年传承。儿童"书市"课程的建设,求"敏",着眼大处,将课程热点融入学校文化建设的时间流中,思考阅读之于"敏求学子"的意义;小处着手,敏"求",探索"求"的活动,"求"的方式,"求"的策略,形塑富有东亭实小特质的"敏求学子"。

"书市"课程,是东亭实验小学对学校读书节活动的一个课程化设计,在体验、历练的过程中,不断丰厚学生阅读积累,培养各项综合能力,促成学生综合素养的全面提升,成为热爱生活、自信担当、敏思敏行、智慧优雅的积极生活者。

第三节 "乐研花跳"课程：耦合健体韧心归旨的技趣微码

跳绳最早起源于中国，古称"投索""跳索""跳白索"等，民国后才称为"跳绳"，距今已有上千年历史。对于跳绳的起源众说纷纭，有文字的记载出现在隋李百药的《北齐书》卷八《幼主记》，其中提到"游童戏者，好以两手持绳，拂地而却上"，即今日所谓的单人跳绳，由此得知中国北齐（西元550-577）时期即有跳绳的活动。[①]20世纪50年代，胡安民总结出了跳绳的四个基本功，并首创了跳绳"八节操"，公认为花样跳绳的创立者。这种植根于民间的传统体育运动，在历代沿传中不断厘正、革新、完善，满足了不同层次人群的价值追求，如今正以蓬勃的姿态，在国内外广为传播，彰显出强大的生命力。

"乐研花跳"课程根植于"花样跳绳"的基础上，用"玩享"与"研习"两种不同的态度与校本课程发生耦合碰撞，既迎合了大众学生的趣味需求，同时又满足了少数学生竞技层面的探索与挑战心理。同时，花样跳绳运动的健身价值、娱乐价值、竞技观赏价值等得到大众的普遍认可，且与我校"儿童积极学习生活"的理念不谋而合，因此"乐研花跳"课程的开设对开发我校学生智力、提升身体素质、强化心理韧性大有裨益。

一、以"乐""研"为体验过程的"健体韧心"目标

1."快乐"推动下的兴趣吸引——始于"健体"

用快乐的氛围唤醒学生的内部学习动力。儿童心理学之父[瑞士]皮亚杰在《儿童的心理发展》一书中指出：兴趣是在需要的基础上，因为满足我们的需要所以才会对之产生兴趣。[②]因此，趣味性是构建花样跳绳校本课程时首要贯彻的目标，方法上要择取寓教于乐、寓智于趣的手段。根据学生年龄段、认知和技能水平的差异性，从运动与音乐的融合、人与绳的互动、动作设计的趣味创意程度出发，令教学过程更具娱乐性和感染力。学生在校园内与友伴们悦动着双脚，韵律带动着双臂，欢快的脚尖与地面共谱着童年的乐章，试想，这就是最美好的教育，最快乐的教育。这也是"乐研花跳"课程想要达成的最根源、最朴素的初始目标：在快乐中得到锻炼，在放肆的玩乐中收获健康。

---

① 陶冶. 中国民间儿童游戏系列·之二跳绳[J]. 民俗研究, 1993 (3)：96～97.
② 波伊尔著. 王晓平译.基础学校[M]. 北京：人民教育出版社, 1998.

2."钻研"过程中的挑战吸引——止于"韧心"

用难度的递增挑战学生不屈的心灵。"乐研花跳"课程爬坡式的内容选择从易到难，从单人到多人，从短绳到长绳，从面向全体学生的基础技术到校队高难度的组合套路，满足了学生不断过关闯关、不断挑战自我的心理诉求。学生结合自己的爱好和能力，无论是止于该水平阶段的技术难度，还是一步步地挑战自我，走进花样跳绳社团，甚至成为花样跳绳校队的一员，每一个层面都能在不断地磨合探索过程中强化身心，坚韧意志。

二、"乐研花跳"校本课程微码构建

"乐研花跳"校本课程是全方位考量学校实际，量体裁衣、自动自行，视跳绳为主要载体内容进行设计、构建的个性化体育课程。本文引入数字化微码的概念，视教育为一个整体育人系统，"乐研花跳"课程作为一项"微码"既归附于整个系统内，同时又具有相对的自由度，并能不断升级调整，兼具独立性和服务整体性，从而可以实现不断的自我完善，发挥育人作用。

1.脉络状的动作内容构建

从小学生学习规律与成长特征出发，以健体为核心，以韧心为诉求，结合小学体育教学特征开发和构建课程内容。针对小学阶段学生年级的攀升，运动能力和身心的不断发展，设计的技术难度也会相应提高。因此课程内容依照——六年级不同水平阶段进行编排，习练方式由单人绳、双人绳向长绳逐渐过渡，技术难度也由简单向复杂由浅到深，整体呈现脉络状和阶梯状，从而便于学生掌握和接受，并最终实现系统化和规范化的要求。

2.指向性的动作评价方案

"乐研花跳"课程与我校敏求文化和石榴娃形象相契合，每个动作以"敏敏"的石榴娃卡通形象进行动作要领的分解教学、挑战要求的提出和评价标准的判定。且评判主体设置了学生主体、同学友伴、学生家长和体育教师四个层面，优秀获得5个石榴花，良好获得3~4个石榴花，及格获得1~2个石榴花。同时为了更好地激励学生，促进学习的积极性，设计了每个动作21天的练习成长阶段，由体育老师、班主任以及家长协同陪伴记录。综合以上因素，制定了《花样跳绳活动评价记录表》和《基本能力练习技术评定标准》。学生的每个技术内容达到了综合评定15个石榴花以上，则该动作过关。为了体现差异性和系统性，学生在超前完成本阶段的目标后，可以提出并领取下一阶段目标的学习内容，时刻满足能力较强者的学习需求，因此评价方式也随机应变，对此类学生做出肯定、积极的评价和奖励。

3.兼容感的吟诵文化传递

"乐研花跳"课程的目的不仅在于技能的传授,更在于立德树人。课程的开展应着力于育人功能,淡化金牌意识,努力营造校园绳文化、绳精神等德育、美育观念,有意识地把文化价值渗透到日常的课程开展中。

用音乐舞动旋律,以吟诵传递经典。音乐是花样跳绳中十分必要的元素,为花样跳绳的趣味性和欣赏性起到了催化剂的作用。"乐研花跳"课程不仅融入音乐元素,还将"古诗词"与"传统文化经典"等编排成吟诵内容,让孩子在跳绳中手、脑并用,在吟诵中领略传统人文精神,母语教育的沁润带动花跳的节奏,与吟诵内容相结合,展示传统文化的教育魅力,共同继承和弘扬中国经典里的好声音。

4.包容性的同类项目融合

花样跳绳之所以区别于单一的跳绳运动,就在于"花样"繁多。为了能够抓住学生的长期兴致,并令运动更具观赏性,可以融合体操、武术、舞蹈、拳击、街舞、技巧等多种体育运动元素,使相对程序化的花跳技巧更有吸引力,且极具观赏和快乐运动价值。包容性的同类项目与花样跳绳的融合,往往能够给学生带来极大的视觉冲击和过程体验。这就需要教师有较强的创新能力和综合体育素养,建议教师灵活编排内容——"多样性"体现"激励性",改进学习方式——"问题"体现"创新性",使用多种教学方式——"活动"体现"娱乐性"。

三、"乐研花跳"校本课程实施途径

1.体育课堂基本技术学习——趣味课堂

体育课是学生习得跳绳技术的"主阵地"。体育教师应全力关注跳绳的基本功教学,重点对动作的重难点进行把握,认真督促学生对动作进行练习,手法配合步法、跳法的变换等。跳绳本身就是体育课的重要教学内容,《国家学生体质健康标准》中明确提出了不同水平阶段学生应完成的标准,且跳绳已被纳入国家推广的"亿万学生阳光体育运动"项目之中,因此,体育课堂强化跳绳运动的教学也是应有之义。为了强化跳绳教学而又不挤占其他内容授课时间,可以采用模块替换的方式,比如将跳绳活动引入到准备活动里,或者将配合音乐旋律的低负荷花跳动作作为放松部分的内容。将花样跳绳融入体育课程中去,可以丰富教学内容,弥补传统模式忽略的,激发师生积极主动的创新意识,达到新课改期望的体育目标。

2.大课间凸显校本特色——动感培育

大课间是花样跳绳魅力展示的"大舞台"。大课间是全校师生在同一时间组织的体育活动课,面向全体师生,虽组织起来较为困难,却也是学生得以锻炼和展示花样跳绳成果的最好方式。要充分发挥大课间的作用，应从以下几点入手：(1)科学合理地预设大课间流程。我校花样跳绳大课间首先安排的是五分钟的单人韵律绳操，然后是编排的单人、两人组合花跳动作，最后是多人的集体长绳练习。(2)队形的变换迎合场地的空间尺度。不同学校的有效利用场地大小不一，跳绳又需要一定的空间，因此需要精密的计算与权衡。(3)调动班主任的参与积极性。每学期按照计划安排两到三次跳绳比赛，每次比赛规定统一的比赛内容，组织各班级参加比赛，最后按总成绩进行班级排名，给予表彰，增强师生的学习动力。

3.社团课挖掘技术纵深性——优秀吸引

社团课是用花跳吸引学生的"中转站"。社团课是学校的特色项目，是为了落实立德树人的素质教育，很多兴趣爱好相投的学生自主选择内容，采用自愿报名的方式，开展的一项面向全校学生的课程。部分学生经过体育课和大课间的积累，除掌握基本的技术动作以外，且具备了自主练习的能力和水平，并希望能够获得更高难度挑战自我的机会。花样跳绳社团为这些学生提供了很好的平台，挖掘花跳技术的纵深性，设置难度相对较大的动作，并不断激励学生对动作的钻研与创造。对社团中表现出彩，且有发展潜力的优秀学员，可以进一步作为培养对象，在自主选择的前提下，推荐给校级花样跳绳队，在那里继续接受更加严格和系统的磨炼。

4.花跳校队彰显校本课程成效——榜样引领

学校花样跳绳队水平代表了校内的花跳技术的"最高峰"。花样跳绳校队体育运动以跳绳为介质，为学生提供身体健康锻炼，激发学校学生对花跳的兴趣，给予学生在活动中发现和发展相应技能的机会，培养其责任感、成就导向和竞争意识，是展示校本课程成果的重要载体。校队的主要展示平台：学校各类文艺活动、运动会开幕式等团体操展示；各种级别的比赛为学生提供了在课外发展和展现他们技能，尤其是身体技能的机会。榜样的力量是无穷的，尤其是小学阶段的学生，当看到技艺高超、花样繁多的精彩表现时，会在不自觉中产生仿效心理，激发内在的上进热情，从而落实到行动，进而强化锻炼的自觉行为。

第四节 "绘阅"课程：实现审美素养的提升

"书市阅读+"小课程群建设是我校特色文化建设项目《积极教育视域下儿童"书市"小课程群的动态建构》中的一个重要子项目。它意图打破原有学科单兵作战的僵局，突破学科边界，打开活动育人的时空结构。

美术学科如何实现这种融合呢？我们意图设计"绘阅"课程：

一、研读教材，寻找与"书市阅读+"的契合点

《美术课程标准》中指出美术要关注文化与生活，美术是人类文化的一个重要组成部分，与社会生活的方方面面有着千丝万缕的联系。[1]所以在各年级美术教材中本身就有很多内容都是与语文学科、与生活实践有着紧密联系的。借助这一契合点，通过这种由文入画，以画解文的形式，可以与学校课程"书市阅读+"等相融合后再进行教学。

如二年级的《想想说说写写画画》，主要是根据语文课中低年级学生的写话内容，进行字与画结合的形式来表现孩子们的所思所想；四年级的《图画与文字》，则是追溯图画与文字之间历经千年的渊源；《儿歌与童话》是为从小到大陪伴着自己的童谣、童话配上一幅心中插画；五年级的《作文插图》《我设计的图书封面》《我做的图书》《藏书票》《广告和招贴画》《寓言和神话》《诗配画》等等都与"书市阅读+"有着千丝万缕的关系。有的是通过反复阅读古诗后呈现出一幅自己大脑中定格的场景画；有的是为自己的藏书设计一枚独特的藏书票；还有更多的课程则是为自己喜欢阅读的书设计有个性的封面；为"书市"活动设计一次海报……

二、融合创生，延展优设计的魅力值

除了小学美术课程标准中提出的美术学科要与其他学科相联系，学会美术学科与其他学科融会贯通的方法，提高综合解决问题的能力之外，小学语文课程标准中也指出了学生在阅读时能初步感受作品中生动的形象和优美的语言，关心作品中人物的命运和喜怒哀乐，与他人交流自己的阅读感受。所以，在美术中渗透阅读能丰富美术作品内涵，在阅读中融入美术能让阅读更有情趣。

如苏少版五年级教材《广告与招贴画》主要是在了解广告和招贴画具有海报宣传功能的基础上，掌握图形、色彩和创意的巧妙搭配，为学校或社区的各类活动设计广

---

[1] 《义务教育美术课程标准》2011年版[M]. 北京：北京师范大学出版社，2012.1:3.

告招贴画。抓住这节课的作业要求，正好可以结合学校"书市"课程"阅读+"推荐的不同阅读书目为题材来展开教学。通过课堂教学，学生对海报的功能与设计有了了解后，根据班级之间的差异，每个班分配一个不同的年级主题进行海报设计。低年级的海报宣传设计可以让平时操作能力比较弱的班级负责，高年级的则可以让平时操作能力比较强的班级负责。最后，在班级中由大家推选出最优秀的作业画在比较大的素描纸上，并贴在各年级长廊处进行宣传。这样联系实际的课堂教学，激发学生的竞争意识，提高了学生的绘画水平；更让学生直观地感受到了招贴画起到的广告作用，感受到了美术与生活之间实实在在的联系。

设计一个引人注目又具有个性的封面，它既能暗示书的内容，又能让人产生美好的感觉，给阅读增加乐趣。这节课正好可以放在《广告与招贴画》之后。根据之前年级推荐的阅读书目，深入阅读与学习后，在对这些书籍内容非常熟悉的基础上，先给自己喜欢的书籍定好风格，然后结合书籍特点再来进行封面设计。可以从"文本人物""文章主线""重点场景""作者意图"等方面来绘作。图①是一个男孩的作品，整个封面设计体现出男孩子的风格特点。大片深浅不同的蓝色不但突出了大海的色彩特点，更体现出了大海神秘的特性，与书名《海的下面》完美地联系了起来。点缀性的红色眼睛与黄色椰树又打破了大片蓝色的单调感，起到了丰富画面以及画龙点睛的作用。图②一看就是个女孩的手笔，红色的色调与从小到大的图片不但突出了书名《成长日记》，更是给人一种成长中蓬勃向上的朝气。以蘑菇为元素的《蘑菇街》构图饱满，主次分明（图③）；朦胧饱满的《优雅樱花》封面利用炫彩棒的特性表现出了一种神秘优雅的气息……正是有了前期对书籍全面深入的阅读理解，才会有如此生动的画面感。通过这样的学习，更能让学生感到学科之间是互通的，是没有分界的。只有互相融合渗透，才能绽现出最美的风姿。

图① 海的下面 　　　　图② 成长日记 　　　　图③ 蘑菇街

三、开设学生社团，孕养生活化的绘阅场域

通过美术课堂中一系列的与阅读、与生活相渗透的教学后，孩子们就像是打通了任督二脉一样，时时刻刻会不由自主地把两个学科相融合。在课间，总有孩子拿着自己

的得意之作跑过来："老师，这是我给我的作文画的插图，帮我看看好不好？""老师，这个是我看的科幻书中的机器人，帮我看看怎么才能画出它威武的感觉？"这些同学绘画能力比较强，又有着浓厚的兴趣，如果根据他们的兴趣进行系统化的练习，是否能让阅读通过美术的形式焕发出另一种魅力呢？基于这个想法，通过美术与语文组的探讨之后，学校决定利用敏求社团平台，开设了三个社团，分别是绘图绘意组、纸上书市组和名著再现组。这三个组的学生既有较强的绘画能力，又对绘画有着浓厚兴趣。

1.绘图绘意彰显童趣

绘图绘意组主要针对低年级学生，结合低年级语文中的写话内容，让学生用简单的画面与一两句话结合的方法通过绘本的形式表现出来。通过这种方式，学生能自由自在地把自己平时的所见所闻，所思所想通过画笔表现出来。低年级的孩子天真烂漫，正是对周遭事物感到新奇的时候，他们的关注点很特别，也很细致，与成人的世界完全不同。在他们的画笔下，生活中的一个小细节、一个小发现、一件小事情都跃然纸上，并充满生活的乐趣与稚拙的童趣！绘图绘意组的开设，对孩子来说，不但能提高自己的绘画能力，记录自己生活中的点点滴滴，更是一种无声胜有声的情感叙述。

2.纸上书市链接生活

纸上书市组主要针对中高年级学生，结合学校原来的纸立体手工组，通过对"书市"系列活动的参与了解，用纸立体造型的形式把"书市"活动时的情景再现。纸立体造型的创作有一定难度，所以，平时的素材采集非常重要，对于学校每次组织的活动，学生都能积极参与，并用照片与速写的形式记录下来。在此基础上，教师还要指导学生根据素材再进行重新设计、组合，通过夸张、添加等方法把校园"书市阅读+"热闹的场景艺术化地呈现出来。整个创作过程先以小组为单位，进行难易搭配。基础比较强的同学主要制作人物，基础比较弱的同学制作道具背景，然后组合在一起形成小组组

图④ 纸立体

合。最后，每一组再三三两两、疏密有致地组合在一起，通过校园景色的背景点缀形成一个校园大场景。通过这样从观察到创作，从单一到整体，从简单到丰富的创作过程，不但让学生学会观察、学会创作，更让学生感受到小组合作的力量与魅力及阅读对大家产生的变化与提升。

3.名著再现传承文化

名著再现组则是立足于高年级的学生。从低年级到高年级，通过"书市阅读+""敏敏伴我读""阅读储蓄"等系列小课程活动，在学生亲历"书市"的过程中，激发阅读的

兴趣，增强阅读的深度。阅读名著对高年级的学生来说是一种日常的生活方式。所以，名著中的经典形象早已镌刻在他们心中。通过名著再现的平台，运用以线描为主的表现形式，让他们把心目中的英雄淋漓尽致地表现出来，正好迎合他们的需求。

《西游记》是小学阶段孩子们比较喜爱阅读的名著之一，也是他们最熟悉的名著之一。孙悟空、猪八戒、唐僧……从小陪伴着他们长大。熟悉的形象在学生的手中，即使只有简简单单一支勾线笔，也能将人物生动的表情，流畅的线条，飘逸的衣服通过黑白灰的色调表现得趣味盎然。

通过前期对《西游记》单个人物的创作表现后，孩子们不管是在形象的设计上，线条的勾勒上，还是黑白灰的组合上，都有了一定的基础。在此基础上，将西游记中的人物用故事的情节表现在长卷上就更有画面感了。于是，长达8米的《西游记》长卷就诞生了（图⑤）。长卷中形象生动的人物、造型夸张的动作、丰富细致的神情，疏密有致的组合不但展现了名著再现组学生们深厚的线描功底，更体现了学生们对名著长期阅读后形成的深度。

图⑤ 西游记

除了《西游记》之外，《水浒传》中的人物也是学生心目中的英雄，武松、时迁、鲁智深的故事脍炙人口。这些水浒人物同时还出现在了五年级语文教材中。学生们在语文课上对水浒人物的背景、生活经历有了深入了解之后，《水浒》人物系列就出炉了。水浒人物系列还是运用一支简单的勾线笔，但是画在了传统的宣纸上，再染上一点点深浅不一的颜色，一种不同于纯线描的古朴韵味就扑面而来了。类似于漫画式的人物形象更是打破了原有国画中严谨的人物造型特点，如此表现形式更适合这个年龄段学生。

通过这样系列性的课程活动，系统性的课程学习，既注重了学科之间的相互渗透，又加强了社团活动的层级设计，有效地把学习任务难度分层，从而达到了审美情趣与阅读情智的双赢体验。学生能通过阅读让自己变得更智慧，通过绘画让自己变得更美丽，通过与生活的实际联系让自己具备核心素养的能力。

第五节 "小农人"课程：基于种植活动的生命教育

冯建军在《教育即生命》一书中指出："教育要回归其生命的本性，在起点上，直面人的生命；在结果上，促进生命的成长，追寻生命的意义和价值，提高生命的质量。"教育就是一种生命的关怀。近年来，笔者通过校园种植课程的设置，为学生创设一种积极的学校生活，力求让学生在课程活动中感受学校生活的美好，在课程活动中体验幸福感，并唤醒他们内在的潜力，实现更高的自我价值。

一、"小农人"课程的建构初心

最初"小农人"课程的建构是基于本人任教的班级现状之上的。当时刚接手五年级的一个班级，就听说这个现状不太理想，成绩、比赛、纪律等各方面都落于年级之后。一周接触下来，我确实感到他们能力不足，做事比较被动，安于现状，没有上进心，缺乏集体荣誉感，上课心不在焉，多余的精力都用在课间追逐打闹上了。

改变班级面貌需要一个契机。第二周午餐时间我给学生分菜，宿琪惠说："老师，我要添菠菜。"我说："不对，这是小青菜。"过了两天，又有个男生把包菜认成了白菜。还有更多孩子在不知菜名的情况下直接指着说要添哪一个的。一节品社课上，在与学生讲述童年经历时，我不由回忆了自己童年时春天挑野菜、摘马兰的情景，自问自答到："你们认识野菜吗？我们这里也叫荠菜。"学生集体摇头。"那么马兰呢？""啊，我知道，吃过，凉凉的。""那你们知道吗？秋天马兰开白色带一点紫色的小花……"又都摇头。我继续讲，讲夏天到地里摘黄瓜、偷甜瓜；秋天在地头烤红薯、捡稻穗……这些脱离农村生活的孩子听得两眼放光。课后，张涵宁对我说："老师，你说的那些我们都没经历过，真好玩，要是我们也有机会到地里去体验一下就好了。"

二、"小农人"课程的实施过程

1.开辟"开心农场"

有梦想，为什么不去实现它呢？校园这么大，就让我们在校园里开辟一块菜地吧。我的想法得到了大家的一致同意。在校领导的关怀下，在热心家长的帮助下，在全体同学的共同努力下，9月底，属于五（3）班的菜地建成啦！

自此，孩子们有了自己的实践基地。那么种些什么，怎么管理呢？班级讨论会上，大家畅所欲言，决定分组进行，采用小组承包制，确定组长、明确分工。小组集思广益，分别命名为："梦想绿舟""绿色新语""绿之韵"和"百菜园"，班级取名为"小农人"中队。

2.分享种植体验

于是,一场种植行动如火如荼地展开:没有种子,孩子们委托家长购买;没有工具,自己去超市购买;没有经验,孩子们就请来了自己的爷爷奶奶现场指导。

在家长志愿者的帮助下,孩子们学会了细耕土地,均匀播种,区分菜苗和杂草,知道拔草要除根,知道了浇灌小苗要用喷壶,浇水宜早晨和傍晚进行,也认识了各种蔬菜,了解了蔬菜的生长过程,学会了收获的技巧。

大家每天最盼望、最开心的,莫过于大课间,在其他班级同学羡慕的目光中欢欣雀跃地去菜地劳动了。大家拔草的拔草,浇水的浇水,收菜的收菜,成了一个个开心小农人。

在菜地日记中,孩子们分享了劳动的乐趣:"今天大课间活动,老师允许我们去菜地看看。我们如同一群小鸟一样飞奔向菜地。前几天下雨,我已经好几天没进菜地了,不知道小苗长得如何?心里很是牵挂。来到菜地,只见经过雨水滋润的小青菜们挺直了身子,似乎又长大了许多。再看看小红萝卜,一个个圆脑袋藏在绿叶底下,好像很害羞的样子。茄子姑娘穿着紫色的衣裳,别有风情。……我看着每一棵菜都那么喜欢,真是不想离开这里啊!(谢潇仪)"

苏联教育家乌申斯基说过:"教育不只是要发展人的智能,教给他一定的知识,而且还要点燃他们渴望从事辛勤劳动的火种,否则,他们的生活就会既没有意义,又没有幸福。"种植活动虽然辛苦,但是孩子们从中获得了价值感和幸福感。

3.收获生命成长

菜地欣欣向荣,班里的这些孩子也像小苗那样,向着积极的方向悄悄成长着。

小虞同学原来是迟到大王,在学习上作业拖拉现象比较严重。自从成为"种植小达人"后,为能多参与活动,主动申请每天早上到菜地捉虫的任务,摘掉了"迟到大王"的帽子;为了傍晚还能参加菜地的浇水劳动,一改往日懒散拖拉的习惯,连课间都抓紧时间完成学习任务。小组成员也主动给小林提供学习上的帮助,好让他傍晚能参加小组活动。

小谢同学刚转进本班,父母离异,家人对他关心不够,所以性格上比较孤僻。但是每次在种植活动中,他却表现得很活跃,凭借在乡下和爷爷一起种菜的经历,分享经验,干活麻利。渐渐地,他与同学开始交流种植的话题,手把手地教其他成员种植的技巧,教大家区分杂草与菜苗。没过多久,他就成了公认的种植小能人,在他的脸上,又展现出久违的笑容。

种植组长是学生推选的,但都是班干部,在种植活动中,他们需要给组员分工,需要协调工具、种子的准备,需要带领组员开展活动,这一角色赋予他们更多责任,也让他们变得更忙碌了,但他们也在这样的忙碌中培养了领导能力、协调能力,在组员中树立起威信。

在开展种植活动的过程中，不同小组间难免会发生一些矛盾：谁踩了哪一组的菜苗啦，谁借了工具没还啦，谁把拔下来的杂草扔过来啦……这时候，我不仅是救火队员，更重要的是引导他们如何处理这些问题，比如进入菜地一个跟一个，不可超越；比如设立工具箱，每组的工具分开摆放；比如拔下的杂草统一堆放在一处……但是，我发现，菜地里发生的矛盾远远比在教室里发生的矛盾散得快，大概是因为人处于身心愉悦之中吧。

管理菜地是需要时间的，这就意味着孩子们要学会合理安排时间，及时完成学习任务。因此，课间玩闹的少了，安心学习的多了。为了"挤出"多一点的时间去菜地，连一些"调皮蛋"都收敛了本性，学习更有效率了。菜地活动的开展非但没有影响学生的学习，反而促进他们学会了时间管理，一切正向着积极的方向发展。

三、"小农人"课程的创新之路

刘佛年在《中国教育的未来》一书中指出："学习能力和创造性的培养将成为基础教育的重要任务。"种植活动的开展无形中培养了孩子们的创造力。"小农人"们在种植活动中需要不断探索、发现问题，还要靠他们自己的力量创造性地解决问题。

1. 除虫方式的改进

随着天气的转暖，随着菜苗的长大，各种害虫也盯上了这些肥嫩的叶子。孩子们坚持无公害种植，那么只能手动捉虫。这项任务就落在了几个大胆的男孩子身上。他们发现，早上有露水，太阳没出来的时候，是害虫们最活跃的时候，它们会爬到菜叶上来，等到太阳出来，又会躲到叶子背后，隐没在泥土表面。所以，早晨是捉虫的最佳时机。

秋天的时候，菜地出现大量蜗牛，有没有简单的办法来除害呢？"百事通"冯亦翔说："蜗牛怕盐，可以撒盐试试。"于是孩子们在田埂上铺上一层薄膜，上面撒上盐，一个晚上下来，果然在薄膜上僵死了许多蜗牛。

除草也是累人。气温一高，杂草长得飞快，都来不及拔。后来，有同学去乡下，发现农民种独棵的茄子、青椒、黄瓜等，都是在土地上铺上塑料纸，只露出种苗，这样既可以保暖、保湿，也可以阻止杂草疯长。于是在下一次种植时，很多小组采用了这种方法，果然省事不少。

2. 浇水方式的革新

菜地开辟之初，孩子们要从厕所拎水去浇，一个来回一百多米，可把孩子们累坏了。菜地虽然临河，但是有高高的围栏挡着。有一位热心家长帮忙安装了手动水泵。这一新式武器能把河里的水压上来，这样就不用去厕所拎水了。但是不久，水泵里面的零件老化，河水也经常发臭，学校出面安装了自来水，这下方便多了。可是每次浇水，每组还是要出两三位同学，拎水过程中摇摇晃晃的，经常有同学变成"落汤鸡"。我又请总务处的老师买来一根水管，手把手教他们如何浇水，捏紧管子口，就可以让水喷射到很远，然后水平晃动，水流就会蛇形喷出，提高浇灌面积。这下好了，每次浇水，两人就可以把整块菜地的浇水问题解决了，大大提高了浇水效率。

浇水的问题解决了，可是思考的脚步没有停止。有一天，英语老师分享自己的种植经历，说到自己半年没去住的房子里，阳台上的植物依旧绿意盎然，孩子们好奇，想知道原因。英语老师说是用了自动灌溉系统。这对学生来说，是个新名词。马上网上展开搜索，原来现在自动灌溉已经走进普通家庭，可以手机操控，可以定时，十分方便。经讨论决定，我们的菜地也引进这项技术。可是资金从何处来？班长建议可以卖废品集资。好吧，就这么行动吧。两周后，我网购了设备和管线，在学校电工的帮助下，和学生一起安装好这个自动灌溉系统。当阀门开启，多个喷头同时喷水，旋转喷头，可以调节水量。孩子们围着喷头，伸出手感受水的清凉，也感受到了科技的神奇。

3. 种植方式的创新

浇水的麻烦解决了，种植活动一路走来，孩子们确实感觉到农民的辛苦，耕种的不易，连在用餐时的挑食和浪费现象都少了。在一次班队课上，我让学生来说说种植体会。有孩子说："去菜地活动虽然开心，但是长时间蹲着也挺累的，而且那草永远拔不完似的。"有孩子提出："农民种的地多，肯定更加辛苦。""那有没有更简单的种植方式能把人从繁重的劳动中解放出来呢？"我把问题抛给学生。——"可以水培！"

于是，我们在教室外走廊开始了水培种植实验。大家先从家里带来废旧塑料瓶，剪开做成容器。如果用传统的种植方法，泥土容易把地面弄脏，所以要用别的材料代替。经过实验，发现棉花吸水、透气，还容易拆分，又环保，用来做土壤最合适。学生自制的容器也五花八门，其中有一款最科学，饮料瓶一分为二，上面的一半倒置于容器中，里面铺上棉花，浇上水，撒上种子，多余的水会从瓶口流出，还透气。这些五花八门的简易种植器在教室走廊窗台上放一排，放不下的走廊靠墙放一排。接下来，就是等着种子发芽了。

六年级9月开学接连下雨，有学生在走廊玩水，我提议，把雨水收集起来，可以浇灌用。孩子们又展开奇思妙想，在阳台上搭建雨水收集器。马程浩和鲍浩翔合作，他们发明的简易雨水收集器最有特色，随着研究的深入，从低版本1.0一直升级到高版本5.0。

一周之后，孩子们种植的蔬菜都陆陆续续发芽了，但是在经历了短暂的欣喜之后不得不面对失败的现实，经研究发现：由于缺乏营养，蔬菜们在长出第三四片叶子的时候叶片开始发黄；由于缺乏空气流通，闷在塑料瓶中长出的根很容易腐烂；如果不及时换水，水质也容易发臭；要是周末将蔬菜种植盆遗忘在走廊，遇上太阳，水分马上蒸发，蔬菜更是难逃厄运。

虽然实验面临失败，但是孩子们并不灰心，有了之前网上答疑的经验，马程浩同学又找到一个新办法：可以直接购买一个阳台水培蔬菜种植器，他看了网上的说明，简单易操作,而且蔬菜成活率100%。这个想法得到了大家的赞同。资金还是老办法筹集。

一周之后,网购的蔬菜种植器就来到了我们教室。孩子们自己研究说明书,自己动手安装,加水加营养液,将种植器中发芽的蔬菜移植到专用容器中。给蔬菜宝宝们安了新家,储存的水也得到了有效利用,孩子们也感受到了新科技带来的种植新体验。

朱永新说:"学生的大脑不是空荡荡的容器,而是一口蕴藏着丰富水源的深井,教师的使命正是要引导学生挖掘这口井,让每一个学生都成为一口知识的泉水喷涌而出的'井'。"在探索种植新方式的过程中,孩子们的灵感产生交织、碰撞,他们的创新能力令人惊叹。

四、"小农人"课程的公益之路

每到蔬菜收获的时候,是孩子们最有成就感的时候。收了菜怎么办?当然是做成菜分享最开心。住得近的热心家长做成大蒜炒肉丝,做成清炒南瓜,午餐时送过来。虽然菜少人多,每人只分到一点点,但是孩子们吃得津津有味。吃得不满足,有孩子问:"可以拿回去和家人一起分享吗?"给谁好呢?有孩子提出:"我买!价高者得!"

那就干脆成立一个爱心基金吧,把卖菜所得都放到这个基金里面。不过菜卖的还是良心价、市场价,轮流买回去和家人一起分享。家长反馈:这是孩子们的劳动成果,无公害纯绿色,非常好吃。

又过了一段时间,孩子们已经不满足于自己分享了,要是有更多的人能分享到自己的劳动果实,要是能把自己亲手种植的蔬菜推销给更多的人,不是更大的成功吗?我支持他们的想法。于是,每天傍晚,就有一支卖菜小分队在校门口向来接孩子的家长们推销自己的蔬菜,每当他们将自己的所得存入爱心基金时,脸上总是难掩自豪之情。

爱心基金的钱虽然不多,但都是孩子们的血汗钱啊!怎么使用呢?如果只是用在班级里,意义似乎不大。有孩子提出,不如用来做好事。此时,我得知天一实验学校有个孩子得了急性白血病,需要大笔治疗经费,经过讨论决定:把爱心基金的所有钱都捐出,另外,有一批孩子愿意拿出自己的压岁钱来帮助那位哥哥。

当我给孩子们读患病孩子家长的感谢话语时,有的孩子热泪盈眶。后来,我们还利用综实课制作了发饰,在校内开展了爱心义卖,这一次,我们把义卖所得捐给了广西壮族自治区一个山区学校的孩子,给他们购买了一批图书,作为儿童节的礼物。我们还以班级的名义给那里的孩子写了一封信,希望他们多读书,好好学习,长大用知识改变山区面貌。小爱心汇聚大能量。

"走出现代教育的'异化',回归教育的本真,把'生命'还给教育,使教育基于生命,生命融入教育,最终使教育成为生命的诗意'栖息地'。"我组织学生开展种植活动,实践生命教育,在积极的学校生活中,学生提升了生活能力,丰富了精神生活,在潜移默化中获得了生命的成长。

第六节 整体编织：学科课程的特色拓展

"朗朗有声"：语文学科的特色拓展

现今学校教育注重以活动的方式来推进学习，可不难发现，这些活动往往丰富却零散无序，有趣但无经验生长，没有多大效果。优秀吸引的儿童积极学习生活倡导持续激励、综合编织的爬坡式意向性活动，在活泼的激励机制下，学生与其伙伴不断参与体验，循着各自的生长路径努力向上。对课程活动进行整体化设计，过程中应刻意设置需要伙伴介入的合力协作的活动环节与步骤并建构持续激励的机制，而活动本身是丰富多彩的，有意义且有意思，让每一个学生都有生长的可能，都能从原点到远点，持续发展。

它有以下应然样态：

1.清晰的整体建构

学习是引导学生从原有经验出发，生长起新的经验。在整个学习的过程中，学生不是简单被动地接受信息，而是根据自己的经验背景，对外部信息进行主动地选择、加工和处理，自主地建构知识的意义。持续激励的爬坡式意向性活动不同于一般的学习活动，在关注学生自主建构的同时更注重建构的整体性。这种整体性主要表现在三方面，一是学习内容的完整性、联结性、迁移性；二是学习过程的系统性、连贯性、深刻性；三是学生学习能力的持续性、发展性、延伸性。具体而言，它是一种基于学习内容的内在系统关联，通过结构化的学习方式，帮助学生完善认知体系，发展基础学力，提升学科素养，培育健全人格的学习活动。它着眼整体，着重联系，着力发展，为学生的学习蓄力储能。

2.开放的玩家体验

现代心理学之父[瑞士]皮亚杰说："所有智力方面的工作都要依赖于兴趣。"兴趣是最好的老师，对于学生来说，只有他感兴趣的东西才会使他产生学习的欲望和动力。持续激励的爬坡式意向性活动秉着孩子爱玩的天性，让学生以"玩"的心态参与其中，不断激发其内驱力，从而产生强大的学习动力，实现自我成长。在整个"玩"的过程中，没有强制性的要求，没有束缚的条条框框，学生根据自己的兴趣和需求，自由地选择学习内容、自主地决定学习方式、自发地展开学习活动。在这样一种完全开放的学习场域中，学生获得了充分的体验，潜能被完全激发，思维被最大化激活，心智越发成熟,人格越发健全。

3.适切的伙伴介入

合作是每个人必备的一种能力,尤其是当下知识经济时代,高科技的飞速发展和竞争的越加激烈,合作意识及能力显得更为重要。《国务院关于基础教育改革与发展纲要》中也明确指出:"鼓励合作学习,促进学生之间的相互交流、共同发展,促进师生教学相长。"因此,合作学习成了新课程积极倡导的一种学习方式。它是让学生在轻松、和谐的氛围中主动学习,相互交流,合作竞争,创造想象,和美共进的一种学习。它有力促进了学生个性化发展,着力培养了学生自主学习的能力,提高了学习成效。持续激励的爬坡式意向性活动在这种合作学习的基础上更注重同伴的介入。因为伙伴是所有儿童成长过程中不可缺少的,几乎所有儿童都渴望年龄相同或相近的伙伴,他们对同伴的文化特别遵从。在活动中具体表现为两个方面,一是当学生自身遇到学习困难时,会自觉自主寻求伙伴帮助,表现出一种积极样态。二是当学生自己成为学习优秀者时,会自发自然地帮助需要帮助的伙伴。有了同伴适时地用合适的方式在恰当的场合介入,合作学习更有意义了。

4.活泼的激励机制

第斯多惠说过:"教学的艺术不在于传授本身,而在于激励、唤醒和鼓舞。"激励能调动学生学习的积极性,发挥其内在潜力;能增强学生的信心,实现自我价值。有了激励机制,学习活动就能够让学生不断地、深入地参与。但是,学生在参与活动的过程中持久性不足,同样的模式之下,学生摸透了学习活动规则后,他的新鲜度就会降低,影响他的深度参与。这就需要激励机制有变化,有吸引力。现在很多老师也充分

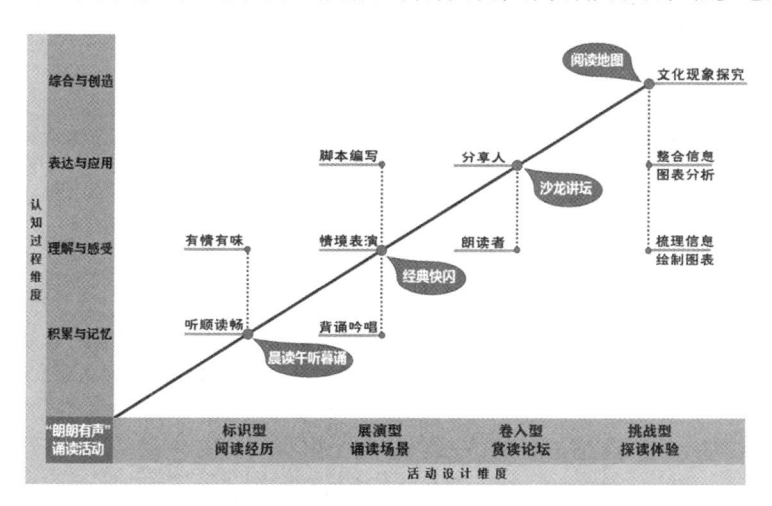

图⑥ 持续激励的爬坡式意向性活动设计图式(以"朗朗有声"诵读活动为例)

认识到这点，一会儿奖励一朵小红花，一会儿贴一颗星，一会儿又加一个分，能够起到一定的激励效果。但这些激励机制都是外部力量的附着，不是持续激励的爬坡式意向性活动所主张的。持续激励的爬坡式意向性活动关注内部层级生长，更注重将激励引向活动本身。对于学生来说，每一个学习活动都有着由浅入深的层次发展要求，这些要求就构成了学生生长的不同可能性，将这些可能性显性化，成为一种激励的方式，学生的思维力就会意向活动，不被外物所影响，从而使学习走向深处，达到精专。

接下来以学校开展的"朗朗有声"诵读活动课程为例，谈谈如何来设计这类活动。（如图⑥）

一、瞻前顾后，体察儿童阅读经验

美国心理学家奥苏伯尔认为，所有的教育心理学原理可还原为一句话，"学生已知了什么，从这里出发进行教学。"学习就是引导学生从原有经验出发，生长起新的经验。在设计学习活动时，要充分考虑学生认知水平、学习需求与学习能力等，展望学生可能发展水平，审视学生现有经验和可能发展水平之间的差距，找到其生长的关键节点，整体建构生长路径，实现真正意义上的拔节生长。

"朗朗有声"诵读活动十分关注学生阅读的原生状态，即阅读基础和阅读素养。

1.在阅读材料的层级择选中，感知儿童阅读基础

根据学生的身心发展规律，不同学段的学生在认知、理解、思维等方面都有着各自的特点，阅读基础存在着一定的差异。选择阅读材料时应充分了解这些，精心筛选，统筹安排，使得阅读活动更具适宜性和发展性。

如图⑥的"晨读午听暮诵"项目在材料选择时，低年级以通俗易懂，生动有趣的"童谣"为主；中年级以富有情趣、意境优美的"古诗"为主，高年级则以隽永动人、意蕴丰富的"经典诗文"为主。见下表：

主题	低年级	中年级	高年级
春天	春天到 春天到，春天到， 花儿朵朵开口笑。 草儿绿，鸟儿叫， 蝴蝶蜜蜂齐舞蹈。	江畔独步寻花 唐 杜甫 黄四娘家花满蹊， 千朵万朵压枝低。 留连戏蝶时时舞， 自在娇莺恰恰啼。	春（节选） 盼望着，盼望着，东风来了，春天的脚步近了。一切都像刚睡醒的样子，欣欣然张开了眼。山朗润起来了，水涨起来了，太阳的脸红起来了。

即使同是古诗，所选也是不相同。例如，吟诵积累"月亮"主题的古诗，低年级是《古朗月行（节选）》，中年级是《鸟鸣涧》，高年级是《春江花月夜》。

材料的编排由易到难、由浅入深，既尊重了儿童阅读经验，又体现了阅读能力层级

发展。学生沿着这样的生长梯度向上,生得有根基,长得很积极。

2.在阅读活动的序列定位中,发展儿童阅读素养

如图⑥所示,"朗朗有声"诵读活动在设计时分"活动设计"和"认知发展"两个维度,希望通过"标识型阅读经历""展演型诵读场景""卷入型赏读论坛""挑战型探读体验"序列活动,使学生在"记忆与积累""理解与感受""表达与应用""综合与创造"方面得到发展与提高。

这些活动不是随意排列设定的,一方面是遵循优秀吸引的生长路径,另一方面是根据儿童的阅读素养。从一开始刻意设置的阅读经历到最后自发自觉的探读体验,学生由发现赏识优秀到卷入修习优秀再到内生焕发优秀,阅读素养切实得到发展。

比如五年级有个班在经典快闪表演结束后,班内学生对送别类的古诗产生了浓厚兴趣,掀起了研读热潮,纷纷走上讲坛深情吟诵,赏析作品。有的还自行创作脚本,协同伙伴精彩演绎。在分享交流,碰撞融合中,个体优秀衍生到群体优秀,阅读素养有效提升。

二、共情寻源,洞见儿童阅读需求

众所周知,人的行为总伴随着人的需求、情感、意志,人的活动总是由某种需求、目的而引发的,阅读活动自然也不例外。阅读需求是人们进行阅读活动的动力源泉,有了阅读需求,才会为自己提出阅读的目的,形成阅读动机,从而产生阅读行为。

"朗朗有声"诵读活动力求尊重儿童立场,从儿童的真实需求出发,注重:

1.多样性需求下的经典引领

在文化丰富多样的当下,儿童可选择阅读的书籍种类越来越多,网络小说、动漫故事、黑暗童话等层出不穷。再加上不同年龄、兴趣、个性等方面的因素决定了儿童不同的阅读动机和目的,阅读表现出多样性。

怎样来正向引导儿童阅读呢?儿童容易受外界和别人的影响,可塑性强。教师可依据这一特性,在阅读活动中注入经典,利用优秀阅读者的力量和经典文学的影响力来引领。比如在设计"晨读午听暮诵"这一项目时,所选的内容都是经典的诗词和散文。在设计沙龙讲坛的时候,选择了"苦难与成长——《草房子》读享会""走进乌丢丢的世界"等主题。有了经典的引领,儿童阅读形散而神不散。

2.多元性需求下的致用驱动

随着计算机网络、媒体技术的发展,当今社会以网络为主的多种媒介阅读已成为主流。传统方式与现代方式并存,阅读呈现多元化。在这种大环境下,儿童阅读自然也不可避免地涉及网络。在开展阅读活动时,可充分发挥网络优势,让阅读更具实效。

学校每周都会向学生推送"声声动听"节目,这些节目是由学校一些爱好朗诵的

老师录制上传至网络平台的。学生都特别喜欢和期待，因为每次听后都布置一个任务要完成，或围绕一个主题作讨论。如：听了故事《狐狸和葡萄》，老师布置了这样的任务："听了这个故事，你觉得这是一只怎样的狐狸？关于狐狸的故事还有很多，你可以自己去读读。"听了古诗《暮江吟》赏析后，抛出了"你喜欢谁笔下的月夜，为什么？"的话题。这些任务驱动激发了儿童的阅读兴趣，更使儿童不再漫无目的地上网浏览，而是围绕主题深入探究，有效提高了儿童的阅读能力。

3.发展性需求下的欲望激发

读者阅读需求大都不会固定于某一方面，满足某一要求，而是不断变化发展的，内心都有一种潜在的阅读欲望，不断激发他们潜在的阅读欲望，可以变成明显的阅读行动。

在"阅读地图"活动的开展中，学生每过一段时间就会绘制图表，梳理信息。当学生发现自己阅读的足迹越来越广时，就会激发起其更大的阅读欲望。阅读到一定量之后，老师会引导学生进行图表分析和整合信息，随着思维的不断交流、碰撞和激发，学生内心生长出强烈的探究欲望，对自己感兴趣的方面进行了解研究，有对作者生平的，有对地域人文的，有对时代特质的……随着学生阅读需求的不断发展，一张阅读地图在学生眼中已不再简单，它反映着种种文化现象，这样的阅读更显内涵了。

三、集思广益，丰富儿童阅读形式

阅读是从抽象的语言文字中获取信息的过程，是学习的重要方式。但一味地让儿童去阅读，他们肯定会觉乏味无趣。因此，开展各种阅读活动，丰富儿童阅读形式十分必要。

"朗朗有声"诵读活动努力探究"以儿童为中心"的多元阅读形式，打造儿童中央，充分交互的层叠式阅读展示场，激发儿童阅读兴趣，丰厚儿童阅读体验，提升儿童阅读能力，为儿童的终生发展打下坚实的基础。

1.强化思维，读讲结合，阅读有深度

讲述是对阅读对象感知后的个性表达。如果说阅读是思维的整合，那么讲述是思维的创造。相比阅读，讲述更具思维力。阅读与讲述紧密结合，在阅读中引发思考，在思考中深入探究，在表达中提升阅读，使儿童阅读走向深度。

"朗朗有声"诵读活动在每个年级开展"共读一本书"时，每班都成立了小讲坛，让学生上台讲述"我的阅读收获"，有时设定主题，有时主题自定。学生根据主题从吸收内化到辩证思考再到大胆表达，必须反复阅读，对内容了然于心；不断思考，产生问题或想法再度阅读；还需阅读其他相关资料，全面了解……阅读由此深入。另外，小学生渴望与同龄人相处，对同辈文化的遵从已成为小学生急剧转变的追求。让讲述人登上讲坛分享，把学生置于同辈文化的氛围中，敞开伙伴的学习成果，既能让学生产生亲近感，又能在一定程度上促成感染的行为，形成"阅读圈子"，在与伙伴互读互研中,阅读逐渐精深。

2.发挥想象,读画互通,阅读有美感

儿童是天生的想象家,喜欢绘画,喜欢用自己独特的方式来表达自己的认识和思想感情。在阅读活动中,让学生基于文字想象,用鲜活的画面表达对作品语言、情感及意境的感受与理解,能涵养其审美情趣,提高其审美能力,使阅读更具美感。

在上面说到的"共读一本书"活动开展过程中,有年级在读《中国民间故事》时,让学生给自己喜欢的民间故事绘制连环画,如下图⑦、图⑧:

图⑦ 民间故事绘制连环画　　图⑧ 民间故事绘制连环画

一页页图文并茂的连环画是学生潜心阅读,选取故事主要情节;依据文字,展开想象精心构图;提炼情节,配至图画旁边而成。学生在整个绘制过程中积极地读、思、画,充分感受语言文字、故事情节、人物形象等的美,体验阅读带来的美感。

另外,还引导学生对"晨读午吟暮诵"中积累的古诗进行联想,给诗配画,将作品蒙在灯笼上,成为一件精美的艺术品。在艺术的再创造中,学生进一步领悟诗文的言辞美、意境美。这样的美感已不仅仅停留在表面,它直抵心灵深处,闪烁在对真善美深刻体验的无限张力之中。

3.具身体验,读演相比,阅读立体化

表演作为一种教学手段,深受老师们喜欢,时常出现在课堂中。新课标也指出,在阅读教学中,让学生即兴表演,是促进儿童对读物(课文)进行全身心感受的有效手段。将阅读与表演互相联合,让学生把抽象的语言文字符号转化为形象的表情肢体形态,全身感官集体投入到一定情境中,具身体验。一个个文字在学生心中便有血有肉,如人一般立体了起来。

"朗朗有声"诵读活动每两周会进行一次"经典快闪"表演,学生通过诵、唱、舞蹈等多种形式向大家展示自己的阅读成果。比如有班级表演《游子吟》,既有深情的诵读,又有优美的歌舞,还有生动的情境表演。学生身临其境,在精彩演绎中更真切

深刻地感受到了文字的意义，体验到了古诗的意蕴。此时，在学生心中，一首诗不仅是一种情，一幅画，更是一个场景，一个故事，一段人生，丰腴而立体。

四、同声相求，存续儿童阅读效能

伙伴是所有儿童成长过程中不可缺少的，几乎所有的儿童都渴望伙伴，喜欢与伙伴一起学习生活。在相处中，一些志趣相同者还会互相吸引、聚合，形成志同道合的共同联盟者。阅读活动就可利用团队合作的优势，互相取长补短，存续儿童阅读效能。

1.优秀带动

优秀吸引的儿童积极学习生活主张，努力构建一种群体学习的积极场域，为"优秀"创设出一个人人都可以看见的敞开式机会，让潜在的、普通的"优秀"充分展露分享，吸引其他同伴主动靠近、努力进学，促成新的"优秀"生成，以个体优秀带动群体优秀。

就如上面提到的"阅读圈子"，有学生分享完《我最喜爱的书——狼王梦》后，班级内掀起一股热潮，课余读的是它，谈的是它。更有几个男同学自发组成了"狼王梦小组"进行研读，开展读书分享会，绘制情节插图，制作读书手账等，之后发展到阅读其他动物小说，阅读效能在优秀带动下不断延展。

2.项目共建

《国务院关于基础教育改革与发展的决定》中明确指出："鼓励合作学习，促进学生之间的相互交流、共同发展，促进师生教学相长。"因此，合作学习成了新课程积极倡导的一种学习方式。它是让学生在轻松、和谐的氛围中主动学习，相互交流，合作竞争，创造想象，和美共进的一种学习。

在阅读活动中有些项目需要团队合作才能完成，这时候就可充分发挥团队中每个人的优势，使其发挥最大效能。比如有班级进行快闪表演《雨铃铛》，团队成员各司其职，分工合作。擅长写作的，撰写脚本；朗诵能力强的，动情吟诵；善于表演的，演绎情境；喜欢唱歌的，深情演唱；最后精彩的表演赢得了阵阵掌声。合作共建，让活动成效更显著，让活动更具魅力。

3.成果分享

在阅读活动中，阅读效能往往需要通过一定成果来展示。阅读成果展示为学生搭建了有效的阅读交流和沟通平台，在促进学生阅读素养提升的同时，更好地推动了阅读活动向前持续发展。

一般阅读活动都是静态展示，而"朗朗有声"诵读活动更指向于动态展示。学生共读《中国神话故事》一书后，准备通过手抄报的形式分享阅读成果。小组根据每个成员不同的兴趣特长和思维层次进行分工合作，撰写文稿、排版设计、书写美化，除了这些幕后设计者，还有台前分享者，负责把他们的手抄报推销出去。加入分享者推销互动环节，动静结合，阅读交流生动而深切，阅读影响有意而深远。

总之，学习活动是习得知识和能力的必要途径，活动成效如何直接影响学生发展，持续激励的爬坡式意向性活动是一种非常有效的活动。设计时，一定要对活动进行整体建构，找准学生生长点，采用活泼生动的激励机制，激发每一个学生主动参与，在与伙伴轻松快乐的合作中不断向上，实现真正意义上的生命成长。

"益智游戏"：数学学科的特色拓展

"益智游戏"课程是东亭实验小学校本课程对于改革小学教学模式的积极尝试。作为新时代背景下的一种有效教学方式，"益智游戏"课程结合学校积极教育理念，通过合理使用益智器具，积极打造益智课堂，旨在培养学生的数学核心素养，点亮孩子们的快乐童年。

一、益智游戏的教学价值分析

1.立足学科视角：落实核心素养

《义务教育数学课程标准（2011年版）》明确提出了十大核心素养：数感、符号意识、空间观念、几何直观、数据分析观念、运算能力、推理能力、模型思想、应用意识和创新能力。在传统数学教育中，数学学习和教学往往是以考试为导向，而考试主要是解决书面的数学问题，这样的教学模式并不能做到全面培养学生的数学核心素养，也无法顺应新时代背景下对教育提出的新要求。益智游戏课程将传统的课程融入游戏的元素进行教学，是对现有教育方式的一种校本化补充，旨在落实数学核心素养，这也是数学教育始终应当坚持和把握的一条主线。

2.基于儿童立场：激发学习欲望

对学生来说，过多的讲授式教学无法引起学生足够的学习兴趣。所以在教学过程中，适时采取益智游戏教学课程，往往会起到"鲶鱼效应"，激发学生的学习欲望。游戏是儿童的天性，益智游戏让数学的奥妙在"玩"的过程中被逐渐体会，让学生在不知不觉中就接受了教育，在潜移默化中爱上了数学，真正做到了"教育了无痕"。根据我校多年教学实践得出，益智游戏课程对于学生的重要性和价值在小学教育阶段更为显著。

3.面向一线教师：丰富教学资源

既然益智游戏课程对于学生数学核心素养和数学思维品质的培养有着无可替代的重要性，这也对一线教师的教学理念和教学能力提出了更高的要求。益智游戏课程并不提倡让学生漫无目的地自由发挥，游戏元素的融入当然会营造出一种自由的教学氛围，但是教师的主导地位时刻不容忽视。在益智游戏课程中，"游戏"是"知识"的载体而不是教育的最终目标，这就需要教师有意识地将数学知识融入游戏，让学生在游戏中接收数学知识，引导学生树立正确的游戏观和学习观，在游戏的过程中拓展自身思维能力，在体会游戏乐趣的同时吸收数学知识。教学相长，对于一线教师来说，数学游戏课程也为数学学科增添了趣味色彩，丰富了教学资源。

二、益智游戏的教学实践解读

1.低学段：玩转四巧板，创拼七巧板

认知发展心理学认为，2至7岁的儿童正处于前运算阶段，这个阶段的儿童以自我为中心，思维具有单维性、不可逆性等特点。因此，在设置益智游戏课程时要充分考虑儿童的年龄特征，顺应儿童的主观情感。教师充分了解一年级儿童的现有水平必不可少。幼儿数学核心经验一般分为五个大类：包括集合与分类、模式与排序、数概念与运算、量的比较与测量、几何与空间。正式踏入小学的儿童并非白纸一张，"玩中学"的理念和数学核心经验早已潜移默化渗透于孩子学习和生活的方方面面。

根据儿童在这个阶段的年龄特征和现有水平，我校在一年级开展了"玩转四巧板"游戏课程。具体操作是由教师提供一些由四个基本图形组合而成的模板（即四巧板），让学生先观察分析模板外轮廓，再动手操作，拼搭出目标模型。在游戏中，教师还可以鼓励学生当"小小设计师"，自己进行创意设计，拼搭出其他的有趣图形。通过

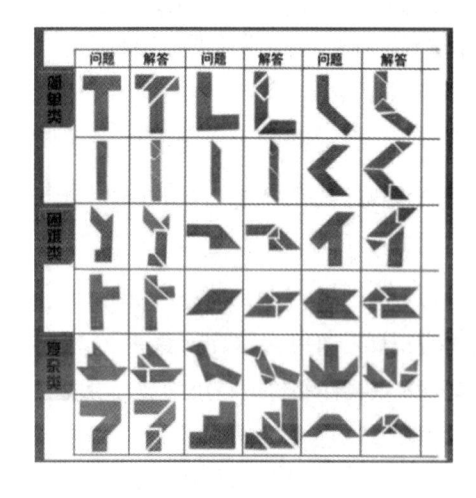

图⑨ 四巧板 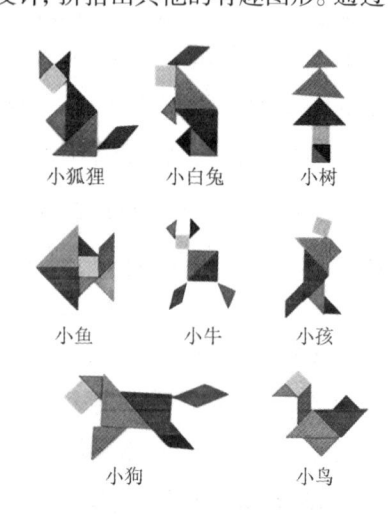　　　　　　　　　　图⑩ 七巧板

这样开放式的游戏课程，引导学生在玩中学，在做中思，既发展了学生的空间观念，也培养了学生的创新能力。

我校在二年级开展了"创拼七巧板"游戏课程，既展现对一年级"玩转四巧板"游戏课程的回顾，也在思维难度上有了一定的提升。七巧板是我国古典的传统益智玩具，也是中华民族传统文化的瑰宝。

七巧板的操作属于典型的发散式思维和创造性思维活动，其拼摆方式大致分为三种：图谱拼摆、自由拼摆、创意拼摆。图谱拼摆，顾名思义就是先由教师出示七巧板图谱让学生模仿拼图，整个拼摆讲解过程由教师讲解、演示；自由拼摆，就是给出主题后让学生自由发挥，教师不以任何方式加以干涉；创意拼摆，就是由教师采取情境教学法，引导学生进行头脑风暴，最终完成作品。通过教学实践，笔者也发现自由拼摆和创意拼摆这两种拼摆方式为孩子们营造了心理自由的学习环境，所以更加受到孩子们的欢迎。相比于图谱拼摆，后两种拼摆方式更能促进学生创造性思维的发展。由此得到的启发是，在游戏课程中，学生更需要的往往是教师的指导而非指令。让学生多一些尝试，也就让教育多一种可能。

整个低学段的游戏课程旨在将学生的直觉思维和分析思维紧密结合起来，在游戏中培养和渗透可逆性思维，同时进一步培养学生的空间观念和创新能力。

2.中学段：俄罗斯方块，趣味玩数独

认知发展心理学认为，7~11岁的儿童正处于具体运算阶段，该阶段儿童具有多维、可逆、去自我为中心、动态性、具体化等特征，虽然缺乏抽象逻辑推理能力，但是已经可以借助具体表象进行推理。同时，去自我中心是儿童与别人顺利交往，实现社会化的重要条件，这也意味着该阶段的游戏课程可以重点培养学生的协同合作能力。

三年级开展的"俄罗斯方块"虽然同样是拼摆图形，但在拼摆的过程中强调协同合作和团队竞争。在活动中，规定每四人组成一个团队合作拼摆方块。团队中速度较

图⑪俄罗斯方块　　　　　　图⑫数独

快的成员可以向其他成员传授经验，同样，团队中速度较慢的成员也可以主动向其他成员请教，在游戏中体验共同成长的快乐。认知心理学指出具体运算阶段的儿童已经能接受别人的意见以修正自己的看法，这也与我校"优秀吸引"的教育理念不谋而合。通过团队成员自主训练和教师指导，学生的拼摆能力皆有了很大提升。此时，教师适时组织一次团队之间的竞赛游戏，培养学生在协作中的竞争意识。也就是说，游戏课程的设计，不仅要兼顾其教育性和趣味性，还要融入合作和竞争的元素，使得游戏课程的内涵更为丰富。整个活动充分调动学生多种感官，最大限度地激发学生的身心潜能，让学习和思考在游戏中真正发生。

数独是源于18世纪瑞士的一种趣味数学游戏，发展至今已产生了多种适合不同年龄段玩家的各种玩法：如适合于低龄幼儿初始开发智力的两宫格、四宫格玩法，或是适合于一年级到二年级的低学龄儿童的六宫格玩法。对于四年级的学生，则比较适合于使用简化的九宫格玩法。该玩法的游戏规则是根据提示数添补使得数独板上每一列行、每一行列和每一个宫均有 1~9数字，且同一行、同一列或同一宫均不可出现相同数字。

教师在设计数独游戏课程时，应遵守由浅入深的教学原则、体现层次递进的教学理念，引导学生运用多种方法推测，对于学生的进步给予充分的肯定和鼓励。一般来说，数独板上的提示数越少，则解题越有难度，反之，提示数越多解决起来就越简单。学生首次接触"数独"游戏时，教师可设定较多的提示数，引起学生对游戏的兴趣，随后再逐渐增加难度，最终让学生挑战自我。

四年级"数独"游戏课程的开展，不仅可以提升学生的观测能力、开拓学生的推理能力和磨炼学生的意志力，同样也有利于学生树立团结合作意识。

整个中学段的游戏课程在营造合作氛围的同时又融入了竞争意识。从合作层面来说，由于个人成就取决于团队成败，这就为成员之间的合作共赢提供了内驱力。而从竞争层面来说，学生在游戏过程中产生适度焦虑。心理学指出，适度的焦虑能够使学生维持一定的唤醒水平和产生完成任务的心向，最能激发学生的学习动机，从而使学生的思维能力与潜能发挥到极致。面对竞争中的输赢时，教师应引导学生树立正确的

图⑬数字华容道　　　　　　　图⑭汉诺塔

游戏精神，使学生在游戏过程中收获更多的知识与乐趣。

3.高学段：数字华容道，巧移汉诺塔

认知发展心理学指出，11岁以上的儿童已开始步入形式运算阶段，这个阶段的儿童不论思维品质还是逻辑推理能力较前两个阶段皆有了较大的提升，这也为游戏课程的开发提供了更多的可能性。

我校五年级数学游戏课程"数字华容道"采取了任务驱动式教学法。有人这样形容任务驱动教学的孵化功能："鸡蛋从外面打开是食物，而从里面打开是生命！"而数学游戏课程对于学生核心素养的培养同样有着孕育功能。将两者融合在一起进行教学也是我校校本课程的积极尝试。

华容道游戏的名称来源于中国四大名著之一《三国演义》中的著名情节。该游戏和七巧板、九连环一同被合称为"中国古代三大不可思议的游戏"，作为一种益智性的拼板类游戏广受我国中小学师生欢迎。

在教学中，教师领着学生了解三国故事和人物，在感受文化魅力的过程中布置"如何快速走出华容道"的任务，引导学生先独立自学，再合作交流，教师相机指导。通常，我们将在棋盘上由15颗棋子组成的任意一种摆法叫作"布局"，将这15颗棋子移动至按照从小到大顺序排列的摆法叫作"赢局"。所有的赢局步数中步数最少的就是最优解法，追求最优解法就可以缩短赢局的时间。在具体操作中，学生往往还会发现并不是所有的"布局"都能赢局。对此，不少学生会疑惑为何有些布局会导致无解，此时教师完全可以向学生说明，有些问题受制于已有认知水平很难解释，所以面对新的数学问题就需要掌握更多的数学知识，学习是没有止境的。教师因势利导，进一步激发了学生学习数学的求知欲，也在无形中渗透了终身学习的理念。

学生在游戏中既积累了体验、又收获了快乐，在课堂中既亲近了数学、又提升了素养，进一步培养了观察力、记忆力、理解力、想象力、思维力和创造力，可谓一举多得。

六年级的数学游戏课程"巧移汉诺塔"通过神话故事《末日传说》勾起学生学习欲望，教师以此设计"查找规律"的教学活动，有助于锻炼学生计算能力和培养数学应用思维，同时也为培养更高阶的数学思维，如探究性数学思维和递归数学思维作埋伏。这既顺应了教育的连续性，也符合当今时代对于教育提出的新要求。

综上所述，益智游戏课程所主张的教育理念不仅仅是立足学生，更是面向一线教师，不论师生都要打破思维定式，用新的视角去看待问题，用新的思维分析问题，用新的方法去解决问题。在学与教的过程中体现"同中求异""异中求同"，也就让教育充满了无限的可能性。教师在开展相关的益智游戏课程时，不仅要充分考虑学生的实际学习情况和心理特点，还要通过多种形式和手段发展学生数学思维，培养学生良好的数学思维品质和数学核心素养。

"爬坡式"写作：英语学科的特色拓展

小学阶段是英语写作能力培养的基础阶段，《义务教育英语课程标准（2011年版）》提出：一级要求：能模仿范例书写词句。二级要求：能根据图片、词语或例句的提示，写出简短的描述。

但在实际教学中，写作却是各年级学生的短板，在课堂上也得不到相应的教学保障，没有写作策略指导。为此，英语学科组基于教材，进行目标明确、逐级发展、伙伴互助的小学英语爬坡式写作实践，从而真正提高学生的写作能力。

一、分年级系统建构爬坡式写作实践训练节点

从三年级到六年级，儿童的认知发展具有如下特点：从无意注意为主逐渐发展到有意注意逐渐占据主导地位；以具体形象思维为主逐步过渡到以抽象逻辑思维为主要形式；从缺乏系统性的知觉发展到有目的、有顺序的知觉；从模糊笼统的知觉发展到比较精确的知觉。

教师首先要引导学生先规范书写，然后再进行写作策略的指导和写作技巧的训练；先学会仿写句子，过渡到段落，再尝试根据提示进行简短描述；先不限时写作，再过渡到限时写作。

在爬坡式写作教学中，遵循小学生的认知发展特点，结合教材的实际情况，在实践训练中我们分年级设置了训练节点：三年级应该打好基础，重点指导学生规范书写单词和句子，正确运用标点符号；四年级着重训练填空式写作方式，引导学生根据例句仿写几句结构相同的句子，掌握基本的写作规范和要求，达到课标中的一级要求；五年级可能根据图片、词语或例句的提示，写出简短的描述，掌握基本的段落结构，基本达到课标二级要求；六年级逐步渗透写作策略，帮助学生根据思维导图写出有主题的短文，并通过伙伴互助等方式，优化作文，达到课标二级要求，并为三级要求做准备。

单元话题		
Story time 提供主题情景	→	铺设基石
Fun time 提供语言支架	→	搭建支架
Cartoon time 提供语言补充	→	丰富内容
Checkout time 提供作文支架	→	抒发情感

分年级爬坡式写作实践训练节点符合学生的认知特点,同时把小学阶段要完成的写作二级目标分解到不同的年级,有效提高学生的写作能力。

二、分课时系统建构爬坡式写作实践训练重点

针对课时不足,没有单独的写作课课时,通过实践研究,作文教学在单元整体教学中分步、分课时实施,在每个课时中有效培养学生的写作意识和写作能力。

我校通过实践研究建立了单元分课时写作训练重点,用于缓解最后一课时的写作压力,形成以上操作图示:

以五上《Unit5 What do they do?》为例,我们把写作任务训练有目的的分在一个单元的四个课时中:

1.从第一课时入手,铺设写作的基石

在第一课时复述文本环节,笔者就有意识地用苏海介绍家人的职业为框架,给孩子一个扮演苏海的任务,让孩子来介绍苏海的父母,此举给孩子们一个初步的示范。介绍如下: Hello! This is my father. He is a doctor. He helps sick people. He works in a hospital. She is my mother. She is a worker. She makes sweets. She works in the factory. I love my father and my mother.

第一课时中,我们可以借用复述课文这一任务,帮助孩子初步铺设作文的基石,让孩子初步感知和文本对话不一样表达方式,帮助孩子后续开展作文训练。第一课时有 Story time 的支撑,学生通过学习以后,复述课文对大多数同学来讲都不是困难的事情,简单的复述帮助学生铺设写作的基石。

2.让新旧知识链接,搭建写作的框架

在第二第三课时中,笔者尝试着激活旧知,让孩子有话可说,有话可写。为了让孩子有话可写,教师就要唤醒学生已有知识储备中与教学目标相关的内容(乐伟国,2013)。在写作前,教师要有意识地整理归纳和本次写作相关的语言项目,引导学生带着任务进行讨论和交流,这样既有利于激活已知,又让新旧知识链接,帮助孩子搭建写作框架,促进学生思维的发展。

在复习课文时,可以给出小任务:借用小短篇进行描写文中某位家长的职业。如围绕职业多谈论几句:

Mike's father is a teacher. He teaches English. He teaches well.

His mother is a writer. She writes stories for children.Su Hai's father is a doctor. He helps sick people. He's nice.

Her mother is a factory worker. She makes sweets. She works hard.

学习单词时，又可以给出新的任务：可以联系旧知，进行描述。如笔者设计了这样一个教学任务：请学生选择感兴趣的一项职业进行描述，可以描述从事这项职业的人的外形、工作地点、工作内容、喜好等，这样就把本学期第三第四单元所学的知识和本单元知识链接起来，学生也有了说话的依据。

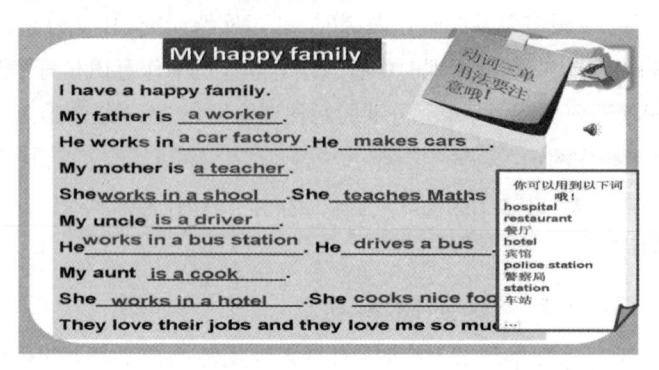

图⑮ My happy family

例如描述cook这个职业：He is a cook. He is tall. He is a little fat. He works in a factory. He cooks nice food. He likes eating nice food. He is good at cooking. The workers like him very much.

3.让话题深入生活，丰富写作的内容

脱离学生学习和实际生活的话题往往会让学生觉得空洞、无话可说，不利于学生表达自己的真情实感（汪钦卿，2010）。本单元的话题是介绍家人的工作，这个是学生愿意展示的部分，老师给出框架，学生联系生活实际，进一步丰富学生写作的内容。

但是实际操作中，家长的职业五花八门，教师要提前做好一些准备，也请学生自己提前了解父母职业的英语表达方式，然后可以结合照片，请孩子上台介绍一下自己的家人的职业。

分课时进行写作训练，解决了课时不够的矛盾，同时在写作前铺设了基石、激活了兴趣、链接了学生已有的认知和体验，为写作的输出做好了多项准备，促进了学生的表达。

三、分环节系统建构爬坡式写作实践评价要点

写作活动环节可以分几个层次：写前"理一理"、写中"帮一帮"和写后"议一议"。通过这三个层次的设计，让学生写作中有章可循，并能从多方面得到能力的提升。

1.写前"理一理"

写作只有做到有话要说，有话想说，才能确保言之有物，言之有理（鲁子问、康淑敏，2008）。作为单元话题的书面表达，抓住主题、升华主题，是优秀习作的标准之一。

以六年级上《Unit3 Holiday fun》的单元话题为例，教师在写作前关注学生的生活经历，通过特殊疑问句的提问，以where, when, what, how, who等进行师生问答、生生互问互答谈论自己的 holiday。学生在此过程中输出了 "I …last …holiday" "I went there by…" "I was…"等目标句型。

高年级的话题写作主要偏向于话题写作，正确的篇章布局是写作成功的前提。教师可以通过优秀范文，让孩子来评一下范文，好在哪里？使学生明白文章的的组织结构和层次。可以在提供优秀习作的时候，带着学生一起来理一理，分析一下文章的结构: The title, the beginning, the body and the ending, 这些如何为话题服务。也可让学生围绕话题进行对话，形成口头作文，然后请其他同学依据相关评价标准给出评价和修改意见。

2.写中"帮一帮"

课堂上的写，要留给学生充足的思考和写作的时间。学生在进行实际的写作时，还是会遇到这样那样的阻碍，此时，教师在巡视的过程中适时指导，与学生共同协作，巡视期间要多关注那些后进生，在词汇、语篇组织等方面给予更多的关注，尽量让学生在有限的时间和课堂内增强写作的成就感。教师要在PPT上展示一些Warm Tips, 如: 写作前列好提纲; 注意标点和字母的大小写; 关注细节的描写; 使用关联词承上启下; 使用形容词和副词使行文生动活泼等。这些提示其实就是写作的策略，教师平时要分解到各个单元的写作教学中。

3.写后"议一议"

写后的及时反馈和评价是写作指导课的重要一环。评价的方式可以多元化，学生自评、生生互评以及教师的评价可以结合在一起。学生自评侧重于语言的规范应用，如单词拼写、标点、语法等细节问题。生生互评侧重于内容、语言结构等问题，在帮助同伴修改的过程中，相互启迪，思维得到碰撞和交流。学生就有了再次修改文章的动力和想法，伙伴互助，互相取长补短。教师评价侧重于思维培养，要增加写作策略的指导，注重学生思维能力的培养。

学生初稿: My holiday

I went to Plum Garden with my friends last New Year's Day. It was cold. We went to the garden by metro. There were many people in it. We took photos. We ate steam buns and plum cakes. We were happy.

经过学生自评、生生互评、教师评价后的作文内容更生动，更贴近学生生活，更契合写作主题，学生的写作能力得到显著的提升。

My happy holiday

On New Year's Day, I went to Plum Garden with my friends.

We met at Doting Station, then we went to Plum Garden by metro. It was a little cold, but we were very excited. There were lots of visitors there. There were many beautiful plum blossoms too. Many people took nice photos with the flowers. We went for a row on the small lake. It was very interesting. We ate some local food such as steamed buns and plum cakes. They were so yummy. I didn't feel cold after playing and eating.

I had great fun that day!

实践证明：爬坡式写作实践分级目标明确，学生写作能力得到逐级发展，能有效提高学生习作的品质和学生的写作能力。

"啄木鸟模拟法庭"：道德与法治学科的特色拓展

党的十九大指出："加大全民普法力度，建设社会主义法治文化。"《青少年法治教育大纲》指出："要把法治教育融入学校教育的各个阶段，引领中小学生关心和参与社会公共生活，全面提高青少年法制观念和法律意识。"为积极呼应立德树人的时代背景，主动承担起普法重任，培育和践行社会主义核心价值观，学校以"啄木鸟模拟法庭"为抓手，大力探索青少年法治教育实践的新途径、新方法，用心编织小学生法治活动图谱，形成教育实践活动的新范式，从而全面推进学校法治建设进程。

积极心理学提出：福乐是一种非常重要的积极情绪体验，表现为对某一活动或事物表现出浓厚的兴趣并能推动个体完全投入某项活动或事物的一种情绪体验，它在人的意识中会源源不断地出现，人们在生活中总是尽可能多地去主动追求它，就像河里的水流一样连绵不断。而"啄木鸟模拟法庭"项目更新了传统的道德灌输模式，以师生喜闻乐见的实践活动为基础，更加注重体验性、知识性和收获感，不断催生福乐感，使得法治教育更加趣味盎然，更具生命力。

啄木鸟是鸟中医生，与病虫害虫作斗争。以啄木鸟命名模拟法庭，让整个体验活动更具童趣、情趣。学校的"啄木鸟模拟法庭"，将情景体验与日常教育相结合，是以"学生情景体验"为核心，角色扮演、现场演绎为主要形式的综合性道德实践活动。在不同法律主题的实践活动中，融入丰富多样的经历体验，提高学生知法、守法、用法，依法维权的法律意识及展开各种学习能力的历练，同时解决校园生活所需，培养团队合作精神，这就是"模拟法庭"的活动主旨。

经过几年的教育实践，"啄木鸟模拟法庭"已经形成具有东小特色的活动范式。

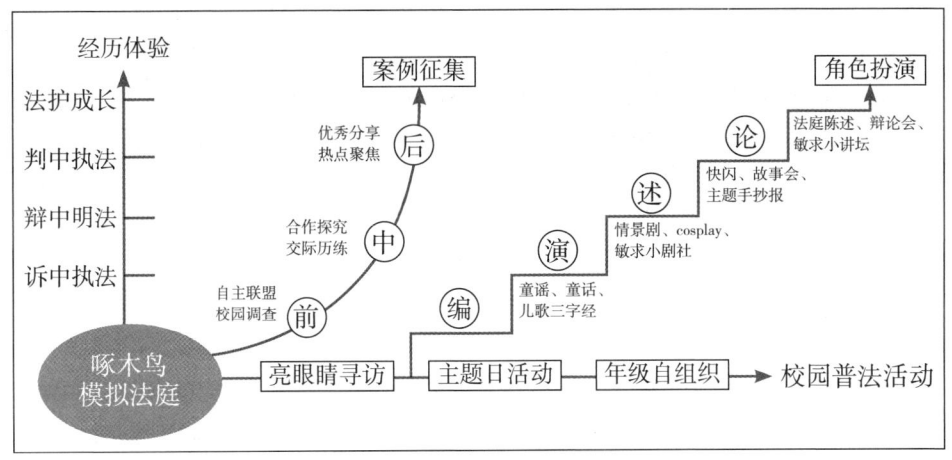

图⑯ 啄木鸟模拟法庭

"啄木鸟模拟法庭"的经历体验贯穿整个活动全过程，主要包含两大实践——一是以信息综合处理、合作探究为主的案例征集活动；二是以情景演绎、法庭陈述辩论为主的角色扮演活动。两大实践与校园普法主题相互融合，生活经验与能力目标交叉编织，不断推动活动综合化发展。

无锡市东亭实验小学法治教育实践活动"啄木鸟模拟法庭"组织图谱

一、活动体现综合编织

现代心理学的活动理论认为，儿童作为活动的主体，在自己的发展中应具有能动性，他们以自己的兴趣、需要、能力、经验为中介，有选择地接受外界的影响，也可以通过外界影响和改变外部环境进而影响和改变自己。

"啄木鸟模拟法庭"活动包含着一个法治主题大活动与若干个推进小活动，活动与活动之间穿插进行，形成一个互相支撑和印证的综合性体验网络。活动关注学生自主的感悟与体验，既有亲身经历的动态过程，又有在行为体验的基础上发生的内化、升华的心理过程。学生在体验过程中理解知识、发展能力、建构意义、生发情感。活动的综合编织体现在角色跃迁、事件勾连、支持融合三个方面。

1.角色跃迁

在"啄木鸟模拟法庭"这个预设场所中，人人都有角色——啄木鸟审判长、法警黑猫警官、小刺猬检察官，辩护人、公诉人、被告人、证人等等。学生头戴身份头套，全身心地投入角色，从不同的观察角度，不同的人物特性体会学习。法律的严肃性、保护性、纠正性在活动过程中深深地烙印在每一个学生的心上。同样的一次活动可以多次开展，学生的角色可以进行变换。这样，就能够从多个方面去了解并验证法律的意义，学生的法律意识也一次又一次地得到强化。

2.事件勾连

毫无疑问,真正来源于学生真实生活的活动素材,才能贴近学生,走进生活。将校园生活中真实事件及时地引入"啄木鸟模拟法庭",让学生知道,身边事无小事,事事都是法律事,这样的法律宣传教育,才是关注到了学生成长的需要。如五(4)臻兰中队开展的"啄木鸟模拟法庭",就是围绕一生在中午吃饭时,独自一人前往食堂,不排队,在长廊中快速奔跑,导致多名一年级学生摔倒,并造成了严重的交通拥堵,致使多个班级晚进入食堂用餐的真实事件展开法庭辩论。恰如其分地抓住这一关键事件,敏锐地捕捉到事件中包含的教育意义,一方面,以为师者的眼光、儿童化的视角,合理挖掘、分析事件背后的教益;另一方面,引导学生通过事件陈述、场景演绎、故事分享、情境表演等形式,再现事件细节,让学生明白了法律面前无小事,从而更加规范自己的言行,这才是规则教育的意义所在。而这样鲜活的身边事例,填补了课堂教学的苍白,成为学生印象深刻的一段经历。

3.支持融合

"啄木鸟模拟法庭"推进过程不仅需要学生个体参与,更需要团队合作,与教师、家长的联合,甚至是外聘专家级别的优秀他者,通过合作交往,不断深入学习,解决现实问题,在提升法治素养的同时,获得成长的体验。

"家长志愿者"的介入。在家长中有不少是法律相关从业人员,将家长吸收为法治教育共同体的成员融入学校教育活动中,走进学校进行宣讲,可以走进"法庭"参与审判,可以作为案件经历者现身说法。

"法治辅导员"的融合。学校常年聘任锡山法院少年庭的庭长唐洁为法制副校长,她以更专业的角度参与到"啄木鸟模拟法庭"中,指导学生看待法律问题,并提供大量鲜活的事例来更系统地帮助学生增强法律意识。这些关键支持,使得东小的法治教育更严肃、更实在、更接地气。

二、目标突出爬坡生长

在"啄木鸟模拟法庭"的整体设计过程中,我们将综合能力、法治素养作为活动生长目标,确立了编、演、述、论四个阶梯式层级。编,突出的是对静态的、枯燥的法律条文的解读和宣讲,赋予儿童化的语言、童话般的情境,用通俗易懂的方式形象地展现给学生,方便记忆、积累;演,是将书面的文字立体化、角色化,加入场景、理解的演绎;述,是基于理解、感受的表达陈述;论,注重的是思想,有独特见地的陈述。四个层级由多种趣味性、意义性的研究活动支撑,不同年段各有侧重,低年级多设计、组织编、演类活动,高年级则需多为学生提供述、论的机会,四个层级贯穿小学六年道德与法治学习始终。在"模拟法庭"的活动组织时,我们也强调活动前、中、后的序列,让学生不断经历准备、参与、总结的过程,养成良好的处事习惯,凸显道德实践活动的生长意义。

在活动的过程中,从"活动前期进行的案例搜集调查,活动中期开展的分析探究,活动后期呈现的最终演绎"这种线性推进目标;走向"学生有话可说,并且有说的欲望,主动付诸行动,多重交互"情感态度价值观目标的关注;最终达到"学以致用"的法治教育落脚点,活动目标层层丰富,爬坡生长。

三、教育彰显生活历练

"啄木鸟模拟法庭"的主题根据日常需要确立,我们常操作的主题有"亮眼睛寻访"——寻访身边的人和事,参观锡山法院,参与旁听庭审,了解审判流程和感受法院文化,学做庭审记录,完成校本化的"小法官提案";"主题日宣讲"——结合"12.4"国家宪法日,开展法律宣传周系列活动,邀请法治副校长现场观摩活动并给予专业性的点评指导,提升法治教育实效;"年级自组织"——年级根据校园普法专题,与各年段《道德与法治》教材内容整合,应对日常校园管理的突出问题,随机组织"啄木鸟模拟法庭"开庭,聚焦典型事例、典型细节,有积极的规范行为指导意义,种种活动都体现出仪式的严肃性、课程的速效性、影响的立体性。

在"模拟法庭"实践活动中,重点突出生活经验,自身的、家长的,看来的、听来的,都可以作为学习资源,整个活动体现的是生长在"优秀"之上的历练,学生经历的是一段鲜活的、真实的生活体验。

1.仪式的严肃性

在"啄木鸟模拟法庭"上,严格按照法庭活动的流程展开,虽然时间简短、内容简洁,但活动仪式的庄严不可少。书记员宣布纪律、审判长宣布开庭、法警带被告人上场、审判长询问被告人信息……所有流程完全按照正常法庭流程进行,包括所有人员的站位,交流的顺序,甚至审判长手中法槌等道具的使用。这样庄重、严肃的仪式,让学生更感受到法庭的神圣。在这样的仪式氛围中,学生更有使命感,从而表现出更精彩的一面。仪式更是一种精神的积淀,道德的延伸,使参与者得到心灵的震撼,真正将法律意识融入学生的自我发展中。

2.课程的速效性

随着信息与通信技术快速发展,微博、微信等应运而生,而在教学领域,微课呈现了十分广阔的教育应用前景。如五(4)臻兰中队结合"12.4"国家宪法日开展的微队课,在进行"啄木鸟模拟法庭"的同时,加入了快板演绎、法律名称普及等,用丰富多彩的形式演绎"我们的生活与法律息息相关",并唱响了《我们是遵纪守法的先锋》的主旋律,让学法守法的种子根植于全校师生的心中。

借助普法微队课,每个孩子都来宣传法律,台词多少、时间长短、角色主次不是重点,关键是每一个孩子都有参与的机会,他既是被宣传者,也是面向他人的宣传者,每个人都是活动的主角。这种历练能加速孩子的法律意识成长,他们作为积极的存在找到了自己的位置,从而达到法律意识的自然内化。通过微课平台,让法治思想由一个班到一个年级,并润及全校,突出生活历练下的法治课程的速效性。

3.影响的立体性

"啄木鸟模拟法庭"作为法治教育的新模式,不仅是学校法治活动的起点,更多的是意味着课后的教育延伸。法治教育不应局限于课堂,局限于学校。生活之中皆学问,社会处处有规则。学生在参与了"啄木鸟模拟法庭"对法律法规产生浓厚兴趣的基础上,及时推进亮眼睛寻访活动,让学生带着法律的种子走进社会,走向身边人、身边事。从而为"模拟法庭"提供素材,也可以在寻访的基础上实现新知识的内化。在这个过程中,填补了书本教材的留白处,使法治教育内容更充实,也让学法的途径更广阔,描摹了一段丰富的童年经历。

第五章
十大学习策略

"优秀吸引"理念下的教学打破以封闭性的教材为本位、以教师为中心、以传授灌输为主要特征的传统课堂教学模式,努力打造以学生为主体,融入更具开放灵活性和综合性的学习资源,以体验、探究、合作为主要学习方式,使学习过程成为每一位学生自主管理、自主发展、自我建构的过程,使每一个学习空间都成为儿童修习优秀的场所和展露优秀特质的平台。

第一节 构建学习场域：从单一走向融合

"场域"，是法国社会学家布迪厄提出的一个重要概念。在他看来，场域不能理解为被一定边界物包围的领地，也不等同于一般的领域，它是在各种位置之间存在的客观关系的一个网络（Network），或一个构型（Configuration），积极学习场域，同样也不仅仅是单纯的物理空间，更是一个能激发学习原动力，更好获得学习持久力的内涵力量的时空存在。

一、营造物理场，让儿童成为学习的发现者和探索者

敞景设计。儿童的学习应尽可能接近、置身于相关原境。原境往往有极好的场域性，他们通过"象"来思虑，通过"场"来记忆，通过"境"来想象，获得一种自由自在、舒展的甚至是忘我的"共通感"学习体验。

学校设计了一系列主题敞景。主题式长廊围绕校史、科技、美术、音乐四大板块，以图片、展板、人物、历程成果等为主要内容，孩子从中受到"敏求""积极"的文化熏陶和影响；快乐休闲吧分设棋吧、游戏吧、太阳花心语室……让儿童在"巴学园"里畅游，释放个性，发展特长；缤纷阅读角散布各个角落，亭子旁、图书架、楼梯拐角等微型图书馆无不浸润着书卷气息，孩子们随时读取，温馨而有意义；生态标本馆集生态体验与知识融合为一体，引领儿童感受绿光森林的神秘莫测、炽热沙漠的无边无际……俨然一座微型博物馆；温润艺术楼提供了一个美的教育与实践的平台，合唱室、陶艺室等15间艺术教室一应俱全；绿色小农场满足了孩子与自然亲密接触的需求，社团课中欢声笑语，那一起拔草、施肥、浇水的身影，仿佛是伊甸园中翩翩起舞的蝴蝶，令人陶醉。

智能链接。当下，一种新型教育体系——智能教育蓬勃生长。在这种教育环境中，学习者成为中心，提供着各种精准推送的教育类服务，日常教育与终身教育可进行个性化定制。[1]目前，我校结合智能教育设立了智慧教学试点班级，配有智慧学习系统。孩子们自带终端设备——新东方OK智慧平板，同时引进网络教学平台软件，形成高信息化、整合性强的智慧学习支持服务平台，进行智慧学习的常态化研究，实践科目包括各门学科。学校还设有录播教室，将信息技术有效地融合于学习环境中，配套的设施设备为学习场域带来了更加智能化、动态化的选择。

---

[1] 吴永和，刘博文，马晓玲.构筑"人工智能+教育"的生态系统[J].远程教育杂志2017.9.

二、创设意义场，让儿童成为学习的感知者和构建者

一个人年幼时期经验世界的方式构成了一个人成年后经验世界方式的原型，沉淀在个体的生命结构之中。[1]这种原型主要在三个维度敞开：与自然之亲缘性原型；与他人交往之原型；向历史与文化世界开启的生命原型。儿童本位的积极学习场域从三个维度出发，建立一种"文化心理盟约"的学习共同体关系，促生积极的学习意义场。

1.构建参与性积极学习体验场

岗位体验场。杜威的《明日之学校》提示我们"教育不是把外面东西强迫儿童、青年去吸收，而要使人类'与生俱来'的能力得到生长。"[2]教育应在儿童的日常经验中得以升华与改造。鉴于此，我校设立红领巾志愿岗、楼层安全督查岗等，如选取活泼好动并有一定执行能力的男生成为楼层的监督员，每到执勤当日，他们便意想不到地积极配合执勤教师完成执勤任务。通过岗位体验，好动的孩子们有了发挥的契机，也能从中获得关于社会服务的体验，责任心、坚守、独立等品质愈发生长。

活动体验场。绿色小农场种植、假期寻访活动、艺术节、社团活动等平台均为孩子们提供了展示自我的平台。儿童在丰富的活动中不断认识到自己的聪慧与才情，也在展示中自信成长。

学科体验场。语文学科在自然物景中获得美的情致，如读"碧玉妆成一树高，万条垂下绿丝绦"，去操场边观赏初春拂堤的烟柳，触摸新翠的柳叶，分明能够嗅到春天的气息，感受春天的美好；科学学科在做中享受创造的快乐：小学科学中已涉入了STEAM教育，一年级的"学做工程师：做一个铅笔加长器"，就是通过让儿童参与一系列活动，经历工程师设计制造的过程，体验工程实践。

2.构建共融性积极学习对话场

政治哲学家汉娜·阿伦特曾在"行动理论"中明确：要想使人获得意义，那就只有通过与他人分享、共同拥有这个世界并在这个世界中积极行动而实现。

第一，生生交互式对话。在与同伴一起做事时，学生会显得更加投入，从而以一种特别的方式推动积极学习。[3]我校每个中队据自身特色拟定中队名称，构成了齐心协力、寻求彼此合作的学习共同体。开展学习报告会、读书交流会、网络博客论坛、社团活动等这些共同参与的项目，教师在这一过程中以"平等中的首席"起着引导的作用。

第二，师生共融式对话。日本教育学家佐藤学指出，教育改革的"一切的答案在

---

[1] 加斯东.巴什拉. 梦想的诗学[M]. 北京：生活.读书.新知三联书店，1996.157.
[2] 约翰.杜威. 明日之学校[M]. 北京：人民教育出版社，2008.69.
[3] M.希尔伯曼. 陆怡如译. 积极学习：101种有效教学策略[M]. 上海：华东师范大学出版社，2005. 3.5.5.

学校的现场"。①课堂内外，我们通过"连接性的询问"，用让他人重复话语、强调观点的方式，将优秀的观点有条理地表达出来，相机给予适切且有含量的赞赏。这样的对话将个人的优秀资源，转化成了教学的资源，进而促成群体的优秀。

第三，入境沉浸式对话。沉浸式学习环境的创设正是"将实验室搬到课堂中去"的构想的实践。它是一种以增强参与者体验感为目标的新技术。借助新技术，儿童可以体验别样的研学旅行："登上"珠穆朗玛峰之巅、"潜入"科罗拉多大峡谷……进一步发现和建设超越书本知识的文化内容、思想意识和思维方式等。这样的入境沉浸式对话激活了儿童所有感官，让儿童完全沉浸于知识内容中并能够发挥想象力，积极主动的良好学习状态得以形成。②

3.构建多元性积极学习文化场

我校始终秉承着"敏求"校训，也凝结出"敏求"特质的文化内涵。"十二五"以来，学校凝练了"民主的管理艺术""幸福的课程关怀""健康的心育成长"等关键词，将"过一种积极的学校生活"的理念渗透到每位师生的学习生活中。

一是故事演绎。我们结合校园生活中学生自主学习、师生交互作用的一系列关键事件，挖掘故事元素，通过"敏求论坛""敏求校报""阳光剧场"讲述、宣扬这些故事。师生们既是这些故事的主角，同时也因这些故事受到心灵的震撼，"敏思、敏行"的学风通过故事演绎得以弘扬，当这种内化的观念与精神再次汇入文化发展的洪流时，形成一定的积极学习文化传统。师生共同发展的同时，"敏求"特质文化内涵便得到了更深层次的提升。

二是仪式熏染。日常仪式温润心灵、成长仪式润泽生命、节日仪式濡染文化……师生经历的看似普通事件，其实正在被赋予一种特别的意义。在我校百又十年的校庆仪式中，3300余名师生在校体育馆内用最草根的形式表达着对学校建校110周年最真挚的问候。师生在这样的仪式中感受着学校的文化精髓，"敏求"文化不断根植于心，师生也烙上了本校的专属印记。仪式熏染不仅培养了美好的情感，也日益丰富着自我精神世界，生命成长的动力也愈发蓬勃。

个体生命成长的复杂性远在我们认识与设计之上，教育所要培养的人，绝不是单一的、契合于既定模式的、驯服的存在，而总是有着可能性和自由度的人。③儿童本位的积极学习场域构建，便是努力达成全身心投入、积极主动的最佳状态。若需强调，亦即乐趣或快乐。

---

① 佐藤学，钟启泉.学校再生的哲学——学习共同体与活动系统[J].全球教育展望，2011.03:3～10.

② 仇焕青，陈敏.VR沉浸式学习环境创设探讨[J].智库时代.2018.11.

③ 刘铁芳.返回生活世界教育学：教育何以面对个体生命成长的复杂性[J].教育研究.2012.(1).

第二节 提升积极认可：从"优秀"散点走向学习资源

"优秀"经发现之后，不能仅仅停留在赞赏的表层，要将其合理转化为学习资源，才能有效地推动更深层次的自主学习。而要促成资源的转换，学生对优秀资源的认可度就显得尤为重要。认可是积极倾听和旁观的结果，客观的认可中有着对他者优秀的考量，也包含着对自身学习的审视，可以是赞同接受式的认可，也可以是包容存疑式的认可。因此，认可的本身也是一个学习的过程。

提升认可度：首先，是赞同和接受，这是最浅层次的赏识。如多种形式的点赞活动，就是对他者优秀最直观的认可和鼓励，容易激发学生当下的成就感，而这样的成就与满足，又是学生开启新一轮学习的动力。赞同与接受中有着对优秀的好奇，是吸纳的开始，在好奇中注入理性，就能更好地帮助学生完成吸纳，卷入到学习状态之中。

其次，仅仅停留在赞赏的表层也是不够的，可以是包容与存疑，要让学生真正发自内心地认可优秀，才能推动进一步的学习。发现和赏识中所表现出的真心认可未必都是赞同，还有可能是接受但存疑的。比如听了他人的发言，可能会产生这样的想法：我觉得你说得有道理，表达很精彩，但我并不赞同，保留自己的意见。认可中有着对他者优秀的考量，也包含着对自身学习的审视，前者是包容，后者是存疑，更是反省，能将学习推向新的空间，获得更宽广的视野。

最后，是补充和融合。补充让优秀更丰富，融合让优秀更完善，补充与融合中有着同类优秀的联结，是更理性的发现和赏识。人人能具备优秀，人人能审思优秀，人人能切实地感受到优秀并乐意深入其中，发现和赏识优秀成为学习的习惯和需要，认可而后博纳，就能促成学生学习力的提升。

也可以说，提升认可度最有效的方法就是帮助学生建立起积极持久的互学关系，在这一关系中，每一位学生都能切实地感受到优秀并乐意深入其中，发现、摄取优秀成为学习的习惯和需要，认可而后博纳，也就能促成学生学习力的提升。

以语文学科为例，朗读是一项十分重要的语文能力，《义务教育语文课程标准》对各学段都提出了"有感情地朗读课文"这一目标要求。教学过程中，努力洞见优秀的学生朗读资源，引导学生去发现、认可，并仿学、迁移，以积极吸引的方式，将个体优秀资源合理转化为学生的学习资源，有助于生成更为丰富、个性的朗读，提升表达自信。

一、着身体认，在积极倾听中发觉优秀朗读资源

积极倾听是实现优秀吸引的基础，教师需要帮助学生从自我中心和利己主义的学

习状态中摆脱出来,着眼于同伴的优秀朗读,在优秀的同辈文化中汲取经验,获得成长。

1.提升认可度

学生在倾听同伴朗读的过程中,往往表现出诸多"挑刺"行为,纠缠于朗读内容本身,如多读漏读、读错读破句子等,且一旦听到错处,就会失去继续听读的耐心,想要尽快纠误,进而忽略了同伴朗读的可取之处。

表面的错误很容易被发现,而内在的优秀却须静心体会。优秀吸引需要提升学生的倾听力,增加倾听的耐心,主动投入思考,而不仅仅是简单的好坏评价,这才是积极倾听。积极倾听重在发现同伴的优秀之处,以此作为自己的学习依据,因此,学生在倾听过程中,始终要树立这样一个信念——每一个同伴都是优秀的,他(她)的朗读能给我启发。

在课堂教学中,可以通过多种方式来提升学生对同伴朗读的认可度,如评价他人朗读时,多表达他人读得好的地方;多截取情感丰富、适合朗读历练的小片段,少进行长篇大段的朗读;进行优秀朗读的自我推荐;给予充分的练读时间,促成优秀展示等。让每一位朗读者明白,我的朗读对他人有帮助;让每一个倾听者懂得,我能从别人的朗读中学到东西。唯有这样,才能建立起一种积极持久的互学关系,使学习自主起来。

2.调动切己感

一段文字在听他人朗读之前,如果能自己先练读一下,要比直接听读的效率更高些。练后听读,更多了一份自主思考后的投射,如自己读错的地方他人读对了吗;有几个关键词需要重读的地方他人突出了吗;语速的控制是否跟自己一致等。积极倾听需要调动起这种融合自主感受的投射,带着思考听,求得共鸣感,或从对比中找到差距,于差距处获得学习资源,从而走向更深度的学习。

在练读听读基础上发现的优秀朗读资源,不仅包含着对他者优秀的考量,还包含着对自身学习的审视,能帮助学生清晰地确知优秀原因:是重读关键词突出了情感,还是关注了语气词读出了不同的语气;是应该放缓语速表现深情,还是上扬语调凸显情意;提示语怎样融进朗读;人物心情怎样通过朗读表现等。优秀的原因有很多,当这些原因被学生厘清,而不是简单、模糊的一句——"他读得很好",那么朗读便能在切己感受中走向深入。因为优秀原因的确知,意味着优秀的学生个体资源已在不知不觉中转化成了学生的学习资源。

二、情境卷入,在模仿迁移中开展优秀朗读历练

当优秀的朗读资源展现在学生面前,教师应该适时地引导学生展开丰富的朗读历练,巧借优秀朗读带动起的情境,顺水推舟,努力实现优秀资源的利益最大化。

1.仿一仿优秀的样子

《在牛肚子里旅行》是一篇以对话情境推进的童话故事,此类文体是进行朗读指导的优质语料。在教学中,教师针对学生的朗读,多出现这样的追问:

你觉得他读得好在哪里?能学着他的样子来读读吗?

你读得真到位,请你再读一遍,其他同学注意听,他是怎么读的?

你读得很不错,读的时候你关注了什么?

你读得特别棒,连表情都很到位,请你到前面再读给大家听一听。

不难发现,教师紧紧围绕优秀朗读资源,引导学生自评、他评、师评,使优秀的朗读经验具象化,转化为可供模仿的细节,为学生的朗读历练提供参考。

这样的追问引导,关注的是学生已有的朗读经验,优秀经验在评价肯定中,再一次得到聚焦巩固,成为群体认可的共有经验,学生在分享、欣赏、肯定中走向博纳、模仿、迁移,实现朗读能力的整体提升。

2.学一学优秀的技巧

朗读能力的培养是有方法可循的,教师要善于挖掘朗读材料中适合小学生理解和历练的小技巧,促成学生历练。《在牛肚子里旅行》一文,丰富的提示语、合理使用的标点、人物鲜明的语气和心情,都是学生需要掌握的。如学生朗读这段对话——

"救命啊!救命啊!"红头拼命叫起来。

"你在哪儿?"青头急忙问。

"我被牛吃了……正在它的嘴里……救命啊!救命啊!"

被指名的学生读得很不错,尤其第一句"拼命叫"读得绘声绘色,教师适时点出:这位同学关注了一个提示语,你听出来了吗?把学生的注意力引向提示语后,立即总结——

关注提示语,可以让我们读得很出色,老师再给大家一个法宝——关注标点符号。看一看,这段对话中有哪些值得注意的标点呢?

结合学生的交流,相机总结:连用两个感叹号,用尽力气而又着急;省略号表示说话断断续续,体现出红头的害怕。

如此这般,在听读、练读过程中,加入朗读技巧的提取和理解,朗读指导就更深入到位了。朗读技巧的提取,能将模糊的感觉上升到理性层面,一方面,便于学生提升认识,增强记忆,另一方面,促进技能的掌握,继而创造性地运用。

3.比一比优秀的悟得

有些语句藏着丰富的内涵,言有尽而意无穷,这样的语言是练习多元朗读的好素材。如《在牛肚子里旅行》中红头得救后的一段——

红头看见自己的朋友，高兴地流下了眼泪："谢谢你……"

学生根据自己的理解，很快就能明白，省略号中包含着很多意思：谢谢你救了我；谢谢你在我遇险时给我鼓励；谢谢你用自己的知识帮助我脱险……鼓励学生通过朗读来比一比各自的悟得，猜一猜朗读中包含的心情：拉着手读，这是感谢；带着哭腔读，这是激动；读完了拥抱在一起，这里是对朋友的感激等。有一个学生读得很小声，教师追问：你为什么读得这么小声呀？学生表示：刚脱险，还哭了，心里还很害怕呢，所以声音肯定是不大的。在比一比、猜一猜的情境中，学生的朗读更是充满了情趣。

三、自信表达，在经验融合中内生优秀朗读能力

朗读是一种语言表现形式，上升一个层次就是朗诵，把文字作品转化为有声语言的过程，需要有一定的理解力、创造力，基于理解、创造的朗读表现，定然是自信的。

1.结合恰当的故事理解，运生自信

在情节推进的对话中，必然存在着一些寓意深刻的典型语言，这些语言中或是包含着某个知识，或是潜藏着人物品质、主题思想，此类语言的朗读更需要建立在学生的理解表达之上，理出言中之情、言外之意，才能读得入情入境。

《在牛肚子里旅行》是一篇科普童话，故事中包含着科学小知识——牛有四个胃，会反刍。这个知识借故事中人物——"青头"的话语表达了出来。教学中，结合学生的朗读，教师适时提问：从青头的话中，你读懂了什么？进而理解"储藏""消化"，再通过图片指一指或画一画红头在牛肚子里的旅行路线，感知动物的反刍现象。这样一理解，不仅加深了学生对知识的印象，让学生感受到帮助朋友离不开知识，还能使学生的朗读充满情境感。

2.深入合理的形象揣摩，润养自信

对话的朗读重在表现人物形象，人物的心情、特点、年龄、学识等，都能通过语音语调语速，或是与之相应的神态、动作等来表现。学生的优秀朗读中定然有着对人物形象的丰富理解，如《在牛肚子里旅行》中红头的害怕、痛苦、无助，青头的急切、冷静、果断，青头和红头的深厚友情。这些形象的揣摩都能从学生自信的朗读中表现出来。

课堂上，我们发现，学生为了体现红头在牛嘴里的无助，在读"那我马上就会死掉"一句时，除了根据提示语，带着哭腔读，还配合着抹眼泪，降低音量，放缓语速等，甚至有学生加进了抽泣的声音，沙哑着嗓子，与另一演青头的学生分角色读时，跟青头的话语接得特别紧，无助中更增强了害怕的心理。一系列的微表情、小细节都昭示着学生对人物形象的揣摩合理到位，入情入境。

3.触动精当的生活关联，焕发自信

《在牛肚子里旅行》中有这样一段话——青头不顾身上的疼痛,一骨碌爬起来大声喊:"躲过它的牙齿,牛在这时候不会仔细嚼的,它会把你和草一起吞到肚子里去……"学生在朗读时,边大声读还边揉着屁股,教师适时抓住这一细节追问原因,学生表达:青头被牛尾巴一甩,摔到了地上,一定很疼。这是一个生活的经验引发的朗读表演,教师立即抓住这一生活情境进行勾连:你平时摔了一跤爬起来之后会做什么?青头是怎么表现的?有了相同生活经历的投射,学生对此刻青头的心情理解就更加到位了,朗读表现充满了生活的张力。课堂上,我们看到:

生1,一手揉着屁股一手拢在嘴边,自信地读:躲过它的牙齿……

生2,半蹲着身子,紧皱着眉头,大声地读:躲过它的牙齿……

生3,故意摔了一跤,马上跳了起来,一本正经地读:躲过它的牙齿……

生活的体验给了学生丰富的觉知,激发了学生朗读表达的灵感,对故事的理解、人物的把握、情节的推进,都有了个性化的表现,朗读也因此变得更加有情有趣。

朗读需要历练,优秀吸引则将学生的朗读历练丰富为"听——仿——练——展示",再回到听读学习,形成一个立体的综合系统。优秀吸引,将优秀的朗读资源作为教师教的资源和学生学的资源,不断呈现学生学的过程,使朗读指导在学生发现认可优秀、模仿学习优秀的过程中,情趣盎然,走向优秀的生长。

第三节 打破学习"潜念":从固化走向灵动

"潜念"这一概念是美国哈佛大学终身教授埃伦·兰格提出的,与"专念"相对,它来源于西方心理学的研究,可以认为是一种细分化的心理定式。心理定势指心理上的"定向趋势",它是由一定的心理活动所形成的准备状态,对以后的感知、记忆、思维、情感等心理活动和行为活动起正向的或反向的推动作用。"潜念"正是一种具有反向推动作用的认知方式,表现出盲目归类、无意识的行为、用单一的视角看待事物的特征。在教学过程中不难发现"潜念"更易习得,常常会支配学生或者教师做出特定的行为反应。

一、"潜念"在儿童学习过程中的表征

1.个体自我"背景牵制"

学生的学习一般是建立在已有的知识基础上的,而前摄概念对后续学习既有正迁移,也有负迁移。如数学计算学习初期,一般由简单的"和加差减"或者"多加少减"模式起步。经历一段时间的学习后,经常会出现这样的描述:苹果有25个,比梨多7个。梨有多少个?总会有一部分学生会列式:25+7=32(个),正确解答是:25-7=18(个)。这种情况常常发生在受"背景牵制"较严重的个体身上,对学习有反向推动作用,逐步形成"潜念",阻碍有效学习的发生。

2.群体相互"人云亦云"

儿童的学习是在"群体"中发生的,同伴的影响不容小觑。小学课堂中经常发现第一个学生回答后,后面的学生随即模仿。有些学生的模仿是能够和内部知识发生"反应",进而重构知识体系,使学习有效;而有些学生的模仿只是游离在知识体系外的,只是暂时的记忆和发声。

二、"潜念"在儿童学习过程中的成因

"潜念"在儿童学习的表现形式多样,而潜念行为无须强化就会发生,而且发生的非常快。为了能更好地提出破除"潜念"的策略,首先需分析"潜念"的形成原因,其主要包括盲目归类、无意识行为以及思维懈怠。

1."盲目归类"下的"潜念"

从外部评价看,经常会有学生把汉字少笔画、口算漏做、单词拼错等错误盲目归

类为"粗心"，因为老师和家长对"粗心"所造成的错误要比说"不会"更容易给予宽恕，在这样的"潜念"影响下，学生对犯错误的后果承担"理所当然"地减轻不少。

从内部结果看，会发现有些错误很容易由"盲目归类"造成，如前面提到的"梨的问题"，由于学生看到"梨多"二字，盲目的将题目归类为加法计算。从心理学角度分析是一种"盲目归类"，是由于学生"潜念"地对熟悉的句式做出的错误反应，而不是对事实内容进行的正确反应。[①]

2."无意识"行为化的"潜念"

早在19世纪，心理学家莱昂·所罗门和格特鲁德·斯坦就对"无意识行为"进行了深入研究后发现：人们无须受到明显的意愿或意志干预，就能按照既往习惯无意识运动。如一组口算练习120÷60、350÷70、630÷90、540÷60等题之后夹一道240-80，由于大脑提取信息时无意识的将最后一题的减号想成除号，当学生第一次出现这样的错误，没有干扰其无意识行为，长此以往，他对类似问题都不介入有意识地改变，慢慢地养成习惯，这种无意识行为进而形成"潜念"，每每遇到类似的问题就会"无意识"地一错到底。

3."思维懈怠"下的"潜念"

小学阶段的学习，有一个显著特征就是程序化，实质上就是一种按部就班的操作模式，主要表现为两个方面：可操作性和操作有顺序性，这种顺序通常是不能打乱的。也就是要明确怎么做，以及先做什么后做什么。学生对熟悉的结构产生"思维懈怠"，在学习过程中不需要给予过多关注就能"完成任务"。

这样的行为能够催生"潜念"，这种状态一旦占据主导地位，学生的思维就会紧闭，不让一点有价值的信息植入。[②]更糟糕的是，教师对学生不放心，怕耽误时间，怕学生出错，于是又事无巨细地指导、讲解，导致学生没有独立的自主思考，长期这样，学生就形成依赖性，产生思维惰性。也就是说，"潜念"状态下的学生习惯于用既定的方式来使用特定信息，而不会探索其他可能的运用方式。[③]

总的来说，每一种"潜念"背后的成因都不是单一的，只是针对单一案例进行分析时，会发现某一种成因所占比重较大，或是表现更明显。

三、重构儿童积极学习的策略

1.以"过程"为教学的导向

学习过程化，学生就会将注意力集中到实现目标的各个步骤上，沉浸在有趣问题

[①][②][③]埃伦·兰格著，王佳艺译.专念：积极心理学的力量[M].浙江人民出版社，2012:9-17，123.

的探索中，对于提出的问题也会变成"我该如何做"或者是"还有没有其他的理由解释得通"。一方面，从学生学习角度分析，只有理解透彻的知识才不易遗忘。另一方面，从教师专业角度分析，具备深厚的学科素养，才能正确指导教学，才会让学生对老师更加信服，进而积极学习。

如学生的"基础题"越是熟练，就会导致"思考"的成分越少，由于思考成分的减少，惯性推理，就使得思维按照背景所形成的惯性发展为无意识行为。减少这种"惯性"的办法应当是让学生练习的速度适当慢下来，增加思维含量，把基础的抄写、计算中的无意识行为变为有意识行为。教学中不再是"重复默写""限时计算"而是鼓励学生"理解含义""细心计算"，这样不仅能够减少错误的发生，同时可以使得学生经历思维的训练。

一个真正以过程为导向的人知道每个结果都是由之前的过程导致的，会与他人进行合理的比较，不会妄自菲薄，只要步步为营，坚持不懈，那些看似不可能完成的目标都是可以实现的。[①]所以在教育教学中，教师应该多培养学生关注于学习的过程，体验学习的乐趣，使学生从被动学习变为主动学习。

2.以"多样"为策略的支撑

教师应允许儿童在学习中经历多角度的刺激，这样可以增加大脑产生新的神经元的可能性，面对不同的情境，根据这些"多样想法"，引导学生能规律地寻找答案。"多样想法"是抓住问题的本质而产生不同的理解，但都是围绕核心"问题"。儿童在学习中，应体会到尝试不同视角解决问题的差异。同样一个问题，最终的答案也是一致的，但是从问题到答案的"想法"是多样的。观照每一个儿童的"想法"，利于有效学习、积极学习的发生。"多样想法"不断刺激这种不确定性，可以激发创新性，打破"潜念"。

3.以"专念"为目标的养成

"专念"是一种个体对新事物保持开放的思维模式，是从自己正在体验的事件中发现不同、构建新意的认知方式。[②]拥有"专念"的人容易与别人感同身受，从他人的视角考虑问题，进而扩大自己的选择范围，作出不同的选择。

宽松路径。在当今的信息高速发展的时代，千万不能做"两耳不闻窗外事，一心只读圣贤书"的书呆子，书上的固定知识使他们的认知形成了顽固的心理定势。学校教师家长应注意学生知识的更替，不读死书，多阅读一些新著作、新领域的研究成果，关注社会动态，接纳新信息，在巩固已有知识的基础上，让自己大脑的发展有无限种可能。

---

① 许梦珂."专念"与"潜念"述评——打破思维定式[J].科教导刊：电子版,2015 (34) :23-24.
② 胡婧,艾伦·兰格,张西超.兰格专念量表在中小学教师群体的初步修订[J].中国临床心理学杂志,2014, 22 (1) : 69-73.

学会类比。学生对于"一题多解"或者自己的错误,要学会类比,在对比过程中转换视角。将在特定背景下发现的概念或关系延伸到新背景下,分析不同思路背后的知识构建基础是什么,以及为什么会出现错误。这种超越背景的能力都是"专念"的精华,是创造力的核心。当学生或老师墨守成规机械僵化使用以前创造的类别时,"潜念"就支配了人们的头脑,就形成了思维定式。

创新类别。新类别的创造是一种"专念"的行为,具有专念意识的人会用心倾听和观察,努力发现任何细微的变化。所以他们的行为会变得更加有效。打破"潜念",养成"专念"需要学生在成长过程中,对各种事物进行分类和再分类。人们通过创造不同的类别来体验世界,对各种现象进行感知和整理。

"潜念"无关乎学生学习的动机和欲望,它潜藏在人的头脑中,控制着主体的态度和行为。在教育教学过程中人们一般不会主动反思已经形成的潜念想法。正因如此,教师、学生和家长都容易忽视"潜念",在现实的教育过程中要认清"潜念",破除已形成的"潜念",来促进有效学习的发生。

第四节 注重爬坡历练：从笼统走向层级发展

每一门学科，很多的教材内容本身呈现螺旋上升的内在逻辑特点。在设计学习活动的时候，在兼顾儿童特点的同时，兼顾学科逻辑，注重爬坡历练，使学习成为一个逐渐递进和爬坡的过程。

以语文学科为例。统编教材从三年级开始，每册都独立编排一个习作单元，努力构建相对独立的作文体系，以提升习作的教学地位。用精读课文引路，"初试身手"展开片段练笔，到习作例文拓展思路，最后落实习作，再加上结合语文要素的随文小练笔，乃至整套教材的习作生长体系，如此精心的爬坡式设计，让学生更易于上手展开习作，切实提升学生的习作表达能力。教学中，借助词串进入选材情境、展开谋篇设计、突破重点细节，不失为学生习作的爬坡生长点，能帮助学生更轻松地进入习作，习作能力拾级而上。

一、头脑风暴：词串丰富化，轻松渐入习作

美国当代著名学者、认知科学家侯士达说："所有词语总是不请自来，马不停蹄地涌进我们的脑海。"从某个角度来讲，人是借助词语思维的。教学中，我们可以用头脑风暴的形式，让词串丰富起来，词串丰富了，学生的习作思路也就开阔了。

1.生活检索不设限

习作源自生活，但在小学生眼里，他们对习见的生活往往是缺乏感受或是感受片面的，拿到一篇习作，他们会有不知道写什么的茫然。比如四上习作1"推荐一个好地方"，请学生交流时，少数学生滔滔不绝，多数学生沉默，而滔滔不绝的那几个也以介绍游玩经历为主，这显然不符合推荐一个地方的习作要求。用词串的形式写一写，能在简短的时间里，让每个学生都得到历练，学生的练笔也很有意思：

武夷山：大石碑、高、很累、一颗糖、比赛、很得意

荡口古镇：河水很清、很拱的桥、坐船听歌、海棠糕很好吃、店铺的门窗很古老、祠堂安静肃穆

我们学校：操场很大、热闹、花坛里的花叫不出名字、教室整洁、食堂干净、窗明几净、保安叔叔很贴心、我喜欢计算机房

没有顺序的要求，也无须条理、完整性的考量，只做思考角度的提示，检索自己的

生活,想到什么就写出来,像游戏一样,玩着词语进入习作,学生很乐意投入其中。

2.伙伴借鉴巧迁移

小学生的同辈文化决定了他们更易于受到伙伴影响,写他人写过的事,说他人说过的话,甚至忽略自己生活的真实性也无所谓,这就出现了小学生习作中的雷同现象。习作的雷同也与学生的阅历、对习作的畏难情绪等有关,是不利于学生习作能力提升的,但如果能对习作中伙伴的影响善加引导,对拓展学生的习作思维、丰富学生的习作视域是很有帮助的。

在学生之间分享词串的过程中,忽略那些一目了然、大家都能理解的词语、短语,关注引发质疑的"那一个",就能指向真实且充满个性的生活。如上例"武夷山"中怎么写到"一颗糖"了?交流中,我们很快知道,原来是爸爸给了他最喜欢的梅子糖,他口中含着那颗糖爬到了峰顶,所以他觉得武夷山是梅子味的。多真实有趣的体验!因为"一颗糖"的追问,好几个学生也眼前一亮,在自己的词串中添上了一样东西。有学生推荐学校时,加进了"饭香":一到早上第三节课,学校食堂里就飘出了阵阵饭香,整个学校都成了香喷喷的了。同龄生活、同一语系所引发的共鸣,在聚焦个性之处后,就多了不一样的体验。

3.例文拾得善补充

统编教材中的课文、习作例文都是学生习作的范本,能给学生带来不少启发,对于这种规范的语言,要引导学生多积累致用。对于小学生来说,最具现实利益的致用就是选摘到自己的文章之中,整段的选摘显然是不可取的。结合词串推进,既有助于对例文的内化理解,又能收获学以致用的"速效满足"。如学生读了习作例文《爬天都峰》(四年级上),就直接补充了这一组词串丰富自己的爬山经历:笔陡的石级、叫人发颤、手脚并用、照相留念、鼓舞、汲取力量。再如展开四年级下习作4"我的动物朋友"时,本单元课文《猫》《母鸡》《白鹅》中的这些描写都可以让学生在写同一类动物时补充参考:丰富多彩地叫唤、引吭大叫、咕噜咕噜地给自己解闷、咕咕地警告、趁其不备狠狠地咬、挺着身儿预备作战、伸颈去咬、蹭腿、傲然站着、蹲着静候……

另外,统编教材的习作设计中,也出现了不少词串情境,如四年级上习作8"我的心儿怦怦跳"中,出示了一组心情的词串,四年级下习作8"故事新编"中,就用词串"河流挡道、撞上树桩、掉进陷阱"举例故事情节等。这些词串都可以请学生直接选取,补充到自己的练笔之中。如此一来,选材思路、语料元素就愈发丰富了。

二、分类组织:词串结构化,条理布局习作

许多老师在习作指导过程中,都会用列提纲的形式帮助学生梳理习作思路。提纲如果与丰富选材之后的词串联系起来,能让学生更好地习得提纲,搭建更合理的习作

框架，为着手习作提供坡度。

1. 梳理类别中取舍

统编教材的习作设计中，多传递着一种类化的意识，帮助学生合理布局全篇。如四年级下习作1"我的乐园"中，要求写之前根据三个方面的问题填表格；五年级下习作7"中国的世界文化遗产"，明确要求"根据要介绍的内容分类整理资料"等。有了丰富的词串之后，就应该对词串进行分类梳理，这个过程，也相当于习作谋篇的过程。

如在教学三年级下习作1"我的植物朋友"时，借鉴教材给出的记录卡，学生这样梳理写"月季"的词串——

样子：大朵大朵、花瓣绽开、边上卷卷的、花瓣上有露珠

颜色：粉粉的、边沿淡

气味：淡淡的清香

其他：摸起来滑滑的、娇嫩、花期长、花色丰富

如此条理清晰的分类，整篇习作的构成也便一目了然了。当然，有时在分类过程中还存在着筛选，需要舍弃一些不符合习作要求的词语、短语，也可在分类阅读中，对留下的词串作同类联想补充。如教学四年级下习作4"我的动物朋友"时，学生选择"请邻居照看"的情境，那么就需要舍弃些样子、动物趣事类的词语，多补充吃食、活动规律、注意点等方面的特点。

2. 融合图表中谋篇

思维导图的发明人东尼·博赞指出，在媒体阅读的今天，思考的主要形式是图片和联想。统编教材的习作中也出现了不少图表帮助学生拓展思路、谋篇立意。如四年级下习作2"我的奇思妙想"就有如图①所示的思维导图，将词串分类置于组织结构图中，清晰地呈现出习作的内容。在教学中，我们也可以提供类似的图表，帮助学生梳理词串。

如教学六年级下习作2"写作品梗概"时，教师以《鲁滨孙漂流记》为例，给出如图②所示的情节流程图。有学生仿例将《乌丢

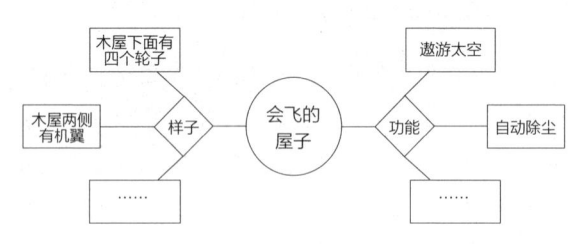

图① 我的奇思妙想

图② 鲁滨孙漂流记

图③ 乌丢丢的奇遇

丢的奇遇》一书的情节类词串画成流程图,如图③,理清了作品梗概的思路。(该图为学生课后重新加工。)

统编教材中有不少想象类故事的习作,如四年级上习作4"我和____过一天"、四年级下习作8"故事新编"、六年级上习作1"变形记"、六年级下习作5"插上科学的翅膀"等,都可以作类似的情节流程图展开构思。

还可以将词串置入游览路线图中,如四年级下习作5"游_____",可先让学生将词串按地点分类,然后写在对应的线路图中,这时,图就是一个整体的观照,而一组组的词串就成了习作的部分,整体与部分的关系、部分要描写的内容都在一张图上一目了然。

三、特征罗列:词串细节化,生动突破习作

在有限的课堂时间内,我们无法对学生的整篇习作展开细致地指导,只能选择重点突破的方法深入,但在教学中,我们也发现,选择重点片段入手对于小学生来说,也是一件难事,会在一定程度上扰乱他们的思维秩序。用词串的方式展开特征的罗列,能弥补这一不足,操作简单且针对性强,是突破习作重点的一个好方法。

1.表征描摹

对人物、动物、植物特点的描写,离不开细致的观察,但小学生的观察却是笼统、模糊、粗略的,统编教材设计了习作表达的观察序列,以促成学生观察、表达能力的爬坡提升。借助词串描摹表征,能推动学生更细致的生活观察。如四年级上习作3"写观察日记",要求学生连续地观察,记录观察对象的变化,用词串的方式来记录,忽略细节描写的语意连贯性,让更多的学生胜任表达。有学生观察发绿豆芽,记录——

9月23日:微型药丸、深绿深绿、绿皮撑破了、一条小缝、露出白色豆肉

9月26日:绿皮掉了、有的垂在豆肉上、手指一般长、根紧紧抓住棉布、芽有些泛红(查资料:见光多了)

9月30日:白色微型森林、芽长差不多20厘米、豆叶像小鸡嘴、豆肉软发红、根须小手指长

从记录中,我们看到,学生的观察有整体,有局部,能深入绿豆芽的各个部位,还能查资料进行探究,思维向多角度伸展。有了这么多词语、短语的储备,观察日记的完整表达也容易多了。

2.动作串联

我们的生活是运动着的,动态也让学生的思维和语言变得丰富。许多优秀的诗人也钟情于动词的锤炼而千古传诵,如贾岛"僧敲月下门"、王安石"春风又绿江南岸"、宋祁"红杏枝头春意闹"等。细致观察动作,丰富罗列动词,能直指习作的重点,更好地为刻画人物服务。

如统编教材四年级上习作6"多彩的活动",让学生观察活动后直接展开习作存在一定难度,先聚焦活动中的人,作动词词串的练笔,就简单得多。在组织完"击鼓传花"的游戏后,学生纷纷罗列——

同学传花:传、扔、放、接、紧盯、抢过、转身、一抛

小冉表演:弓身、双手搁在背后、脖子一伸一缩、"咯咯嘎"地叫

小姜表演:双手放头上、手掌一扇一扇、眼睛用力一瞪、脖子一仰、汪汪叫

"同学传花"一类,将"传"字丰富成"扔""放""接"等,包含了眼、手、身体的细节,传花的场景就在动词的罗列中鲜活生动起来。小姜小冉的表演,聚焦于身体各部位的细节,先罗列所见,再由学生自主仿演后重新调整了词序,串联成连贯的细节情境,成文就容易多了。

3.心情编码

写人记事,需要写出真情实感,文章才得以动人。表达心情是情感描写的一个方面,但很多学生对心情的描写仅停留在高兴、难过、烦恼、吃惊等笼统感受的层面,如写到高兴,就是"一蹦三尺高",写到吃惊,就有"瞪大了眼",写到"难过"多为"低下头流泪",这就是心情编码的结果。这些简易的编码随着年龄的增长,显然是不够的,教学中,可多借助词串,深入心情外显的细节,获得具象体验的同时,便于同类迁移。

如教学四上习作8"我的心儿怦怦跳"时,让学生在情境中为心情编码——

去幼儿园接弟弟(着急):伸长脖子张望、走来走去、皱着眉头、扒着栅栏

登上领奖台(激动):深呼吸、忍不住偷笑、不停捏手、不由自主挺胸抬头、脸上满满的自豪

当众朗诵(紧张):紧握着拳、手心出汗、心里像擂鼓、脸上火辣辣的、不停深呼吸、腿发颤、又想上厕所了

这样的词串是生动而又真实的,在词串罗列基础上展开的细节描写也一定是充满画面感的,这就是习作所要求的"写出真情实感"。同时,有了这样的心情编码,在以后写到同类心情的时候,也便于学生产生联想,实现迁移。

4.品质外烁

在人物特点的描写中,最难把握的是精神品质类的特点,统编教材六上第八单元给了我们启示,其中《少年闰土》一文课后有一小练笔,要求学生选一张照片仿写这一段:

深蓝的天空中挂着一轮金黄的圆月,下面是海边的沙地,都种着一望无际的碧绿的西瓜,其间有一个十一二岁的少年,项带银圈,手捏一柄钢叉,向一匹猹尽力地刺去。那猹却将身子一扭,反从他的胯下逃走了。

寥寥数语就把少年闰土勇敢、勤劳的品质定格在了这一个场景之中,学生读后也能很快分解出场景元素:环境、物象、细节。习作8"有你,真好"也要求学生写场景,也只有在聚焦了人、事的场景中,人物品质才能鲜明地凸现出来。

学生在明确了场景元素之后,组织的词串画面感强,关涉人物品质。如——

老师:柔和的阳光斜照、桌上几叠作业本、埋头批作业的老师、目光专注、面容沉静、不停挥动的笔、时而拧眉、时而嘴角上扬

爸爸:厨房里、油烟机呜呜地响着、锅碗瓢盆的叮当声、围着围裙的爸爸、忙碌的背影、哼着小曲、香喷喷的土豆牛腩——我和妈妈的最爱

奶奶:人山人海的校门口、形形色色的家长、伸长脖子张望的奶奶、风中卷起的白发、手中一瓶酸奶

总之,从统编教材所提供的习作情境入手,借助词串、语串,勾连生活,深入细节,展开爬坡历练,能让学生在有限的课堂时间里,获得更明确、体贴的习作指导,继而获得习作能力的整体提升。

除了语文学科,其他学科亦是如此。像英语学科,专门进行"爬坡式"写作的活动设计,数学学科进行"益智游戏"的相关活动设计,展开爬坡历练,从而获得相关核心素养的整体提升。

第五节 实施积极反刍：从倾听到表达

课堂教学中的"反刍"就是在课堂对话过程中，引导学生对表述过的话语内容进行回顾，通过复述内容、转述观点、总结表达技巧等不同方式，深入学生表达的精妙之处，切实有效地推进生生对话，更积极自主地促进学生知识建构的教学行为。

同时，"反刍"也是一种积极的课堂学习方式。首先，通过"反刍"能更好地培养学生的倾听能力，"倾听是学生参与对话学习的第一种方式"[①]，一个善于倾听的人能更快地从他人话语中检索到有价值的信息，以此来支撑自己的思考与实践，更好地完成学习任务。

其次，"反刍"关注的是儿童"伙伴语言"，即来自同伴发言中的精彩表达，这是儿童最亲近的语言，对同辈文化的遵从决定了儿童的伙伴语言处于一个相似或相近的话语体系之中，易产生"他会我也会"的竞学心理，"反刍"儿童的"伙伴语言"更有助于儿童语言的吸纳、内化。

最后，"反刍"将学生表达推到前台，更易于促成生生对话，且由于"反刍"要求关注的都是他人的优秀之处，更有助于构建起和谐的对话学习场，在心理舒适的状态下促成学习效能的积极提升。

语文课堂教学过程中，教师如能敏锐地发现学生即时生成的精妙表达，积极运用"反刍"策略，必然能收获意想不到的结果。

一、妙语再现——"反刍"的基本形态

儿童的课堂发言中潜藏着他们对文本的理解和独特感受，通过这些语言，我们能窥见儿童对共鸣度高的"印象语言"的把握程度、文本解读的特有视角、儿童语言表达的独特方式等，及时把握其中的趣言妙语，再现精彩，便能成就精彩。

1."依葫芦画瓢"式的直接复述

蒙台梭利说：我听见我会忘记，我看了我会记得，我做了才会理解。语言的习得也是如此，只有经过自己的脑子，从自己的嘴巴中流淌出来，才能获得更好的理解。当发现学生的精彩发言时，我们可以用这样的表达来提请学生注意："这位同学的一个词语用得特别妙，你发现了吗？""他运用了一个句式把自己的感受说得有条有理，哪位

---

① 郑金州. 对话教学[M]. 福州：福建教育出版社，2005 (1) .

同学已经学会了？""他表达的观点老师特别赞同，谁能再强调一下？"适时地让学生"停下脚步"关注优秀，通过复述，实现对优秀语言的强调与积累，因为"没有语言输入，根本谈不上语言学习""缺少一定量的语言积累，无论怎样强调理解，也是难以发展语言能力的。"[①]

在课堂的实际操作中不难发现，一方面，利用这种形式对精彩的表达进行转述是对交流者最好的赞美。另一方面，"温故""流连"在"精彩"之中，不仅能考查学生倾听的投入度，还能锻炼学生迅速检索"优秀"的能力，将他人表达中的"优秀"汇入到自身语言发展的"流"里，能更好地实现语言建构，提升阅读能力。

2.指向语言思维的拆解式陈述

儿童的认知、对书本知识的吸纳是以感性认识为基础的，儿童阅读更侧重于自身的主观感受，为此，他们的理解表达通常是想到什么说什么，往往会缺乏一定的条理性。在苏教版六上教材《负荆请罪》的课堂交流中，有一学生这样表达他的理解：赵国文有蔺相如，武有廉颇，赵国就强大了，蔺相如避让廉颇，不与廉颇计较，是不想他们两个闹翻，如果闹翻了，秦国就会乘机攻打赵国，所以蔺相如避让廉颇并不是怕廉颇，他让韩勃想两人闹翻的结果，是想让韩勃知道他一心考虑的是国家利益，这是他在忍让廉颇。

学生的这段表达把蔺相如避让的意思全部说出来了，但是由于表达内容信息量大而导致条理不清，于是我就适时引导学生：这位同学的发言中至少包含了三个意思，你能把这三个意思分解出来吗？这一"反刍"行为是在引导学生通过对语言的析出、解体，实现重建的过程。"学习者在接触一陌生的知识领域时，从已知的较一般的整体中分化细节，要比从已知的细节中概括整体容易一些。"[②]这是知识构建的渐进分化原则。通过拆解"反刍"，学生很快明确了这三层意思：一，蔺相如不是怕廉颇；二，他忍让是为了国家着想；三，如果两人起冲突，损害的是赵国的利益。学生的语言思维因此变得更加清晰，再次表达就显得严谨而有条理。

3.伙伴分享中的认同式转述

"在课堂这一由同质性文化所构成、缺乏他者性的环境里，每一个儿童要认识自己的形象和语言的固有性，并把这种固有性作为思考对象，那是困难的。"[③]这就需要我们建立起互学机制，让学生在伙伴群体中展开自主深入地学习，寻找认同的观点，再通过班级交流转述他人的观点，从而实现学生学习权的回归。一方面，伙伴分享能

---

① 赵新宇.语文教育学新论[M].南京：南京师范大学出版社，2006.
② 皮连生.学与教的心理学[M].上海：华东师范大学出版社，1997 (5) .
③ [日]佐藤学著，钟启泉译.学习的快乐——走向对话[M].北京：教育科学出版社，2004 (11) .

拓宽课堂学习的参与面,使学生人人有机会参与课堂交流;另一方面,伙伴分享加上班级交流,将单一倾听引向多元倾听、倾听与观点整合,能更有效地促成小组分享的效率,切实提高生生对话质量。

建立一定的心理契约是有效展开"伙伴分享"的前提。"心理契约是一种期望假设与主观约定,它所体现的正是人的纯粹的、真正的主观愿望、心理需求,以及对相对方应然取向的自我设定。"[①]这是西方组织行为学和人力资源管理领域中一个新兴的理论。"伙伴分享"中的心理契约是一种基于师生、生生团队共同意愿的不成文的约定,通过交流的热情、倾听的投入、参与讨论的积极性等内隐性的情感来表现。认同式转述能体现出伙伴分享中的参与率和参与态度、回应与倾听的效果等,以此来对心理契约进行维护,达到分享的互惠性。

二、经验归总——"反刍"的变式提升

随着儿童阅读、表达能力的提升,在课堂对话交流的语言中会越来越多地潜入文章感受之法、言语表达之法,这些指向实际操作的语文方法,有的直接展现"语用"技能,有的与情感融合体现出学生独特的思考过程,有的则是一种思想态度的暗示。我们要善于引导学生通过归纳与演绎、分析与综合,尝试对他人的表达进行经验归总,使学生对这些语文方法有较为清晰的认识,以此来提高学生阅读水平、鉴赏能力。

在苏教版五下教材《大江保卫战》的课堂交流过程中,学生有了这样的发现归总:

盖亦华说:"'几十万解放军日夜兼程,朝着大江挺进'这句话中作者不用'前进'而用'挺进'一词,让我感受到解放军面对灾情毫不畏惧。"陶瑜婧总结:"盖亦华能抓住关键词来进行比较,这个方法真好。"

邓屹岩说:"黄晓文'一咬牙,猛地把铁钉一拔,一股鲜血涌了出来','鲜血涌了出来'可见伤口有多深,我有一次也被铁钉扎到,还没流血呢,就已经疼到第二天,可是黄晓文还是全然不顾,仍然二话没说又去抢险了,真是舍生忘死!"吴舒悦说:"我可没被铁钉扎到,我是被文具盒砸了一下手指头,都说十指连心,脚也连着心哪,黄晓文当时的痛一定无法想象,可是他顾不得这些……"魏愉尧总结:"他们都能用自己在生活中的感受来说自己的理解,我们都应该学会这种方法。"

关键词解读、换词对比、拓展想象、联系亲身经历、关注特殊表达方式等文章感悟之法在学生的表达中越来越清晰。

1.聚焦。在未形成学生自主"反刍"之时,我们可以通过这样的问题来引发学生思考:"这位同学的理解方法真好,你能来总结一下吗?""他这样表达藏着他的阅读经

---

① 吴小鸥. 论教育中的心理契约[J]. 中国教育学. 2006 (12).

验，你注意到了吗？"这些问题能引导学生关注并挖掘语言内容之外的言语内涵，直接聚焦"语用"。

2.点醒。这样的"反刍"不是诱导、强加，而是点醒，学生在模糊到清晰的认识过程中有效形成"类概念"，这些"类概念""可以用以理解同一类文章、同一种语言现象，可以拿来让学生学习、模仿，举一反三，能在新的语境和情境中运用"。[①]

3.自觉。这些由学生自己总结出来的阅读经验，在不断地点醒中得到强化，久而久之，无须我们提示，学生就能如上例中提及的交流一样，自觉总结，自觉运用，内化为自己的阅读经验，自觉践行到下一次阅读之中，在不知不觉中实现感受方法、表达技能等的"正迁移"。

三、延展联系——"反刍"的积极指向

《礼记·学记》有云："君子知至学之难易，而知其美恶，然后能博喻。能博喻，然后能为师。"古代语文教法强调"喻"，即教师要善于打比方，以求触类旁通。[②]"反刍"的教学策略有助于帮助学生求得触类旁通之法，进而达成自主学习的目的。

1.串联"旧知"

"一个优秀的读者在阅读时，会不断地将已有的知识与文本中遇到的新知识产生联系。"[③]这是认知心理学家把图式理论运用到阅读领域时的发现。当发现学生在交流阅读感受的过程中，能联系已有的知识，我们必须通过"反刍"来强化这种联系，帮助他们进一步激活和运用能够支持新一轮阅读的旧知。

在五下教材《司马迁发愤写〈史记〉》的课堂交流过程中，有学生就抓住"飞来横祸"感受到司马迁遭受了人生厄运，并能联想到本单元刚学过美国盲聋哑女作家海伦·凯勒的人生不幸。于是，我适时提醒学生串联具有相似命运的人物，学生立即联想到五上教材中的谈迁、诺贝尔等。这些同类人物知识背景的唤醒，使学生理解司马迁的坚定信念、不屈精神更顺畅，有了异同思考比照，为深入阅读想象司马迁发愤写《史记》的情景作好了情感铺垫和迁移储备。

这样的顺势串联，使新旧知识得到"会通"，学生潜藏于文本认知中的语感修养也被同时激活并得到锻炼，获得提升，其中包含了"语言感应力、语言悬揣力、语言触发力"等。

2.联锁"读本"

在新课程倡导的建设"书香校园"大背景下，我们的课文学习从某种角度看，要比

[①] 李大森.致用：指向言语表达的智慧.教师，做个思想者论[M].天津：南天津人民出版社，2009 (9)．

[②][③] 李新宇.语文教育学新论[M].南京：南京师范大学出版社，2006.

学生的阅读更狭隘些。如在展开五年级下教材《我和祖父的园子》学习时，我班学生基本把萧红的《呼兰河传》看完了，且能结合一定要求作批注式阅读、写片段赏析。在这样的读书活动推进下，课堂学习更显得轻松且自由，学生不仅能展示自己对课文的理解，还能对课外读本中收获的信息产生"联锁"，字词句的"纠缠"在"连锁"式的阅读环境中，更指向整本书所体现的文章之脉，即意脉、情脉、语脉。

当学生的阅读蕴藉感得到了充分的调动之后，同类书籍的"联锁"就能促成学生的阅读向往。学生读完《呼兰河传》之后，可以推荐一组同类儿童文学读物：钟丽思的《顽童时代》、曹文轩的《草房子》《青铜葵花》、美国莎朗·克里奇的《呐喊红宝石》，并在导读时，有意识地将已读文本中的人物，甚至是班级中的人物与作品中人物的思想言行作一定的"联锁"，以此来激发学生的阅读热情，展现系列阅读的优势。

3.链接"生活"

儿童的阅读是一个循环往复的过程，"这一次"的阅读是为了"下一次""更下一次"的阅读，从而走向生活阅读，让阅读成为生活的必需，成为生命的一部分。语文阅读课堂中的"反刍"，其最终指向应该是促成学生的"生活阅读"，使阅读成为学生生活中的自觉行为。无论是"反刍"优秀，还是"反刍"旧知，或是"反刍"言语技巧，都在为学生的"下一次""更下一次"的阅读做着准备：已知经验的联系拉近了再次阅读的距离，回应机制营造起阅读的积极环境，表达技能的获得建立起再次阅读的心理优势，使学生有了再次阅读的能力。从教师引导"反刍"到学生在阅读过程中自主"反刍"，"反刍"这一外驱已在不知不觉间转化为学生阅读的内需，推动着学生自觉投入"生活阅读"，而这正是学生语言发展不竭的源头。

第六节 鼓励当小老师：从模仿冲动到自主呈现

儿童对教师有特殊的依赖感和崇拜感，尤其是小学生，在乐于接受教师教导的同时也最容易模仿老师的言行。从外部评价的角度来看，儿童模仿大体沿着消极到积极这一维度呈现出渐进的变化。儿童模仿是一个极为丰富，也是一个具有内在矛盾的概念。这种内在矛盾性决定了儿童模仿的两面性，即积极的模仿与消极的模仿，由于小学生思维单纯，独立思考和判断能力较弱，在模仿中以自我为中心，他们表现出的外显行为更多的是对同伴发布指令，制约同伴行为，或批评他人行为，这种模仿很多时候并没有涉及充足的动机、深入的理性及结果动机，而是"像他者一样的"无意识的"模仿冲动"。

优秀吸引努力实现模仿的正向力量，让学生通过当小老师的经历成为促进自我和他者知识技能掌握及道德发展等方面的重要角色，在自主呈现中促进学生个体和群体德、智、体各方面的发展。

1.积极的知识传递：从知学者到乐学者

对于学习，孔子认为有三种境界，所谓"知之者不如好之者，好之者不如乐之者"。孔子认为乐学才是学习的最高境界。因为只有由"好"最终达于"乐"，才能使外在的知识变为内在的生命体验，才能使外在的规范最终内化为心灵的满足。

在课堂上共同学习某个知识或某种技能的过程中，学生若比较早的理解掌握了知识，就可以当小老师，并组织语言讲给小伙伴或者教师听；倘若小伙伴并不能理解掌握，他可向其他小老师求教；倘若小伙伴们都不理解，他还可以向教师求助，直到让他的伙伴们真正学会知识。在这个过程中，小老师如果比小伙伴们学得快，显现了学习能力方面的优秀，小老师因小伙伴不理解而主动请教他人，更显现了有始有终、锲而不舍等乐于学习的品质，小老师在模仿教师进行知识传授过程中展露的自身优秀学习特质，值得被小伙伴们和老师发现和赏识。

2.积极的道德修习：从制约者到理解者

教师的人格特质或人格魅力对于学生模仿也有重要影响。人格魅力不仅仅是一种道德上的崇高性或牺牲精神，更多的时候表现为教师对待学生的态度和对待教学工作的态度。"平易近人""爱岗敬业""以情动人"等人格表现，有时候会比"讲大道理""好为人师"等更有助于拉近与学生的距离，进而促进学生选择教师作为模仿媒介进行模仿和学习。

优秀吸引强调主体自身对他者的关切，强调自身的责任。学生在当小老师的过程中不断自我建构，在模仿教师行为的过程中自省自悟，自主意识到制约同伴、批评他人等行为的不妥当，从而逐步改变以自我为中心的处事模式，学会发现自我和他人之间的差异性，在关心自己的同时学会尊重同伴，理解同伴的行为，在自我与他人之间找到平衡点。

3.积极的通道建设：从接受者到支持者

学生当小老师，实现了从传统教育中"学"的角色到"教"的角色的跨越，改变了以教师为中心的教学模式，学生成为积极主动的学习者，他们不但能向伙伴学、教伙伴学、跟伙伴一起学，还能承担导师的角色，相互商讨教和学的方法。在这个过程中，教师和学生的角色边界变得模糊，教师可以是"教者"，也可以是"学者"，教师充分信任学生，在各个学习环节提供支持，合理调节过程，及时参与评价，仔细倾听学生的学习汇报，辅助解决学生在学习过程中遇到的问题。而小老师也可以在不断模仿、学习和自我建构的过程中尝试教师的工作，与教师一起成为学习的陪伴者、支持者，引领伙伴学习优秀他者，引导伙伴发现群体中的优秀个体，学会赏识他人；鼓励伙伴积极卷入学习，向优秀的个体不断接近。

随着学生自主管理的深入，"当小老师"的体验活动也出现了一些弊病。如"小老师"成为学优者的专利，"每次都是那几个人"，自信有了，但更滋长了一种自傲；"当小老师"的过程是少数人的表演过程、展示过程，成了少数人"自说自话"的成果秀；甚至，在对小老师"放权"的过程中，无形中助长了一些不良风气：好朋友在背诵过关时放松些要求；默写订正时有些人没完成就标记完成；检查作业时总有几个"特殊的免检"人员。当优秀成为大多数学生"摘不到的那个苹果"，会让学生对优秀产生"或是盲从迎合，或是不屑隔阂"的心理，无论哪一种心理，都不利于学习过程的有效展开，不利于学生的成长。

为此，我们提出了积极教育视域下的"5分钟小老师"经历体验活动，相信"每个学生都是积极的学习者"，降低难度，敞开机会，把"当小老师"塑造成人人都可以参与并胜任的学习经历，努力追求小老师与学生伙伴双边提升的学习效能。

一、建立"让学儿童"的经历推进保障，小老师轻松赴任

重新审视"小老师"这一角色，应该有"老师"的身份定位，那么，"教什么""怎么教""用什么时间施教"这些问题是必须要应对的，而这也成为"小老师经历"得以保障所要思考的问题。

1.课初5分钟，立足学生自组织的形式

我们将"小老师经历"的时间安排在每堂课的课初5分钟。选定"课初"，一方面是因为以上课铃响为标志的上课起始阶段，时间可以得到有效保障，不容易被其他学习任务挤占。另一方面，刚开始上课，学生精力比较旺盛，易于对所教所学产生兴趣，给

小老师的教学组织降低了难度。

确定"5分钟",在实际操作过程中,是一个"5分钟"左右的大概时间,只是为强调经历体验的时间短,"短时间"在学生心目中意味着"低难度",能促使学生愿意参与。再则,如若在这"5分钟"时间内,小老师讲得不够生动,无法吸引、带动学生伙伴的学习,但因为时间短,学生们也能有所包容。

2.短学材认定,着眼学生完整教的体验

在进行"教什么"的认定时,除了需要考虑降低难度,我们更多了这样的考量——要让学生经历一个"完整教"的过程。因此,我们着眼于篇幅短小的文章、独立性强的习题、偏重基础的技巧项目等。

如语文学科,我们选择了《声律启蒙》《小古文100课》《走进小古文》《世说新语》等作为学材。一是因为这些书籍内容都是由短篇幅的独立文章构成,易于学生产生"这篇课文是我教的"成就感;二是小学语文统编教材注重文言文教学,而我们的学生在这方面存在一定的缺失,可以借此弥补一二。

在实际操作过程中,有语文老师还与自身特长、学生兴趣相结合,选择了《中国经典童诗诵读100首》作为学材,确立了班级特色。

3.微任务预设,易于学生零距离的投入

我们立足学科基础能力,倡导在日积月累中提升学科基本素养。如,语文、英语学科,以"读"为主,数学学科,以"算"为主,体育学科,则落实到基础普及的"跳绳"这一活动上,等等。

聚焦学科的基础能力,让每一个学生都有支撑"小老师经历"的学力,在一定程度上避免产生畏难畏怯的心理。同时,也便于小老师实施课堂组织,只要紧紧抓住"读""算""跳"等基础要领,就可以展开"教"的行为,"教"即是"学","学"即是"教","读准""算对""跳好",就是成功。

二、设计"事实集合"的经历体验内容,小老师切实到任

"5分钟小老师"要达到学生"人人都可以参与并胜任"的目的,让小老师切切实实地到任,仅仅停留在"用短小学材简单教"这一模糊的层面还不够,必须指向实际操作,让小老师在教学组织过程中"有事情可做"。

1.细化实际操作的行为,让经历体验有"本"可依

我们从教师教学组织的过程入手,设计"事实集合"的经历体验内容,将小老师经历转化为多个指向实处、可供操作的细节行为,将经历体验的真实情形展现出来。对于小老师而言,有了这些细节行为,便于对标操作;对于他人而言,能据此对小老师进行对标评价。

如以"读"为主的语文学科,有老师设计了如下的经历体验内容供学生参考:

示范引领		活动组织			积极评价		
范读	领读	指名读	轮读	两两对读	小组合作读	点赞	纠错	建议

教学过程中,教师要能够对学生起到一定的示范引领作用,要能够对学生学习活动进行有效组织,还要善于对学生的学习结果作出合理的评价,以指导学生的学习。但对于大多数小老师来说,"示范引领""活动组织""积极评价"这些经历体验的内容太笼统,他们仍无从"下手"。而紧紧抓住"读"这一基础能力,将其细化为范读、领读、指名读、轮读等,这些经历体验内容就变得看得见、做得到了。

2.理解行为背后的意义,让经历体验有"章"可循

有了可对标操作的事实细节,学生对小老师经历就更加具体可感了。但过度追求这样的"事实",也会导致学生将小老师经历的理解简单化,他们会认为,能带着大家读一读,指名回答一下问题,给同学点个赞或者纠正一下错误,这就是小老师经历,产生"当小老师太简单了"这样的错觉。久而久之,会让小老师经历流于表面的"事实"形式,缺乏体验感,经历退化成"经过"而已,这不是我们想要看到的。

我们需要通过"事实集合",找到支撑"事实"的能力,还有能力中所包含的知识本身的力量。如小老师对学生伙伴的评价,我们应引导学生看到在点赞、纠错、建议的背后,是小老师的认真倾听和对学习内容的充分熟悉,这才是胜任小老师的根本所在,是有迁移价值、能产生积极意义的行为。

三、约成"涵育自信"的经历学习过程,小老师大胆在任

随着小老师经历的体验内容越来越丰富,学生也会陷入因多样而疲于应付的境况,他们对各种操作方式失去判断,觉得各种操作都可以用,也都会用,无法选择适合自己的方式。可见,与学生共同商定一个合理的经历过程还是十分有必要的。

1.在规定的行动路径中感受可触的成就

教师在组织教学前需要备教案,小老师经历虽然不要求学生提供严格意义上的教案,但也需要有一个简单的操作流程,或者说操作模式,可供小老师一步步推进实施,同时也使小老师的经历不断走向体验的深处。

如有一位五年级的语文老师经过一定时间的实践,在与学生的商讨过程中,形成了小老师小古文执教"五步法"——

第一步"揭题读题":今天由我带大家一起来学习《***》,齐读课题。

第二步"互查初读":小老师范读,并领读某些难读、易错词句;同桌齐读,互查是否已

经读通顺。

第三步"古今对照读"：指名轮读，一人读一句原文，同桌读此句译文。小老师相机纠错评价。

第四步"深入理解"：小老师提一问，人物形象、短文道理、理解重点均可。

第五步"总结齐读"：小老师简单总结，全班齐读课文。

有了这样的经历体验"范式"，学生很快就能进入小老师的角色状态，且在这一系列的任务中，小老师的成就可感可触。

2.在自选的个性方案中提升即时的满足

小老师经历体验活动在实际操作过程中，因承担"小老师"角色的学生不同而有不同的方案产生，这样个性化的方案通常是根据学生的爱好、特长、能力而定，是对既定方案的微调、优化。如果说既定的方案是"规定动作"，那么积极教育视域之下的小老师经历还注重个性化的"自选动作"。

如上例"五步法"中的第四步，小老师依据自己对短文的理解，结合短文内容，可选择不同的问题切入。一开始，小老师更多的是问："这篇短文告诉我们什么道理"，这样的问题在课后习题、作品介绍等多处可直接找到答案。但有的短文道理不明确，人物形象却很鲜明，有小老师就开始追问："你从中读到了一个怎样的人"，甚至还会跟以前的人物形象产生联系，以丰厚对这类人物的理解。不得不说这样的体验是有思维投入的，作为小老师的满足感也是显见的。

3.在弹性的互动组织中撷取挑战的动力

多了个性化自组织的经历，再加上"课初"的时间保障，学生在当小老师的过程中，会不满足于熟习的现状，产生积极的挑战心理，尤其是看到他人的优化操作时，这种挑战创新的动力就更为突出。

如有小老师在范读时，尝试用上了"回声读"的方法，对部分重点词句进行重复读。此后，就有学生展开了多种方法的范读挑战，不仅用上学过的文言文趣读之法，还一起磨合创造了新的读法"搭腔读"——

西施病心而颦其里（嗯，然后呢），其里之丑人见而美之，归亦捧心而颦其里（啊，哈哈）。其里之富人见之，坚闭门而不出（唉，吓人呀）；贫人见之，挈妻子而去之走（惨不忍睹）。彼知颦美，而不知颦之所以美（哦，原来如此）。

四、实施"优秀吸引"的经历表现评价，小老师升格胜任

"优秀吸引"是我们所提出的一个校本化概念，它是指以个体优秀为中介，以实现更深程度的优秀养成为目标，通过一种积极的方式，与目标对象建立新的关系，重构

行动结构的交互过程。我们以"优秀吸引"的方式展开小老师经历的评价，以此来促进优者更优，使个体优秀走向群体优秀。

1.重认可，完成即优秀，实现人人可见的胜任

曾有一个学生这样说过："有评价就有伤害。"许多学生都表示赞同，理由是评价总是伴随着"好与不好"的倾向，哪怕再温柔的评价，建议再中肯，他们也能从中读出些老师不满的"小情绪"来。不得不说，学生的说法是有一定道理的。但是，评价是教育教学不可或缺的环节，如果真的存在"评价伤害"，那么如何把评价的"伤害"降到最低？我们努力倡导"优秀吸引"的评价，从优秀的发现、点赞开始，学生能完成小老师经历中的"规定动作"即为优秀，在互相点赞的过程中，让学生不断感受来自群体的、最直观的认可和鼓励，以此提升对"小老师"这一角色的胜任感，从而产生参与新一轮经历体验的动力。

2.轻介入，需要才援助，推行心理舒适的胜任

"5分钟小老师"的体验过程中，给予学生充分的信任，让学生有一个自组织的、完整教与学的经历，小老师不主动提出需要帮助的要求，一般不轻易以老师的身份介入，因为介入就是"打断"。这是一种情境的打断，小老师的学习情境与我们给出的学习情境是完全不同的，这是一种新奇的体验情境，打断意味着新奇感的磨损；这是一种思维的打断，听小老师的课，学生会有一种"如果我是小老师"的思维假设，学生与老师的双重角色投入学习，更容易让学习走向深入，打断意味着思维的否定；这还是一种心理的打断，对小老师来说，会产生"难道是我做错了"的质疑，滋生出畏怯心理，从而让小老师经历变得畏畏缩缩，小心翼翼。因此，我们倡导的"5分钟小老师"经历中，轻介入，甚至是忌介入。

3.明优势，论事引方向，创造积极理性的胜任

优秀吸引的评价倡导通过陈述事实的方式展开，并针对事实表达自己的感受，以此来暗示、引领学习的方向。陈述事实，是将优秀具象化，回归到小老师经历本身；表达感受，是为了明确优秀的生长方向，便于其他学生迁移做法，从而提炼生成理性的经验。如我们为小老师精彩的范读点赞，就需要陈述具体所见所闻的范读行为：小陈老师的范读响亮流畅，我感觉他一定是练习了很多遍才会这样出色；我还看到他给不认识的字标注了拼音，不理解的地方查阅了资料，写在书旁边，正是这些小细节，才让他的范读这样成功。

总之，降低难度，敞开机会，着眼过程，双边提升，在积极教育理念的引领下，"5分钟小老师"经历，正催动着学生走向更加独立自主、积极创新的学习，不断收获着蓬勃的学习自信、和谐的人际关系。

第七节 加强致用体验：从学科视野走向生活意义

致用，就是有用，即对学生的现实生活具有积极的指导意义。而活动是儿童社会化的重要途径，是课程实施的重要载体，也是学生主体性生成和发展的源泉。只有摒弃纸上谈兵的隔空操作，还原生活的原貌，在体验中重新认识生活，习得经验，从而确定自己内在的本质和价值，获得素养的整体提升，促进自身更好地生活。

以《道德与法治》为例，《义务教育品德与生活课程标准》(2011年版)指出："道德寓于儿童生活中，儿童品德的形成源于他们对生活的体验、认识和感悟，只有源于儿童实际生活的教育活动才能引发他们内心的而非表面的道德情感。"由此可见，体验活动对学生品德形成是何等重要。如果体验活动既"好用"又"好玩"，那就是最高境界了。因此，设计活动时，教师应立足班级生活、校园实况以及社会现实问题，让发现问题、分析问题、解决问题成为学生的内在需要，从而再造儿童学习生活的思维和行动方式。

一、生活游戏与德法主题的对接设计

玩，是孩子的天性。将学生原有的生活状态，无痕地融入有趣的活动中去。通过生活游戏与德法主题的对接设计，学生在好玩的游戏过程中，从初步地觉知主题，到不断地深入主题，从而高位地省察主题，使得德法课堂更具生活味，更具思考力。

1.在对比的嘻乐体验中，觉知主题

孩童，作为成长中的人群，对规则意识并不敏感。因为他们是小孩，所以可以耍赖；因为他们是小孩，所以可以被原谅。但是，小孩终究要成为社会人，也终究要为自己的行为负责。作为老师要充分地认识到：从小守规则，长大遵法规。因此，规则意识，要从小抓起。

《班级生活有规则》一课，笔者组织全班四人一组，两两对决，玩"石头剪刀布"的游戏，就这样，此课在轻松愉悦的氛围中拉开了序幕。接着，老师化身"小孩"，与班级获胜者终决。这时，老师故意耍赖慢出，假装为获胜沾沾自喜，并询问其他学生为什么不给老师掌声？孩子嘛，当然是实话实说——违规。好吧，接下来，在全班的监督下，双方遵守规则再玩一次。赢者获得掌声，输者心服口服。老师顺势揭示主题：看来，只有遵守规则，游戏才能开心地玩下去。孟子说："不以规矩，不能成方圆。"游戏是这样，班级生活也是如此，今天我们就一起来聊聊班级生活有规则。

看似嘻嘻哈哈的生活小游戏，只要稍作调整，学生置身班级这个"小社会"中，在

对比体验中就有了真真切切的道德感悟,揭示主题顺应了学生的内在需求,从而变得顺理成章。

2.在连续的玩乐体验中,深入主题

儿童之间存在着较大的个体差异。德法课堂上的体验活动是一个不断发展的过程,这个过程具有灵活性和不可预测性。学生作为一个个鲜明又独特的个体,他们有异于别人的生活经验、生活环境、学习能力、情感态度价值观,即便面临同样的问题,不同的学生也有着不同的感受和体验。

在充分认识这一点的基础上,教师应关注学生的真实思想,了解学生的道德需求,自觉地理解、尊重、接受学生因个体差异产生的生成性资源,对课堂上出现的"不和谐的音符"具有一定调控能力,积极引导,连续体验,促进学生的道德发展。

《我想和你们一起玩》一课,老师让学生分组按规则轮流玩"背挤球"的游戏。游戏中途,有的小组反映:"某某同学赖皮,不遵守游戏规则。"有的则嘀咕:"我的搭档不会玩,所以我们组玩得太慢了。""我们玩得一点都不开心!"……一连串的抱怨与不满突如其来,课堂气氛非常尴尬。这不正是孩子们平时活动的真实写照吗?

于是,笔者牢牢抓住这个宝贵的生成性资源,随即让学生在小组里讨论:刚才的游戏玩得快乐吗?你们想要怎样做游戏?该怎么做?一阵激烈的讨论之后,同学们各抒己见:"为了开心才游戏。""游戏时应该讲究规则,安全、和气很重要。""有的小朋友玩得不好,我们可以帮帮他,或者体谅他一下。"……

第二遍"背挤球"游戏,大部分同学们玩得很顺利,也很高兴。

可见,学生的个性差异是品德教学中有效活动的源头活水。要承认孩子之间的个体差异,用平等、多元的心态去正视它、珍视它。把他们的现有问题作为新知识的生长点,引导儿童从原有的知识经验中"生长"出新的知识经验。笔者通过差异间的冲击、碰撞、交织、融合,发起了连续体验。很显然,两次体验的初衷是不同的,收到的实效也是显而易见的。连续体验提升了学生原有的生活,也使得遵守规则的主题更加深入人心。

3.在挑战的游乐体验中,省察主题

课程标准指出:让孩子"动手动脑,有创意地生活"。现实中,多数学生通常会依赖玩具的设定,不太会想到把游戏当作可以更改或者创新的项目。

《我们有新玩法》一课,旨在通过现场体验,打破学生对一些游戏玩法的固有认识,鼓励学生开动脑筋,玩出新玩法、新花样。学生在挑战的游戏中,深入体会"动手动脑,有创意地生活"的意义所在。

二、校园实况与德法规则的对标辨析

《礼记》中有"慎思之,明辨之"的说法。思,就是思想;辨,就是辩证。德法教学中的思辨，是对一个问题进行正反两方面和发散性等综合思考后，各抒己见，互相学习，在辩论中获得感悟、提升认知，形成情感与价值观的过程。

《道德与法治》编委武立华老师在教材培训中提出：倡导现代学习方式，引领儿童在体验活动中提升思辨能力，初步掌握解决问题的策略。

校园是学生学习、活动的场域，将校园中的现象勾连德法规则，在各种对标辨析体验活动中，辨析是与非、对与错，引导学生对生活细节的辨识与体察，即明辨、体察生活细节的分析，形成正确的道德观念，从而指导自身自觉践行良好的道德行为。

1. 浅显性的现象，判断点化

对于一些"对不对""好不好"等浅显性的现象，如"排队交作业拥挤""用好朋友的水杯喝水""在校园内猛跑"等等，这些浅显的现象，让学生直接判断，稍作点化，简单说明原因即可。

2. 针对性的现状，纠错类化

小学生受自身认知、判断等能力的限制，或受家庭、社会等不良现象的影响，经常不知道自己哪些可以做，哪些不可以做。所以，就一种普遍现状，老师引导学生辨析纠错，从了解一个问题，拓展延伸到同类问题的辩证认识。

二年级上《这些是大家的》一课，旨在教育学生爱护公物。放眼校园，"在课桌上画画写字"是学生常做的事儿。老师将拍到的真实照片展现在孩子们面前，思维碰撞中，孩子们明白了：课桌是公物，是为大家服务的，不该乱涂乱画。

接着，请学生想想：在校园里，还有哪些公物也需要大家爱护呢？继而，不践踏草坪、不在窗帘后躲猫猫、不用扫把玩枪战……这一类问题就得到了有效的解决。

由点向面辐射，这种归类的学习方式，实现了辨析功能的不断扩大，对一类问题的解决非常具有针对性。

3. 指导性的体验，优秀细化

细节，就是细小的环节或情节。海尔的总裁（张瑞敏）说过：把每一件简单的事做好，就是不简单；把每一件平凡的事做好，就是不平凡。

把德法体验活动做好，就是不简单，就是不平凡。教师应贴近校园生活，关注体验内容与环节的细化，让学生在体验时有拐棍、有依据，这样，体验活动才会上升到学生的经验。

二年级上《班级生活有规则》一课，笔者这样操作：

第一步，激情感。结合学校日常行为规范评比，老师故作轻描淡写地说："上个月咱们班没得优胜红旗，哎呀，得不到就算了。"学生不服输的劲儿马上被激发出来了。

第二步，找差距。从大队部的检查结果入手，明确本班优秀之处：文明礼仪、安全节能；薄弱方面：课堂常规、活动集会、午间用餐、清洁卫生。

第三步，定目标。如果说，学生的情感被激发后，取得优胜红旗是大目标的话，那么，四个薄弱方面就是子目标。

第四步，制公约。学生以小组为单位，选择一个方面讨论该怎么做。这时，《常规三字经》就是写好公约的有力拐棍。如下：

常规三字经	
路队	三人行，必成行；不奔跑，不吵闹。
礼仪	见老师，问声好；见同学，问声早；上下楼，靠右行；互礼让，不追跑。
上课	铃声响，教室静；坐端正，专心听；认真想，大胆说。
课间	下课时，守秩序；走廊上，不打闹；拐角处，勿猛跑；上下楼，不推拉。
用餐	进餐厅，脚步轻；入座快，安静放；不挑食，不剩饭；齐动手，桌面净。
集会	集会时，有秩序；进出场，快静齐；认真看，静心听；精彩处，掌声起。
升旗仪式	升国旗，要肃立；唱国歌，声音响。

第五步，提希望。有了班级公约，大家就有了前进的目标定位和具体的行动方法。提出希望则是要求大家互相提醒、互相鼓励，为实现目标齐心努力。

对于低年级学生，制定班级公约是比较困难的，这样条理清晰、目标明确、优秀细化的指导性体验，增加了学生理性的分析和判断，细化了他们向优秀进步的步骤。体验活动落实、落地、落小，一步一步带着学生回忆过去的生活、审视当下的生活、优化未来的生活。

三、现实问题与德性养成的对症施为

德法教育，不是治病，但对于现实中影响学生德行养成的问题，教师可借鉴中医疗法，通过"望、闻、问、切、导"等策略，对症施为，扶正学生德育方向。

多年的班级管理，笔者发现很多孩子与同桌相处极不和谐，甚至家长也会因为"爱"自己的孩子，不断要求换座位。不同的家庭，不同的认知、不同的习惯，的确让孩子们之间会有摩擦，但是，孩子作为成长中的个体，需要建立正确的人际交往的意识，习得人际交往能力，明确与人相处时以和为贵的终极目标。

班主任和学生长时间"混"在一起，有时是一件幸事。能看到（望）课桌上隐隐约约的"三八线"、同桌间的推推搡搡，听到（闻）互相的抱怨、背后的"坏话"，询问（问）互相厌弃的原因，也能比较客观地分析（切）根源所在。庆幸，听到的是真实的

心声,不加掩饰的,这就是学生的道德原型。酝酿许久,一节现实所需的,题为"有一种缘分叫同桌"的班会课在煽情的开场白中拉开了序幕。随着交流的深入(导),黑板上记下了来自学生的感悟:学会忘记(不开心的事)、互谦互让、理解宽容、互相帮助、安慰劝告、鼓励赞美……孩子们敞开了各自心扉,解开了各种误会,学会了交往之道,绽放了灿烂笑容,也珍惜了不易缘分。

由此,教师不是简单的知识呈现者,应重视学生对各种现象的理解,倾听他们的想法,洞察这些想法的由来,抛出问题,让学生"对经验带有感情色彩的回味、反刍、体味",引导学生调整或丰富自己的理解。

德国哲学家雅思贝尔斯说:"教育就是一棵树摇动另一棵树,一朵云推动另一朵云,一个灵魂唤醒另一个灵魂。""如何摇动""如何推动""如何唤醒"是关键。生活游戏与德法主题的对接设计,校园实况与德法规则的对标辨析,现实问题与德行养成的对症施为,期间有趣又有用的体验活动,解决了如何引导学生"在德法体验中得法"这一核心问题,让德法活动更具生活意义。

第八节 建立互学关系：从独学到共学

每个儿童都是发展着的、具有探索精神和独立意识的独特的个体，而群体是个体成长、发展的重要环境因素。"优秀吸引"，是以个体优秀为中介，并以实现更深程度的优秀养成为目标，通过一种积极的方式，与目标对象建立新的关系，重构行动结构的交互过程。[①]交互的过程，就是在"你""我""他"之间建立关系的过程。人天生对优秀有着羡慕和渴求，儿童的这种愿望更强烈。在学习过程中，和伙伴、教师建立和谐的关系，能使儿童知觉到别人的优秀，自觉地靠近优秀，从而使自己更优秀。

一、儿童学习中被忽略了的关系

学习是儿童主要的生活方式，儿童通过不断深入的学习获取知识、认识世界、发展思维。然而，综观儿童的学习现状，假倾听、被合作、伪学习等现象仍然普遍存在，一定程度降低了学生学习的热情，影响了学习效能。

1.伙伴间倾听的缺失

课堂上，学生对老师的倾听已成为一种"惯习"，学习能顺畅进行。但当老师提出"你还读懂了什么？""谁还有其他想法？"等答案多元的问题时，往往听到学生重复前面学生说过的，甚至还没前面学生说得好。究其原因，一方面学生有着天然的"向师性"，对长者、师者的崇拜，能达成学习过程中对老师的倾听。而学生往往又以"自我"为中心，只顾着自己的表达，对伙伴倾听的意识不强，倾听的参与度不足，导致课堂上重复伙伴发言的现象。

2.合作中"我"的缺位

新课改倡导"自主、合作、探究"，合作学习成为课堂上常见的一种学习方式。世界上没有两片完全相同的树叶，也没有性格完全相同的人。一些学习能力相对弱或慢性子的学生，在同桌交流、小组讨论等形式的合作学习过程中，存在感不强，基本处于从属地位，他们没有发表观点的底气，更没有提出不同想法的勇气。人在场，思维不在场，一味地盲从——"我"的缺位使合作成为了"被合作"。

3.分享时"他者"的缺漏

很多优秀学生在分享时，只有单向的、生硬的输出，忽略了对"他者"观点的接受

---

① 凌红，许惠芳. 优秀吸引：儿童积极学习生活的习惯养成[J]. 江苏教育研究所，2019 (11)：35-38.

和认同。法国哲学家勒维纳斯的"他者"伦理学认为,"他者"和"我"的相异性导致世界及栖息于世的存在者摆脱"同一"的藩篱。"他者"的缺漏,使分享成为个人"秀场",也失去了相异性带来的无限精彩和可能。

二、建立互学关系对儿童学习的意义

1.有助于营造彼此认同的舒适区

美国社会心理学家M.米德认为:"在现代社会中同辈群体的影响甚至大到改变传统的文化传递方式的地步。"学习过程中,尊崇同辈文化,有助于营造一个彼此认同的舒适区。首先让儿童跟"自己"做朋友——我最好的朋友是"自己";其次和身边的"每一个"做朋友——放弃意识中固有的"自我"意识,增强对同辈群体的认同感。置身这样的群体,每一个都觉得舒服、放松、稳定,能够掌控,获得安全感,为积极学习奠定基础。

2.有助于建立相互促进的吸引场

吸引场,是一种能够促进人际交往的磁场,是在与他人的交往当中形塑自己的一个过程,其目标对象和主体之间一定是个相互的过程,即主体本身具有吸引力,目标对象愿意亲近并被吸引。班级授课制的优越性之一,是学生彼此之间可以互相观摩、启发、切磋、砥砺,学生与学生、学生与教师进行多向交流、互相影响,从而增加信息来源或教育影响源。优秀吸引更需要主体能充分展示优秀的魅力,焕发优秀的潜质,使其成为一种"磁场"。在这个"磁场"里,每个人都很好,每个人都愿意展现自己的优秀,都愿意通过自己的努力去帮助别人获得优秀,从而使自己更优秀。

3.有助于形成共同需要的情感链

人只有在与他人分享这个世界、共同拥有这个世界并在这个世界中积极行动,才能使人获得意义。行动者的信念就是自我展示与实现,是由他人的在场所激发。在这个过程中,个体原有的、生发的观点可以不一致,但群体追求的目标是一致的。一个优秀的核心人物所起的参照和领导作用,会带动群体成员形成正确的价值观和行为方式,实现向积极型群体的转变:从潜在的优秀到实在的优秀;从普通的优秀到卓越的优秀;从封闭的个体优秀到开放的群体优秀。

三、建立互学关系,构建"优秀吸引"的积极学习

1.缓存、转述,提升优秀的认同度

缓存,是指可以进行高速数据交换的存储器。当CPU要读取一个数据时,首先从缓存中查找,如果找到就立即读取并送给CPU处理。缓存知识,就是存储在学生大脑中处于就绪状态,可以随时被提取、随时被灵活使用的知识。缓存具有即时性,一呼

即出，可以随时随地对学生知识的学习发挥作用。

转述，顾名思义，转达别人说的语言或表述。部编教材四年级下册"口语交际"指出："如果需要转述的内容没弄清楚，要想办法确认。"可见转述的关键是记住别人说话的要点，这就需要学生深入倾听，并有选择地吸纳，有层次地表达。

缓存和转述，都建立在倾听的基础上。倾听是接纳别人思考成果的桥梁，可以听其言，可以观其行，也可以思其想。学会倾听是意义共享的首要策略。儿童的思维能力不如成年人，他们不善于把握语言的系统和规律，也缺乏独立学习的能力。教师要培养学生倾听的习惯，更应培养学生倾听过程中的思考力。"缓存"，引导学生关注伙伴语言的优秀，适时地捕捉和储存；"转述"，对缓存知识进行提取和归纳，帮助学生习得语言规律。缓存和转述的过程，既有"深入"的研思，又有"浅出"的反观，体现了"你""我""他"之间的多角度学习，也体现了对伙伴优秀的充分认同。认同的本身就是一个学习的过程。

2.反刍、融合，增加优秀的含金量

牛在进食经过一段时间以后，将半消化的食物返回嘴里再次咀嚼叫反刍。学习过程中的反刍，是指学生对表述过的话语内容进行回顾，深入学生表达的精妙之处，有效地推进生生对话，更积极自主地促进学生知识建构的教学行为。"这位同学的话语中包含了两层意思，你听出来了吗？"这是拆解式反刍，培养学生语言的条理性和思维力；"你赞同哪位同学的观点，结合你的观点来说一说。"这是认同式反刍，培养学生提取、整合信息的能力以及理解、融合的能力。"刚才的学习讨论中，三位同学的见解从不同的角度阐述，都很棒，谁来概括一下？"这是归纳式反刍，指向语用的"类经验"……反刍的过程就是融合的过程，认同你的，加上我的，形成"我们"的。在学习中与伙伴建立"我们"的关系，能放大个体的优秀，提升优秀的"含金量"。其实，生活中也不乏类似例子，比如辩论赛，正反方围绕观点进行几轮辩论，而决定胜负的关键，往往是最后一个环节：总结陈词。对己方观点的反刍和融合，能使总结陈词角度更全面，逻辑更严密，表达更有说服力。

3.分享、抱团，助推优秀的影响力

"他者"伦理学建构者勒维纳斯认为，校长和教师、学生之间，应该是"相遇"和"帮助"的同伴关系，教师、学生之于校长，就是"他者"，"他者"的精彩方成就学校的精彩。那么，是不是可以这样认为：学习群体中的每一个，都是"他者"，帮助他者，成就他者的同时，也修炼、成长了自我。对于所有者来说，优秀不应该是藏着、掖着，或者封闭地保护着，而是尽可能地暴露、展现并以帮助扶持的友好方式对"他者"给予关怀，"他者"受益的同时，自身也获得更高程度的发展，以此实现"抱团"共生。

很多班级都有"小老师",就是协助老师管理班级的学生,他们承担着收发作业、领读领诵、辅导小伙伴等任务,似乎比一般的学生少了学习、游戏、休息的时间,但绝大多数小老师各方面发展得依然都很好。因为在对"他者"给予关怀,"他者"受益的同时,小老师或归纳了方法、或习得了表达,或学会了相处,这些经历激发了他们自身内在的积极力量和优秀品质,并利用这些积极力量和优秀品质帮助别人最大限度地挖掘潜力而获得幸福,最终获得他者与自身抱团优秀的双赢体验。

儿童是在群体中学习的。尊崇同辈文化,体察伙伴优秀,消弭他者操控,建立和谐相融交互的关系,群体中的每一人如沐春风,相观而善,相濡以沫,呈现蓬勃向上的积极学习状态,优秀便从潜在走向实在,从普通走向卓越,从个体走向群体!

第九节 推进合作共学：从一枝独秀到学习共同体

"优秀吸引"理念下的课堂主张人人为学习主体，人人为学习伙伴，构建伙伴式学习共同体，学生之间积极合作，从优秀吸引的主体拥有者出发，展露优秀，并以帮助扶持的友好方式对他者给予关怀，最终获得他者与自身抱团优秀的双赢。

一、合作共学的价值意义

1.积极的合作模式：从"线性辐射"到"共赢互生"

随着学习共同体的逐渐形成，大部分学生已经能够积极地与他人进行交流，但仍然存在部分学生在小组学习中不愿积极参与的现象，他们既不愿意发言，也不愿与他人分享自己的想法。这样，在学习共同体中就可能形成强强联手与弱者沉默的两种极端现象，难以形成学生之间广泛的积极合作。伙伴式学习共同体主张更为自主和自由的学习方式。小老师和小伙伴的角色可以根据需要相互转换，人人都是小老师，大家都是小伙伴。在基于伙伴关系的学习团队里，学习活动发生在伙伴之间的提问、应答、讨论、争辩、督促、评价过程中。

在合作学习的过程中，优秀的个体适当放低自己的姿态，以帮扶的方式支持伙伴的学习。用"你想表达的是不是……？""我同意你的观点。"等支持性语言鼓励伙伴积极地卷入学习活动中，并帮助伙伴进行知识的建构。因此"优秀吸引"更强调支持和共赢，学生既是优秀的"学者"，也是优秀的"教者"。

2.积极的合作关系：从"我说你听"到平等对话

倾听可以使学习共同体的相关建设者进行主动性地参与，激发主体间的平等对话，是合作的基础。然而，在学习共同体的实际建设过程当中，良好的相互倾听关系往往难以形成。一是可能会出现一种形式"热闹"的问题，也就是说，学生陷入表面热闹的虚假快乐，而实际上缺乏真正的用心地互相倾听。二是教师、学生难以真正地去倾听学生的声音，而且教师难以摆脱权威的束缚。

倾听与对话关系的形成是建构学习共同体的基础。首先，相互倾听会使不同的、多元的观点得到表达和尊重，改变一种线性的思考方式和人际关系，从而形成一种"交响式"的关系，也就是说，倾听能够促进班级学习共同体中的人际关系的改善与重构。其次，相互倾听蕴含了一种关怀与尊重的道德伦理，有助于学习共同体发展愿景的实现。"听先于说的行为，在学习中至关重要，相互倾听是相互学习的基础。""倾听"代表了倾听者与被倾听者的平等、协作关系,优秀吸引理念下的合作关系消弭了传统教育模式下教师跟学生之间"我说你听",学生之间"爱听不听"的消极合作关系,倡导学习伙伴间积极倾听,平等对话,以公共性、民主性、卓越性为哲学基础,保障了每个学生的话语权和学习权。学生既是优秀的对话者,也是优秀的倾听者。

3.积极的主体关系:从"我——他"到"我——你"

传统师生关系如主体性师生关系中,在教师的绝对权威与话语霸权下,教师视学生为通过教育可以得到发展、得以进步的对象,主体性师生关系中所提到的发展是指学生单向的发展,且如此师生关系充斥着控制与霸权,极易造成师生间的冲突。随后的主体间性师生关系,外在主体间性师生关系受政治及经济逻辑的侵蚀,内在主体间性因为牢固的"为我性"根基,强调两者间的共识,最终走向精神的同一化,或教师同化学生,或学生同化教师,不过因教师闻道在先之缘故以及受我国师道尊严传统文化的影响,师生间的精神同一性表现为教师同化学生为主,最终仍然指向的是学生的单向度发展,教师在教学过程中扮演着促进学生单向度发展的角色。

伙伴式学习共同体主体间由专制、疏离走向平等、共生、交往对话,由主客二元对立转变为互教互学,使个体间由"我——他"关系变为"我——你"关系,使共同体由同质走向异质。主体间共生关系的存在,使"我"与"你"之间形成一种真正的对话关系,从而引起主体之间的真正的合作,形成异质共存的"和而不同"的学习共同体。强调的不再是师生间的精神同一,而是师生之间,生生之间的异质,而且这种异质性不能被消解。不同的主体,自身存在有别于他人的异质性,当不同主体相遇,相互交流,最终实现和而不同的共同进步与个性化发展。因此学生既是优秀的"为我者"又是优秀的"利他者"。

二、合作共学的推进策略

在伙伴式学习共同体中,学生参与决策,自主提升学习成效,通过开放性沟通、反思性对话、探究与体验以及同伴共同参与学习过程,学生拥有充分的自主权,在实践性、研究性学习中,自我服务、自我管理、自我教育。从情感角度看,伙伴式学习共同体成员之间同理共情;从信息传递看,伙伴式学习共同体凸显双向互动;从学习结果看,伙伴式学习共同体倾向彼此共生共进。

(一)建立关系,在彼此吸引中奠定合作基础

良好的人际关系是展开有效合作学习的前提。在"卷入"式的合作学习中,通过空间场域的变化、人员随机的组合,可以帮助学生树立信任、友好的意识,让学生个体的优秀不自觉间感染到团队中的他人,又因团队成员间有着相容性,更易催生其他个体的积极潜能,从而让合作学习充满积极的能量场。

1."建议"分组,合理吸纳优秀资源

一般来说,小组合作学习常采用课桌前后四人为一小组的形式来进行人员的组合。这样的方式有利于课堂操作,方便易行,但对学生的个性差异和智力发展水平的差别考虑较少。因此,我们打破了这种传统的分组方式,改为教师推荐、学生自组的方式,即学科教师在班主任的帮助下,把班内学生按知识基础、动手能力、兴趣爱好、语言表达能力、性格特征、心理素质、性别等为依据平均分成若干个组间同质、组内异质的"建议"小组,力求组际各方面实力相当。然后,再请学生对教师的分组建议提出自己的意见,允许学生根据自己的实际情况提出申请进行微调,甚至作出较大的变动。

2.好友结伴,促进积极互赖氛围

平时的课堂上,可以让学生离开自己的座位,按照小组坐在一起。遇到特殊的情况,还允许学生进行"组间交换",让学习过程变得更为合理公平又充满趣味。这样的组合,让学生感受到了被尊重和自由的感觉,很多孩子选择了和好友在一起活动,有利于组内的有效互动,小组活动的气氛明显变得积极起来。小组成员的积极互赖,让他们充分体验到自己与小组同学是浮沉与共、休戚相关的关系,为了完成共同的任务,改变了以竞争为主的相处方式,促进了成员之间的互助合作,他们的学习态度变得更为积极。

3.设计名片,有效提升群体认同

为了提高小组内聚力,让参与者更加认同自己的小组,我们还让每个小组给自己起一个组名,设计一张独一无二的"名片",共同制定群体标准,喊出响亮的行动口号,举行亮相展示仪式,尽可能让小组目标与个人动机保持一致性。在合作学习的全过程,大家都用这个组名指称该小组,促使组员产生归属感和认同感。

(二)角色跃迁,在共情体验中亲历合作过程

有效指导学生合理分工是小组合作学习获得成功的保障之一。卷入式团队学习中,我们倡导人人有岗位,人人有事做,人人担责任。通过"设岗——知行——善为——跃迁"等环节,让每一个学生亲历实践,分享互助,不由自主地融入合作集体,重新发现自我的价值,增添经历成长的信心和决心。

1."我"在场:自己认领任务

角色分工是指每个组员都要承担一个角色,以支持组内活动的顺利开展。一般说来,每个小组都应该具备以下一些具体角色:组长,负责整个小组工作的协调和安排;记录员,记录每次讨论的情况;资料管理员,负责组内相关资料的管理;报告员,负责小组活动和成果的汇报;信息技术员,负责计算机等工具技术的支持……这些角色的安排主要让小组成员自己讨论决定,这样有利于激发成员的积极性,也有利于个人责

任的落实。为了不让少数能力强的学生包办任务,能力差的学生被忽视遗忘,无所事事,既拉大"贫富"差距,又会给课堂纪律留下一定的隐患。教师可以作出必要一些帮助和提醒,通过"正面鼓励""去除标签化印象",让个别学困生自己接受自己,也可以和其他同学一样实现"在场"。

2."我"分享:组长轮换制

"组长轮换制":每小组都给成员重新冠名——A组员、B组员……每次小组合作学习的时候,教师都会宣布此次活动由哪一位组员负责,这一位组员就成了此次活动的组长,同时还要代表小组参加全班交流。有了"组长轮换制",活动变得有序起来,学生的积极参与度也明显增加。特别是一些原先不太爱表达的孩子,也因为"任务在身"而不断地历练着自己。同时,因为组长身份的轮换,学生在小组活动中的角色也在不断地发生变化:活动组织者、资料查阅者、行动实施者、交流发言稿撰写者……这也为学生能力差异的逐渐消除提供了可能性。

3."我"支持:积极的倾听者

为了给学生的热情保鲜,防止合作学习的"暗礁",教师还要引导学生做一名积极的倾听者,学会欣赏他人,学会将固有的成见、情感期望等因素悬置,以实现对他人的理解和对自我的超越与扩从,促进合作小组成为"交响乐般的共同体"。比如说强调每一位参与者的发言都是重要的,小组成员要增加倾听的耐心,悉心关注"眼神的交流、面部表情、身体的姿势",仔细聆听他者的表达,并能主动投入思考,对他人的话语提供恰当的回应,而不仅仅是简单的好坏评价。另外,在小组活动时,各类角色还要通过积极倾听达成规则约定,如小组召集人要注意调动每个人的积极性,引导大家对有困难的成员表示理解,对优秀人员的帮助给予肯定;计时员要防止有的人说得太多,有的人没有时间发言;噪声控制员要随时调控本组发言的音量,不要影响其他组的活动;汇报员要能忠实地介绍本组集体的意见,不能"乘机"兜售"私货"。总之,注重理解基础上的陪伴,每位成员都将成为合作分享的受益者。

(三)优化形式,在任务驱动中丰富合作经历

通过任务驱动法组织小组学习,可以在特定学习情境下让学生有更大的学习自由和更多的学习选择,从而主动维持积极的学习状态,有效提升合作解决问题以及分析问题的能力。教师要灵活根据教学内容,优化小组合作学习的形式,巧妙运用任务线索,让每个学生都融入其中,让合作学习活跃而不浮躁,有序而不死板,真正使学生共同收获和发展。

1.集中式学习,设置任务阶梯

集中式的小组活动中,一般由全体学生讨论或师生共同交流,最后确定一个引起广泛兴趣的研究题目,作为唯一的研究题目,各学习小组独立开展研究。但对于知识

储备和能力历练相对薄弱的中低年级学生来说，这样的活动形式过于程序化，带有一些难度。因此，当中低年级的德法课堂有进行小组合作"集中式"学习的需要时，教师可把"完成固定题目的研究"这一形式改变为"小组共同完成任务"的方式，同样师生共同交流确定题目，同样需要学生进行研究，但把这些研究变成阶梯性的一个个任务来完成，那一些带有"弱势"的学生也不再畏难，带着成功感一步步地完成。同时，这也为学生最终进行集中式学习奠定基础。

2.半开放学习，吸纳多方资源

半开放式的小组活动往往是先由全班确定一个共同的内涵丰富的主题，然后由学生提出一个在该主题范畴下自己感兴趣的研究主题，将这些题目交全班予以调整，确定一批可供开展合作研究的题目，再由兴趣相近的学生自组小组进行研究。这种学习形式一般适用于中高年级。在组织这一类小组活动的时候，教师不妨把校外活动也吸纳进来，使活动的时间和空间更为丰满。如德法《买东西的学问》一课，教师就可引导学生在大主题"买东西，学问大"下，设置各类小主题：研究发票的用处，研究常去的商场是否有安全隐患，研究如何跟营业员阿姨交流等等，让学生利用逛商场的时机，在家长的陪伴下进行活动，然后在课堂小组合作时间内进行交流探究，最终获得真实的数据和有效的分析。亲身实践再加家长的指导，这对于那些以往在小组活动时知识和能力都不够的孩子来说，更是"有备而来"，信心倍增。

3.开放型学习，展示个性成果

开放式的活动形式一般先不预设研究主题，研究题目由小组成员提出，各小组的主题不重复。不设主题，更有利于学生个性化的发展；自主设置的主题不重复，更有利于成果的丰富多彩。因此，一些较为开放的教学内容可以设计为组织探究式的小组合作学习。如《古代科技耀我中华》的教学就可以充分利用小组学习，让各小组分别研究不同的课本内容：灿若繁星的古代科技巨人、独具特色的古代科学、独领风骚的古代技术创造、改变世界的四大发明……小组成员在自学课文相关内容的基础上各尽所能，进行课外搜集、制作PPT或小报、准备图片展等活动。在成果展示课上，多彩的展示大大丰富了教学内容。因为内容的多样和形式的多彩，不同水平的学生都能对小组课题的完成有个性化的贡献，因此，"并肩发展"在这样的活动中也获得了可能。

合作共学，让学生在学习知识与技能的过程中同步学习人际间的各种关系，使学生逐步意识到"他人对我很重要""尊重他人就是发展自己""共同进步才是最大的进步"，努力让每一个生命个体共从普通的优秀走向卓越的优秀，从封闭的个体优秀走向开放的群体优秀。

第十节 集优敞景展示：从个体优秀到群体优秀

儿童善于模仿，善于学习，是在不断发展中的人。"教师需要为小学生树立典范，让榜样的力量引导其人生发展，助推德育工作。"[①]教师可以以儿童心理发展特点为依托，贴近儿童实际生活，寻找积极教育下的童年榜样，让他们从榜样身上习得优秀，可以是一次精彩的发言，可以是一幅精美的图画，可以是一首动听的歌曲，可以是一天辛勤的劳动……通过点赞榜样，来提升对自己、对他人的积极认可，从而修习优秀。

一、丰富点赞主题，让每个孩子收获专属精彩

1.寻找缺失，确定点赞主题

每一个儿童都在不断的发展过程中，不完美是他们的共性，这就需要教师在班集体建设过程中，善于发现儿童身上所缺乏的优点，进行挑选、提炼，选择具有共性的缺失，确定点赞的主题，如：劳动小能手、学习小标兵、礼仪小达人等，让儿童在这样的点赞活动中弥补缺失，习得优秀。

如新班主任接手新班级，每次走进教室都是乱糟糟的：课桌歪歪扭扭；地上、桌上、甚至是讲台上总有揉成一团的废纸；每次检查卫生，总是这里扣分，那里扣分。结合这样的实际情况，班主任可以以此确定点赞内容：劳动小能手。在树立榜样的过程中，自然有学生积极地参与到班级事务中来，主动地捡拾教室的垃圾；一下课立马将课桌椅排得整整齐齐；抢着将黑板擦干净；甚至于全班性地自发寻找垃圾，清理垃圾……一天下来，班级始终维持着干净整洁。就连路过的老师都在议论："这个班怎么突然变了个样，这样干净？"一天、两天……一周下来，班级里绝大多数的学生都养成了保持教室干净整洁的习惯，几乎人人都能被评为"劳动小能手"。可见，点赞的力量是巨大的，能最快速地改变孩子的行为习惯，习得优秀，让每个孩子收获自己的专属精彩。

2.发现进步，丰富点赞主题

班集体里的每个学生都是独特的个体，每个人都有各自不同的闪光点。如果说寻找缺失，确定点赞主题是共性的，那么发现进步则需要教师去寻找每一个队员身上的闪光点，在共性的点赞活动基础上，丰富点赞的主题。如：运动小健将、歌唱小百灵、最美小画家……让儿童在这样的点赞活动中，获得满足，习得他人的优秀。

[①] 严建红.发挥榜样的力量，助推德育工作[J].教书育人，2019 (34) .

我班里曾经就有这样一个学生，他在运动方面很薄弱，每学期的体育成绩都不理想。但是有一次大课间，在学习双跳期间，我发现，他偶然间跳过了一个双跳，于是我悄悄告诉他，这次的的点赞主题是"运动小健将"，就是看谁双跳进步最大，跳得最多。当他得知这个消息的时候，脸上的笑容是那么灿烂……从这以后，经常捣蛋的他不见了，教室外走廊里常常可以看见他在努力地练习双跳，甚至还指导其他学生双跳呢！后来，在他的带领下，我们班的双跳成了全年级最厉害的，还获得了春季运动会第一名的好成绩。正是发现了他的在体育上的进步，用点赞活动激励他，才能够让他获得巨大的改变，并且带动身边一群人的改变，带动整个班级的改变，让更多的孩子收获了自己的专属精彩。

3.关注时事，填补点赞主题

在班集体建设过程中，要积极引导学生关注时事，关注社会热点话题，吸收社会的正能量。在发现学生缺失和进步的基础上，填补当中的空缺，让点赞主题更全面，更广泛的。

在党的十八大以来，"光盘行动"广泛开展，结合这样的社会热点，我们班进行了点赞"光盘侠"的活动，传授学生盛取饭菜要适量、饮食均衡不挑食等方法。让学生密切关注中午食堂的用餐情况，用自己的亮眼睛去发现身边的"小小光盘侠"。活动开展才两天，倒饭桶里的剩饭剩菜立马就少了很多，有时甚至只有一些汤汁，可见点赞活动真是立竿见影。

2021年，适逢"建党100周年"这一时事，可以组织点赞"红色小传人"的主题活动。学生在课后都能够积极搜集红色人物资料，吟诵红色诗词，歌颂红色经典，感受红色精神，为党的100岁生日送上自己的祝福。学生在这样的活动中不仅传承了中华民族的优秀传统文化，更是有了精神上的寄托，有了道德上的指引。

二、形成点赞仪式，让每份精彩得到伙伴见证

1.分享，得到多数人的赞同

"在小学校园中，应多组织具有深刻内涵及教育意义的活动，让仪式感为教育增添色彩，强化学生的情感体验，使校园教育更具张力和魅力。"[①]点赞活动中评选出来的一些优秀儿童仅仅只是个体的优秀，而不是群体的优秀。给点赞活动加个仪式，不仅能让学生获得被多数人赞扬的满足感，而且可以让整个班集体的学生都能看见他的优秀，分享他的优秀，直至习得他的优秀，让个体优秀带动群体优秀。

---

① 毛维维. 让童年生活更具仪式感——小学仪式教育的创新研究[J]. 小学生，2020 (04).

在"劳动小能手""红色小传人""学习小标兵""运动小健将"等童年榜样被评选出来后,我都会在颁奖仪式上让学生自己先大声读读自己的点赞卡,读读点赞卡上自己的优秀行为,再将点赞卡传递给自己的伙伴,互相读读。显而易见,学生读着读着就更自豪了,更有底气了,也更有收获了。读自己的优秀行为,读他人的优秀行为,不仅让学生获得被肯定、被表扬的满足感同时,也习得了他人的优秀行为,让这份精彩得到了伙伴的见证。

2.立标,让模糊的优秀更清晰

儿童的行为是无意识的,无目的的。点赞仪式可以让儿童清晰地认识到自己的优秀行为,明确地确定自己要达到的目标,从而强化这种优秀行为,最终将这样的优秀行为形成一种习惯。点赞活动只能在短时间、一个周期内让学生通过优秀行为来获得内在的满足感,要想让学生的优秀行为持续下去,就需要让学生内心有一个明确的目标,时时刻刻能够牢记的目标。基于此,举行点赞卡颁发仪式上,在学生分享自己的优秀行为后,我会让学生谈谈自己获得点赞卡的内心感受,让其他学生谈谈读他人点赞卡后的感受,以此为契机,在纸上写下自己的目标,并在这次颁奖仪式上大声读出自己的目标,让伙伴见证自己的精彩与成长,让成长目标更清晰。

三、做好点赞存档,让每次见证烙下成长印记

1.传递——让教育一以贯之

小学阶段的教师大多是小循环教学,分为低、中、高三个级段,很少有从一年级连续教至六年级。但儿童是不断发展中的人,儿童的学习也是具有连续性的。这就要求教师要做好点赞活动的存档,在学生由于升学等原因换教师的时候,可以做好点赞的交接工作,将学生的优秀行为传递给他的下一任教师。传递点赞的过程性资料不仅有利于新教师快速了解学生的现实情况,而且也能够让新教师在前面点赞活动的基础上,进一步地深入延续点赞活动,让学生的教育一以贯之。

2.回忆——让教育拥有温暖

儿童在班集体中度过六年的学习生活,和伙伴们一起挥洒汗水,一起经历风雨,一起遨游知识海洋,一起获得能力成长,一起传习中华美德……但生命中的记忆总是有限的,随着时间刻度的拉长,很多生命中的重要时刻也会被慢慢遗忘。基于此,教师要做好点赞的存档工作,让这些人生中具有非凡意义的时刻定格,让这些点赞卡见证学生的成长。让这些即将展翅高飞的学生在毕业时刻能够拥有一份特殊的礼物——

点赞档案。让他们在翻阅时能够回忆起学习生活中的优秀成长经历，能够获得内心的触动，充满被点赞时的自豪，能够感受到教师对他们的关怀与肯定，获得教育的温暖。

3.传承——让教育充满人情味

当学生毕业时，走出这个温暖的班集体，走出他们引以为豪的母校，五年后、十年后、二十年后……肯定会有眷恋和回忆的。此时，怀念不仅仅是因为念旧，更是因为那段时光过得特别精彩。作为教师，可以将他们的点赞档案保存好，保存十年、二十年，甚至是更久。当这些毕业学子再次回到母校，看到几十年前，当他们还是孩童时获得的点赞卡时，势必会再次想起当时自己的优秀行为，想起自己当时的自豪瞬间，想起当时身边的童年榜样。传承点赞档案，不仅能够让毕业学子回到那年瞬间，而且让教育充满了人情味儿。

积极教育下的童年榜样点赞活动，传习了中华民族的传统美德，更是让每个儿童都有了自己专属的优秀，人人都成了优秀者，人人都成了童年榜样。

第 六 章
多维支持系统

"优秀吸引"从学校管理中萌芽,逐渐融入德育建设、教育科研、课堂学习等不同领域,建立起儿童积极学习生活的多维支持系统。在"优秀"的感知、融入、体验之中,"优秀吸引"逐渐成为每一个东小人的行为惯习、文化基因。

第一节 优秀吸引：
"敏求"文化背景下的学校管理制度创新与实践

学校文化反映着学校的办学传统、价值追求、管理理念等，它以一种惯习感染、思想熏陶、气韵弥散的方式，影响着学校教育教学的方方面面。在文化立校的大背景下，作为一所百年老校，其传统的管理制度受到极大冲击，我们努力突破规范章程、准则条款等传统"物化"制度，注重师生团队心理契约的约成和维护，融合学校"敏求"文化和积极教育的相关理念，主张以"优秀吸引"的方式推进管理，体现制度的"内化"过程，彰显文化精神与人本关怀。

一、文化引领

"敏求"为我校创校之初的校名，出自孔子《论语·述而》，意为勤勉。多年来，我们秉承"敏求"两字校训，提出了学校"敏求"特质的文化内涵，循藉"传统追溯——多元纳取——校本融合——气韵弥散"的轨迹，努力建构特质鲜明的学校文化。

1.传统惯习中的革与立

学校传统的管理制度中包含着一代代教育人的教育智慧和理想，如集体备课、"传帮带"等制度，承袭了好几个时代，成为推进学校教育教学的有力抓手。首先，我们应该充分认识到既有制度中积淀的文化内涵，看到行走方式背后的教育思想，发觉传统中的"优秀"，这是每个学校教育管理者的应有使命；其次，结合学校现有的工作和生活环境，理性剖析传统制度与教育目标理想之间的差距，以便"规正纠偏"；最后，适度优化，全盘的否定与全盘的接受都是不利于学校发展的，只有适度才能更好地融合。

2.多元纳取中的承与合

要创新必须有包容的胸怀，能与时俱进地学习前沿的教育教学理论，还要能够敏锐地捕捉、借鉴其他学科领域的思想，为学校文化的丰润、教育教学的发展、师生的成长提供支持。一方面以"清空"的状态学习，作为一所百年老校，每一个成员心中都存在着既定的优越感，固守的思想制约着新观念的纳入，"清空"的状态有助于更大限度地习得优秀；另一方面找到原有制度与新思想的融合点，尝试实践，并不断跟进再学习与再实践，给予摸索成长的时间。"十二五"以来，我们将积极心理学等相关理论融入学校文化之中，并在学校的各项管理制度中践行解读，衍生出"民主的管理艺术""幸福的课程关怀""健康的心育成长"等。

二、规约认同

各项管理制度如果只用命令的方式、刻板的要求、程序化的制度来强迫实施,只能给工作和事业造成消极影响,只有师生发自内在的、主动的、自觉的遵从、顺应、践行,才是有效管理的目标。而要将不同个性、不同需求、不同价值追求的人统一到相同的规范要求上来,就必须使每一个人对学校管理规约产生积极的认同感。

1.他者情怀

法国哲学家勒维纳斯的"他者"理论强调人与人相遇过程中的呈现方式、责任关系、"我——他"心理等,这给我们的教育管理带来启示,作为教育管理者的"我"应该认识到被管理的"他者"是一个不同于我自身的独立个体,一方面"我"必须尊重"他者",而不是同化"他者";另一方面"我"必须对"他者"心存畏惧,面对"他者"的柔弱产生一种责任感,这就是教育管理者应有的"他者情怀"。"他者情怀"改变了教育管理者高高在上的管控行为,有助于形成师生良好的心理规约,策动发展的内需。我们推行的行政骨干"开门献课""行政驻班""一周校长"制度,就是从成为"他者"的认识出发,强化管理者的责任担当,在尊重理解中促成师生对管理规约的认同。

2.决策参与

校长"应当开放领导的边界,将广泛的学校成员及学校周围社区也涵盖在新的决策角色当中,从而生成一种新的决断力和执行力"。在多元互动中广泛听取多方声音,改变传统的由领导一人或几人作决策,全体人员被动执行的管理方式。决策参与不仅拓宽了自由思维的空间,激发起每个师生的决策智慧和参与学校管理的积极性,"博采众长",使各项制度更有操作可行性;还能更直接有效地达成认知共识,实现上下相向而行的自觉性和主动性。我们的家委会、理事会、学委会等都形成了参与决策的系列机制。

3.实施分享

"优秀"要起到真正的吸引作用很大程度上取决于"优秀"本身的外显性魅力,能使人产生亲近心、同理感,有可感可循的行为方向。于优秀者、优秀成果中探寻制度规约的推升力量,不仅能丰富教师对规约的理解,正视规约的作用,还能有效地将控制与协调有机结合起来,理顺关系,理和气氛,理畅情绪,从而达成由内而外的自控自约习惯。我们通过教师"敏求讲坛"展开优秀分享,将刚性的制度转化成柔性的切己体验,深化教师对规约的认知,推动管理制度以内隐的方式潜入,达到长久的效果。

三、团队卷入

"卷入"就是人与人之间情感融合的相对程度,交往对象间所发现的共同心理领域大小决定"卷入"程度的轻重。以"优秀吸引"的方式推进学校管理有助于形成一个个"卷入"状态的团队,从而提升教师、学校的发展动能。

1.丰富结盟,展现志同道合的归属体验

在学校管理过程中,通常是立足教育教学工作的推进要求、教师成长的资历层次等来组建教师团队,这样的组队方式下,教师间是人际疏离的。"卷入"状态的团队是志同道合者的联盟,目标统一且认同度高,团队成员间表现出强烈的人际吸引,有集体的责任感与归属感。基于"优秀吸引"的团队组织管理打破科层制度,以共同的价值取向与发展目标为组织依据,尊重教师的发展内需,为教师解决现实问题,如面对突发事件组成的临时项目式团队;为教师成长提供阶梯平台的发展流动式团队;关注教师身心健康、生活品质的永久家庭式团队;基于某个研究课题,寻求专业突破的共同需求式团队等。

2.构建网络,提供梯度发展的持久动能

首先,自主结盟,通过需求诊断,有效地建立起团队成长规划;其次,核心带动,充分发挥骨干教师的人格魅力、业务能力、教研思想等,辐射引领,建立起团队的同心圆结构;最后,自省考核,处理好外驱和内需的关系,通过管理考核机制,促成团队的动态发展。以我校的青年教师成长为例,我们建立了"与你同行新教师阳光俱乐部",完成"站稳讲台"的课堂展示、课堂设计阐述、团队磨课所得的分享等考核要求,可以根据自身的发展需求,进入到"助你成长教科研阳光快车道"的教师团队中,由科研型骨干教师引领,进行专项小课题的课堂实践,加速青年教师成长。

3.借力外援,拓展适切成长的文化视域

结合团队发展需求,通过"请进来,走出去"的方式,进行多样经验与见识的交流。为提高"借力"的效能,必须建立起活动前的准备和活动后的总结机制。活动前,必须了解活动过程,清晰活动目的,对听什么、看什么、学什么有一个前期预设的研讨,确保每一位成员对活动有一定的认知度,对目标对象有一个先验性的"优秀"认知。活动后的总结可以是多种形式的,一方面,在各抒己见的基础上,能凝合成团队共识;另一方面,聚力于融合性的实践,能形成指向实践意义的思考点或生长点,从"优秀吸引"中获得成长。

四、场域习养

场域是法国社会学家布迪厄提出的空间隐喻术语,是"位置之间客观关系的网络或图式",它并不是一个实体存在,而是在每个个体之间、群体之间想象上的领域。文化立校背景下管理制度创新的实践意义,正是要指向一个群体的内在场域,人与人之间真正的吸引也正是源自美好精神世界的吸引。

1.自觉的生活场景呈现

当我们的管理制度内化为学校每一位师生的需求行为,我们的思想便自主自觉地汇集到某一领域,而跟这个领域相关的人、事、物就会被吸引而来,形成一个在优秀文化引领下基于优秀规约认同的团队卷入式发展的良性循环,学校就成了一个心理安全、人际和谐的积极场域。在这样一个场域中,一切活动都是宁和的:"书吧"内,三五成群的学生在无人监管的情况下尽情分享读物的精彩;春花烂漫时节,摄影组的学生抓拍到一只特殊的昆虫,于是,校园植物旁总是穿梭着大大小小的身影;课堂中,师生合作展开小组学习,除了话语交锋,更绽放着凝神倾听的微笑……

2.积极的生活故事演绎

精神世界是以故事为具体表现形式的,在生活故事中挖掘具有主观性、个性化的概念与词语,并解读其与生活故事之间的关系,就能还原并呈现其精神世界。积极的生活故事中每个师生都表现出在一定规约自觉遵从之下的思维流淌、个性彰显、行为在场的状态,通过积极的生活故事展现生存境遇,在人际互动、自我呈现的过程中,不断将规章制度等转换成约定俗成的默契,从而形成观念和精神,再次融汇到文化发展的潮流中,成为优良的传统,在师生协同发展的过程中,学校的内涵品质也就得到了更优质的提升。

第二节 优秀吸引：积极管理创生凝聚力

学校管理中的"优秀吸引"，要求校长站在发现者、陪伴者、支持者、见证者的角度，充分相信教师自身"优秀"，合理调动各种优秀资源，将教师专业成长置于学校文化建设、文化发展的范畴中，建立彰显关怀、贴合生长、协作共进的发展机制，使教师专业成长拥有持久的动力和无限的可能。

一、管理者的他者情怀——实现优秀规约的认同

在文化立校的大背景下，我们努力突破规范章程、准则条款等"物化"制度，注重师生团队心理契约的约成和维护，将不同个性、不同需求、不同价值追求的人统一到相同的规范要求上来，使每一个人对学校管理规约产生积极的认同感。

1.魅力感召——推行"开门献课"

有这么一个例子：以往每学期开学第一天，学校行政总以"推门督课"的方式来检查并督促一线教师立足课堂。这一做法的初衷是从上好第一堂课开始，向课堂教学要质量。然而在实施过程中，不少教师认为这一定程度上说明学校领导对教师工作的不信任。有教师埋怨：开学工作这么忙，还要提心吊胆随时等待领导"推门"，真是添乱；还有教师则以学习教学常规和处理作业为由"婉拒"。

法国哲学家勒维纳斯的"他者"伦理学认为，管理者和教师之间，应该是"相遇"和"帮助"的同伴关系，教师之于管理者，就是"他者"，"他者"的精彩方能成就学校的精彩。管理者必须尊重学校生活中的每一个"他者"，面对"他者"的柔弱产生一种责任感，而不是同化、勒令、要求，这与积极教育的观点不谋而合。于是我们改变以往"推门督课"的做法，将每个新学期的第一、第二周定为学校行政及骨干教师"开门献课周"。开学前一天，校园OA系统中挂上校长行政"开门献课一览表"，以供教师选择听课。

教师一改原先的抱怨、抵触，都自觉、愉快地根据献课表自由选择听课。听课教师有同年级同学科的，有其他年级的，还有其他学科的，无形中进一步实现了学科的融通。此举尤其受到新教师的欢迎。学校这几年招录了近70多名新教师，"开门献课"为他们提供了具体可行的指导，促进了教育理念的更新，教学常规的落实。

五年多的实践，我们不断丰富"开门献课"的内涵意义，竭力主张骨干教师通过"提供简案——陈述思想——专题研讨——辐射推进"等流程上积极教育理念课，用行为代替说教，传递思想。同时辅以"上门导课""师徒议课""团队磨课"等方式，

体现学校行政身先垂范、诚心服务的态度,让教师在行政平等对话、赏识期待的积极指导中,更新教育教学理念,发挥优势特长,获取进一步成长的"正能量",实现教师团队的整体发展。

从"推门督课"到"开门献课",这一举措充分体现了一种团队卷入状态下的优秀吸引。学校我坚持每学期期初"开门献课",率先垂范,将行政骨干教师团队凝聚在专业发展的活动中,使团队有了管理和教学的双重立足,从而更有效地引领学校的教育教学。

"开门献课"的身体力行,很大程度上拉近了学校管理者与教师的距离,营造了校园的"积极文化心理场",体现了学校管理从制度到人文的华美转身。

更值得一提的是,这种骨干教师的理念引领更体现在日常的教育教学之中,"民间师傅"成为我校每一位青年教师专业成长过程中的"贵人"。所谓"民间师傅"就是非学校行政任命、无师徒结对合同、由教师自主认定的"师傅",更多时候是两人或多人互为师徒,随着事件的变化,师徒的角色身份也不断变化。"民间师傅"更确切地说,是魅力感召之下的教学同僚,或称为教学"合伙人"。如有教师在执行学校每学期一人一课研修任务的过程中,会主动邀请自己认可、喜欢的骨干教师展开听评课指导,但凡接受到邀请的骨干教师均能全情投入。

2.草根视角——倡导"行政驻班"

我们秉承"管理者首先是服务者"的理念,蹲下来和老师们一起工作,共同生活。"学生未到我们先到!学生未走我们不走!""要求学生做到的教师首先做到!要求教师做到的行政首先做到!"让教师感受到行政的诚心服务,平等对话和赏识期待。

学校分设三部,共有109个教学班,5180名学生,超大规模的办学给学校管理带来了很大的困难,而学校具细处的管理都需要落实到年级组、班级之中。我们以草根的情怀倡导"行政驻班"出台了《行政蹲点年级制度》,把行政人员派驻到各个年级,全面关注学校各项规章制度的实施,关注师生的学校生活状态,协助年级处理协调突发事件和意外情况,以此来促进条例与实践的融合;另一方面也使管理人员更贴近一线,及时捕捉各年级的管理动态,协助年级处理突发、困惑的事件,及时反馈条例实施信息,不断修正、完善管理上的不足,更好地推动学校年级组建设。

积极教育理念下以"优秀吸引"为核心人文化管理,不再是一个个口号,一个个形式化的点子,我们更是将"人文化管理"细化为一个个可操作的行为:值周行政的"一日三巡"、各条线部门的"周小结""月总结"、帮带团队的"督查日志"等,真正立足教师发展,助力教师成长,蓄积学校正能量,从而推进现代化学校管理的进程。

二、学校人的在场体验——聚焦优秀角色的生长

每个教师都是学校人,在学校管理过程中或作重大决策时,开展"做关键人物""创关键事件""寻关键支持"等系列活动,把每个教师推到学校发展的前台,让教师充分体验自己是学校发展的在场者、践行者和受益者,是学校中不可或缺的一员,进而做"更优秀的自己"。

近五年来,我们实施"一周校长制",增强部门和行政人员之间的协同意识。校长以学校管理者的最高身份出现在教师学生的视野之中,需要全面领导学校的行政管理、人事、教育、科研、思想政治等工作。这就意味着"校长"视野的全面性、综合性。让每一个学校行政管理者以"一周校长"的身份介入校长管理,把目光延伸到学校管理的各个方面,有助于增进部门之间的协调合作。

"一周校长"全面支持本周的学校工作,周一召开行政例会,部署一周工作,独立安排本周内的各类活动,及时协调各部门的工作冲突,妥善处理临时出现的师生问题,下周对本周共组作全面反馈并提出合理的建议。本年度的"一周校长"工作关注到了课堂教学常规、班级管理常规的具体实施,值周校长能发现问题,反映问题,更能以校长的身份介入到各部门、各年级,一起针对问题,商议对策。学校的常规工作得到了细化和提升。

五年来,我们切实推行"周行政负责制",让每一个行政体验校长角色,担当管理者责任,走近师生,深入教学一线,带着强烈的责任意识和高度的行为自觉参与学校的管理工作,抓细、抓实、抓好常规管理。同时,积极听取全体教师的建议,定期修改完善绩效考核方案,做好每月教职工月度考核工作和年度综合考评工作,强化激励机制。

此外,我们发动全体教师为新校教学楼取名,让他们感受自己是学校的优秀一员;我们将教师撰写的积极生活感言张贴于校园楼道,让他们时时处处有学校人的在场体验。

"敏求文化"之下的积极管理,以"优秀吸引"的独特方式寻求管理的深入与突破,营造了校园的"积极文化心理场",把学校文化和管理者的思想无声地融入了管理的过程中,推动促成了一个个教师团队的群体思想,最终形成了管理文化。

三、生活人的全人观照——实施优秀行为的分享

教育必须培养完整的人。日常教学中,我们要求教师要立足"全人",客观地认识学生,实施更适合学生发展的教育教学。同样,校长对待教师也要有"全人"观,以发现"优秀"的方式展开教育教学管理,这样才能使学校的教育教学生活更显完整。

1.敏求讲坛——传播优秀

"敏求讲坛"是以学校校训"敏求"命名的教师讲述活动,旨在为教师搭建一个展示自我的平台,借此提升教师的学识底蕴、精神涵养,发现和彰显优秀。讲坛运营几年来,经历了种种转变。从形式上看,已由一开始行政命令式的布置安排,到聘请专家,再到基于教师需求的专人专项约请,渐渐走向教师的自主参与;从内容上看,由生活故事、书本故事、书本理论的分享,到生活思索、实践反思,甚至是教学主张,越来越充满了深度思考的况味。如2016年下学期,教科研快车道展开了阅读经典教学理论的培训活动,在此基础上,他们对经典教学理论形成了自己的思索和实践体会。12月,我们将"敏求讲坛"搬到了外区外校,与春城实小的青年教师展开了"面对经典"的主题沙龙,在沙龙活动中,经典理论、优秀思想、精妙解读得到深度的碰撞,教师的专业收获在他们灿烂的笑容中清晰呈现。

如今的"敏求讲坛"又延伸到了积极生活的领域,成了志同道合者自主结盟的生活分享,"雏鹰亲子活动营""男联盟"、切磋厨艺的"食尚师艺"、寻求好书佳片的"慧眼"等……在丰富了教师的业余生活同时,分享教学主张,分享生活故事,分享美食佳肴,分享亲子活动,以此传播优秀,濡染优秀。在区教育工会组织开展的"我为师德师风建设献一策"金点子征集与评选活动中,"敏求讲坛——育养校园积极生活"金点子荣获二等奖。

2.最美推荐——彰显优秀

我校每年都要开展年度"最美教师""最美团队"的分享活动,以此来表彰一学年教育教学工作中一些优秀的人、团队,记录一些优秀的事、优秀的瞬间,将刚性的制度转化成柔性的切己体验,推动学校的管理制度以内隐的方式潜入。

首先,我们以学校文化、特殊事件为思考原点,精心设计"最美"奖项,如博览好学的"敏学奖";科研进取的"敏思奖";悦动创新的"敏行奖"等;其次,我们通过自下而上的推荐,以事迹演讲的方式,展开"最美"评选;再次,我们精心设计制作"最美"奖杯,提升获奖的纪念意义;最后,我们举行"最美"颁奖仪式,事迹推介、行为表达、颁奖词诵读、"最美"合影。

在一系列仪式流程之中,聚焦某一人某一事,或某个团队某一细节。"小细节"中体现"全人"观照,"大仪式"下彰显"优秀"品质,提升"优秀"影响。在几年的实施推进中,我们不断改进"年度最美"的分享推介机制,已逐步形成学校传统,融入学校文化建设之中,也必将成为学校文化的一部分。

我们还经营"幸福工程",彰显情感关怀,利用学校的长廊开辟阳光休闲吧,建设阳光健身房,开设健康讲坛,营造互相关怀、积极锻炼、身心愉悦的人文氛围。让老师们在学校人的情感关怀中涵养优秀。

四、职场人的生长需求——推行优秀团队的卷入

积极教育是基于优秀、认同优秀、发展优秀的教育，积极教育理念下展开的教研活动，更有助于形成一个个"卷入"状态的团队，使教研由个体力量向集体智慧转变。近年来，我们通过多种形式的团队研修，努力让每一个教师获得专业的提升。

1.阳光联盟梯队——在滚动发展中诱发优秀

在搬入新校后的近五年，学校连续扩班38个，连续招录新老师近70人。在详细分析我校教师队伍的现状之后，我们量身定制了积极教育理念之下以"优秀吸引"为引领的教师专业发展梯队，先后组建了"阳光俱乐部""科研快车道""学科工作室"等教师联盟。根据教师个性能力，结合教师专业发展需求，构建梯队发展的滚动性成长网络。如三年内新教师的教研成长系列活动：站稳讲台的"与你同行"教学展示活动——扎实课堂的"我型我秀"教学反思分享活动——展示个性的"亮我风采"课例解释活动。

在教研的同时，我们对一年内的新教师展开"读校史""夸同事""拍学生"活动：交流对学校历史、学校文化的了解和认识；从优秀同事的优秀教育教学行为中学习；用相片记录教育教学过程中的学生活动，展示与学生的相处瞬间。以此来将新教师团结在学校大家庭之中。在此基础上，发展优秀的新教师进入学校"科研快车道"团队，介入教师专业阅读和教育教学论文写作，让不同层次的教师拾级而上。这种滚动式的联盟梯队，唤醒了青年教师成长的内在需求，成为他们成长的强大动力。

2.草根研究团队——在需求应答中习染优秀

在积极教育理念下，学校不少草根研究团队应运而生，如在会课任务驱动下的临时磨课团队；日常主题教学中的研课团队；解决教育教学即时性问题的话题型团队；向学校教科室申报立项的微型课题研究团队等。这些团队集中于解决某一问题或完成某项任务，自主筹建，凝聚力强，但又不以解决问题、完成任务为最终目标，所以通常会发现，有些团队召集时间是周末，地点为某咖啡馆。在"优秀吸引"的草根共研氛围里，作为校长，则需把握团队中的骨干，提供支持和关怀。

3.互启写作团队——在合作共研中表达优秀

老师的专业发展通常会碰到两个瓶颈期，一是课堂教学的提升，二是科研论文的撰写。学校辅以的种种专业培训活动大都是针对提升教师课堂专业发展的，对科研论文撰写的辅导少之甚少，但教师最终的发展却卡在了这个瓶颈上。我们依托优秀吸引，组建了互启式写作团队，一是团队选题论证，习染"优秀"思维。我们在学校"科研快车道"团队中开展团队式的选题论证，通过陈述论题的来源、思考论文框架，呈

现思维过程中的共性，互相启发，互相提点，促成更具实效性的论文写作。二是师徒同研共写，熔炼"优秀"经验。我们把科研的思想引入到师徒结对的协议之中，倡导把指导问题变成师徒课题，师徒合作，同研共写，构筑起师徒的"研写"氛围，使优秀的教学经验得以更好地推广传播。三是专家面授点化，助力"优秀"表达。一线教师由于专业阅读积累不足，提炼表达能力欠缺，这些优秀的教育教学行为往往止于操作层面的行为，不能得到提升、拓展和推广。通过专家的定期面授，使教师优秀的教育教学点子、行为，能够优秀地表达，使这些优秀具实践意义和推广价值。

可以这样说，优秀吸引，改变了以往查误纠错的冷漠管理，使刚性的制度有了柔性的关怀。在教师的专业成长培育过程中，"优秀吸引"这一方式的潜入，更让校长"目中有人"，管理中更张扬出一种人文的情怀。真正实现了"优秀吸引：积极管理创生凝聚力"。

第三节 优秀吸引：校长管理的一双"慧眼"
——校长在教师专业发展中的角色定位与行动决策

教师的专业成长培育是学校教育教学管理中一项非常重要的工作，教师的专业发展直接影响着学校的教学质量，决定着学校发展的品质。但纵观现阶段教师的专业发展，不断涌入教师队伍的新教师独生子女比例逐年增高，由此带来了新教师角色转换的自主愿望不足，角色胜任的磨合期长、融入度差；成熟型教师、骨干教师则进入了发展的"高原期"，被动发展，止步不前。这些都是作为校长，不得不面对的。"十二五"以来，我们不断将积极心理学理念引入学校管理的各个方面，逐步改变了以往查误纠错的冷漠管理，使刚性的制度有了柔性的关怀。在教师的专业成长培育过程中，"优秀吸引"这一方式的潜入，更让校长"目中有人"，管理中更张扬出一种人文的情怀。

优秀吸引，要求校长站在发现者、陪伴者、支持者、见证者的角度，充分相信教师自身"优秀"，合理调动各种优秀资源，将教师专业成长置于学校文化建设、文化发展的范畴中，建立彰显关怀、贴合生长、协作共进的发展机制，使教师专业成长拥有持久的动力和无限的可能。

一、在"生活人"的视野中发现"优秀"

教育教学是教师的工作，工作也是生活的一部分，这是毋庸置疑的。但当校长介入到教师管理之中，就不自觉地对教师有各种各样工作指令式的要求，而忽略了此时的教师还是"生活人"。人在生活中的行为，更多受情感支配，被性格、喜好影响，彰显一种真性情，虽然这种真性情不一定都有利于深入推进工作。作为校长，就要关注到教师是生活中的"全人"，从中发现"优秀"，顺势引导迁移"优秀"至日常的教育教学工作中，才能更好地育养教师的专业情怀。

1. 全面了解，取其所好

立足"全人"让教师更客观地认识学生，实施更适合学生发展的教育教学，同样，如果校长对待教师也能有"全人"观，以发现"优秀"的方式展开教育教学管理，才能使学校的教育教学生活更显完整。在完整的"生活人"的视野中，必定会发现每一位教师的优势领域，我们的教师队伍中不乏阅读者、旅行达人、烘焙大师、园艺专家；擅长阅读的不一定是语文老师，逻辑严密的未必教数学，书法美术功底好的也可能是计算机老师等等，有所专长、有所爱好的生活才丰润，这种美好生活的情怀也必定会影响到工作,也能以某种特定的方式、在某个恰当的时候服务于教育教学工作。如我校有一位数学教师从教第二年,在班级管理和学科业务方面都不是很理想,一次偶然的机会,发现他对《三国演义》、三国历史很有研究,四年级语文教学中恰好接触到《三国演义》这本书,于是,发挥其特长,请他给学生讲"三国",他本人还利用业余时间制作了介绍"三国"的视频,现代媒体与网络语言的有机融合,让同事、学生获益的同时,也提供了他专业发展的转型契机。

2. 移情体验,促其所得

校长的管理不是发现问题,勒令禁止,而是以人为本,开放情怀,能通过对教师行为的分析,洞察教师思想、情感的变化。优秀的校长也应该是一个积极的倾听者和谈话者,当教师愿意将心怀向校长敞开,还有什么工作不好切实地推进实施呢?我校有一名数学教师,所带班级教学质量不理想,在处理与学生、家长关系的过程中多有冲突,他本人也产生了厌教的心理。面对这样的教师,关注内心比转变行为更重要。通过一次次地谈话,逐步了解到工具性学科质量的监测以及家长对成绩的过度要求使其内心承受了莫大的压力,再加上自身对数学学科的不喜,使他的教育教学陷入了困顿。其实,教学过程中学科不胜任的教师在一所大规模学校中不在少数,于是我校就开始尝试建立相应的"转岗"机制,设身处地地为教师的专业发展和职业幸福谋划。如今,这位教师已顺利转岗为一名优秀的科学教师,获得省学科会课一等奖,教学论文评比一等奖,也逐步踏上了教育管理者的岗位。

3. 充分尊重,认证所思

在我们的学校里,不乏对教育教学有情怀的老师,他们凭借自己的热情和对教育的理解,不断尝试,时有创新,但也不得不面对挑战创新过程中的尴尬——所呈现出的教育教学效果不尽如人意。很多时候,为了让学校教育教学管理更加规范有效,我们会用既定的经验去评价甚至是否定这些不成熟的行为,更不会去深究这些行为背后教师所作出的思考与努力。比如我校有语文教师在阅读课堂中尝试用尊重儿童初感的方式执教,但一开始课堂教学效果显得有些凌乱,欠缺了文本所体现出的条理性。这一教学方式真的不适用,是无效的吗?显然,作为校长,在进行教育教学管理的过程中,应充分尊重教师,体认教师的尝试行为,积极倾听行为背后的思想故事,甚至在教师实践过程中出现彷徨、迷惑的时候,为其提供支持,使教师在学校的关注、行政团队的介入推动下,其草根化的创新研究科学化、序列化。尊重思考的意义,发现思考的价值,能让校长在教师专业培育过程中获得更多的立足。

二、在"团队人"的认知中卷入"优秀"

多媒体信息化时代的教育更注重团队协作,备课组、年级组、教研组等学校基层组织已成为推进教育教学最基本的单位,这些小单位所组织的评课磨课、主题教研、课题研究等已经成为教师专业发展过程中必不可少的参与性活动。从某种角度来看,教师的专业发展已不再是个人发展,更考量的是一种团队的发展。校长更应具有"团队人"的认知,构建合理有效又能产生积极效应的教师团队,使教师自觉地卷入优秀的团队之中,从而求得自身的专业发展。

1.骨干结对,魅力感召

我校多年来倡导的"开门献课"就充分体现了一种团队卷入状态下的优秀吸引。作为校长,我坚持每学期期初"开门献课",率先垂范,将行政骨干教师团队凝聚在专业发展的活动中,使团队有了管理和教学的双重立足,从而更有效地引领学校的教育教学。同时,每个骨干教师都有结对徒弟,师徒同研共写,不断深入课堂及班级教育的方方面面,教学相长,共同发展。更值得一提的是,这种骨干教师的理念引领更体现在日常的教育教学之中,"民间师傅"成为我校每一位青年教师专业成长过程中的"贵人"。所谓"民间师傅"就是非学校行政任命、无师徒结对合同、由教师自主认定的"师傅",更多时候是两人或多人互为师徒,随着事件的变化师徒的角色身份也不断变化。"民间师傅"更确切地说,是魅力感召之下的教学同僚,或称为教学"合伙人"。如有教师在执行学校每学期一人一课研修任务的过程中,会主动邀请自己认可、喜欢的骨干教师展开听评课指导,但凡接受到邀请的骨干教师均能全情投入。

2.梯队架构,成长关怀

每个学校都会依据自身的校情、师资配备等制定出一套适合学校教师专业发展的规划。在详细分析了我校办学发展的现状之后,我们也量身定制了积极教育理念之下的教师专业发展梯队,先后组建了"阳光俱乐部""科研快车道""学科工作室"等教师联盟。根据教师个性能力,结合教师专业发展需求,构建梯队发展的滚动性成长网络,如三年内新教师的教研成长系列活动:站稳讲台的"与你同行"教学展示活动——扎实课堂的"我型我秀"教学反思分享活动——展示个性的"亮我风采"课例解释活动。在教研的同时,我们对一年内的新教师展开"读校史""夸同事""拍学生"活动:交流对学校历史、学校文化的了解和认识;从优秀同事的优秀教育教学行为中学习;用相片记录教育教学过程中的学生活动,展示与学生的相处瞬间。以此来将新教师团结在学校大家庭之中。在此基础上,发展优秀的新教师进入学校"科研快车道"团队,介入教师专业阅读和教育教学论文写作,让不同层次的教师拾级而上,共同提升教师的专业素养。

3.草根共研,需求应答

学校实施教科研一体化的教育教学管理,在日常听评课过程中,通过介入主题、核心行为、骨干微讲座等,将磨课、研课引向探索教法学法、教学规律的深度思索。在此基础上,学校也运生了不少草根研究团队,如在会课任务驱动下的临时磨课团队;日常主题教学中的研课团队;解决教育教学即时性问题的话题型团队;向学校教科室申报立项的微型课题研究团队等。这些团队集中于解决某一问题或完成某项任务,自主筹建,凝聚力强,但又不以解决问题、完成任务为最终目标,所以通常会发现,有些团队召集时间是周末,地点为某咖啡馆。在"优秀吸引"的草根共研氛围里,作为校长,则需把握团队中的骨干,提供支持和关怀,以便于团队更好地将任务、问题变成需求,进而策动内需,助力教师的专业成长。

三、在"发展人"的体悟中推介"优秀"

[苏联]苏霍姆林斯基说,"有怎样的校长就有怎样的学校",校长要有"发展"的意识、"发展"的眼光。面对教师专业成长,校长所展现出的"发展"的情怀就更为重要,也可以说"有怎样的校长,就有怎样的老师"。如果校长能立足生长,合理的洞悉并把握教师成长的关键期,如入职期、瓶颈期、惰性期,进行柔性的行动干预,适时地鼓励发展,催生"优秀",使"优秀"成为一种品牌品质。从某种意义上说,教师在专业成长道路上所表现出的持续发展力,很大一部分源自校长的管理意识。基于这样的考量,我校就形成了一系列的"优秀"推介机制。

1."年度最美",让"优秀"充满仪式感

我校每年都要评选"年度最美",以此来表彰一学年教育教学工作中一些优秀的人、团队,记录一些优秀的事、优秀的瞬间。首先,我们以学校文化、特殊事件为思考原点,精心设计"最美"奖项,如博览好学的"敏学奖",科研进取的"敏思奖",悦动创新的"敏行奖"等;其次,我们通过自下而上的推荐,以事迹演讲的方式,展开"最美"评选;再次,我们精心设计制作"最美"奖杯,提升获奖的纪念意义;最后,我们举行"最美"颁奖仪式,事迹推介、行为表达、颁奖词诵读、"最美"合影,在一系列仪式流程之中,聚焦某一人某一事,或某个团队某一细节。"小细节"中体现"全人"观照,"大仪式"下彰显"优秀"品质,提升"优秀"影响。在几年的实施推进中,我们不断改进"年度最美"的分享推介机制,已逐步形成学校传统,融入学校文化建设之中,也必将成为学校文化的一部分。

2."网络微影像",让"优秀"生动可感

在"互联网+"时代,最好的推介媒体便是网络,网络传播即时性强、传播速度快、辐射面广。校长在学校管理过程中应增强新媒体传播意识,引领学校积极、优秀、正能量的主流舆情,为师生发展、学校发展助力。在教师专业发展过程中,我们推行"成长影像记录"的方式,让教师将有意义的教育教学瞬间用手机随拍,一方面可即时分享,以提升行为关注度的方式,不断促成行为的投入度、深入度;另一方面将照片分类整理,存档积累,以便于反思成册,更好地梳理自己的成长历程,总结成长经验。如我们在新教师入职一年后开展"我的成长故事"网络微影像制作评比活动,教师生涯的第一堂课、第一次与学生谈心、第一次听师傅的课、第一次教研、第一次批作业,甚至是第一次发火、第一次委屈,生动的照片附上简短感性的文字,再配合精选的音乐,无一不传递着教师专业成长的美好。再通过学校微信公众号进行推送,"优秀"便成了一种亲切可感的生活样态。

3."敏求讲坛",让"优秀"弥散思考的况味

"敏求讲坛"是以学校校训"敏求"命名的教师讲述活动,旨在为教师搭建一个展示自我的平台。讲坛运营几年来,经历了种种转变,从形式上看,已由一开始行政命令式的布置安排,到聘请专家,再到基于教师需求的专人专项约请,渐渐走向教师的自主参与;从内容上看,由生活故事、书本故事、书本理论的分享,到生活思索、实践反思,甚至是教学主张,越来越充满了深度思考的况味。如2016年下学期,教科研快车道展开了阅读经典教学理论的培训活动,在此基础上,他们对经典教学理论形成了自己的思索和实践体会。有了想法就要分享、碰撞才能走向全面、科学、深入。作为校长应努力促成这种思维的交锋,加速教师思维的成长。于是,在校长的干预和联系下,我们将"敏求讲坛"搬到外区外校,与春城实小的青年教师展开"面对经典"的主题沙龙,在沙龙活动中,经典理论、优秀思想、精妙解读得到深度的碰撞,教师的专业收获在他们灿烂的笑容中清晰呈现。

四、在"学校人"的情怀中焕发"优秀"

一个学校的办学传统、价值追求、管理理念等,都会以一种惯习感染、思想熏陶、气韵弥散的方式,影响着学校教育教学的方方面面,同时也影响着师生的思维方式、行为方式,甚至更有可能会决定着学生的人生观、教师的职业观。当我们认识到学校对于人的影响,就必须努力让学校充满着文化的意味、积极的力量。我们学校是一所百年老校,当现代积极心理学理念与传统文化交汇,我们能明显感受到在"优秀吸引"的行为参与和悟得中,教师有了一种"优秀"的自觉。

1.场域习养积极故事

场域是法国社会学家布迪厄提出的空间隐喻术语,是"位置之间客观关系的网络或图式"。学校管理中的场域包括了能够体现教育教学意义的环境、人与人之间的内在关系及通过这一关系所展现出的内在心理场、学校文化影响之下的"学校人"的精

神世界。当我们的管理制度内化为学校每一位师生的需求行为，我们的身心便会自主自觉地汇集到某一领域，而跟这个领域相关的人、事、物就会被吸引而来，学校就成了一个心理安全、人际和谐的积极场域。在这样一个场域中，"优秀"便成为每一位师生的行为自觉，教师的专业成长也便有了从内需到自育行为的场景呈现：摄影组的学生抓拍到一只特殊的昆虫，教师就自觉介入昆虫研究主题活动，语文老师指导写昆虫作文，科学老师引导探究昆虫名称习性，美术老师指导细致观察画出昆虫……昆虫研究成了一个主题课程；有教师参加会课活动，草根共研团队一起投入磨课，甚至有老师参与同课异构，以供会课教师参考……

2.文化浸润积极气质

著名学者、散文家陈之藩在《剑桥倒影》中说：许多许多的历史，才可以培养一点点传统，许多许多的传统，才可以培养一点点文化。我校在百年办学历史中不断自省、延拓创新，积淀起不少的优秀传统，我们建立学校文化建设小组，一方面，秉承百年老校薪火相传的"敏求"两字校训，洗练出了学校"敏求"特质的文化内涵：根植于"敏则有功"中的积极进取精神；延拓于"讷言敏行"中的亲历体验思想；生长于"敏而好学"上的"信仰儿童"情怀。另一方面，我们积极挖掘师生积极的校园生活故事，通过故事推介、提升等方式，努力将积极行为转化为积极习惯，从而融入到传统之中，以便于丰富学校文化，更好地促成师生成长。事实也是如此，浸润在这样的文化氛围中，教师便潜移默化地习养起一定的文化气质，同样，这些积极的气质，也表现为教师对学校规约的自觉遵从、学校活动的自主参与、教师专业发展的自育生长等，处处彰显思维，张扬个性。

如果说"积极心理学"使校长管理有了"飞鸟之眼"，那么"优秀吸引"便是飞鸟羽翼下生长起的"蚂蚁之眼"，正是有了这样的"慧眼"，才让我们的教师专业发展充满持久的动力。

第四节 优秀吸引：让教师科研真正发生

教育科研是促进学校改革和发展的第一生产力，教师科研必须与教育教学实践紧密结合，才能有效地提高教育教学质量，加速教师的专业化成长。纵观学校的教师科研，教与研通常是貌合神离：简单化——将教师科研简单理解为写论文，写的内容与教育教学实践疏离；功利化——教师以论文为主的科研成果其功用仅仅是为了应付考核和职称评定；边缘化——听评课过程中，就课论课，过度纠缠于教学内容环节和教师行为，忽略对教学规律、学生认知发展的思索等。

近年来，我们学校紧扣"教研一体化"展开了多方面尝试，试图通过"优秀吸引"，努力架构起教与研的通道，让指向实践效益的教师科研真正发生。这里的"优秀吸引"是指在科研管理过程中，借助优秀教师、优秀团队的力量，充分挖掘教育教学书籍、教师行为、备课研讨活动中的优秀资源，通过倾听、对话、行动验证等形式，将优秀资源合理介入到各种教科研活动中的一种培训方式。发现"优秀"——卷入"优秀"——跟随"优秀"，直至生长"优秀"，是"优秀吸引"所倡导的教师成长路径。

一、对话式阅读：从荐读分享走向思想共振，开启知性阅读旅程

教师科研应从教师的专业阅读做起。"谁在今天越早地踏上专业阅读之路，谁就有可能在明天更早地收获教育的成功与幸福。"[①]现代社会，快餐式阅读盛行，教师的专业阅读要在急功近利、娱乐消遣的阅读风气中突围，就必须通过多层次的对话让教师切实感受到阅读之于实践的意义。

1.专业导读，"优秀"带动

通过优秀教师理论结合实际的导读，将优秀教师与专业书籍对话的过程，即对书中观点的理解和吸纳过程，展示在教师面前，呈现专业阅读之法的同时，实现书籍的推荐。我们曾向语文老师荐读过李新宇的《语文教育学新论》，导读理解："整体教育观认为，阅读首先是感悟，其次是理解，再次是表达，最后是最终目的，即获得精神的自由。"首先呈现课例《真想变成大大的荷叶》中"我想变一只蝈蝈，歌唱我们的生活"的环节设计：读诗句——学生畅谈自己的生活——带着快乐读好诗句。对照理论发现教师的设计中只有结合文本的感悟式表达，缺少了理解性的表达，所以应在畅谈自己的生活之后，加上一个环节设计，让学生思考蝈蝈会歌唱些什么。理论与实践融通，教学中存在的问题就能顺势而解了。

2.细致研读，"优秀"摄取

专业阅读离不开教师个体与书本的深度对话，需要教师带着钻研精神展开细致

---

① 铁皮鼓. 构筑合宜的大脑：新教育实验教师专业阅读项目用书[M]. 天津：天津教育出版社，2009 (6)：139.

的理解性阅读，凭借自己的思维逻辑和已有经验去理解书中观点，反复涵咏，才能很好地吸收。我们在导读的基础上，对"科研快车道"团队的成员展开任务驱动式研读，让一部分教师成为专业阅读的先行者，通过他们，将优秀的与教育教学实际贴合的理论摄取出来。

3.互启阅读，"优秀"延展

"选择印象深刻的一个词或一句话展开解读，帮助他人理解积累。要求解读贴近教育教学实际，表述简短生动。"这是我们在推进专业阅读过程中着力做的一件事，在倾听他人的解读中寻求一种知识的迁移，以期优秀的理性种子能够在思维的共振中生根。

4.如切如磋，"优秀"内化

对互启阅读过程中共振度高的语句，我们通过多方"举证"，丰厚理解，助推优秀理论观点的内化，而这些语句，经过一段时间的磨合运用，往往能融合到学校积极教育的理念之中。如我们专业阅读过的佐藤学《学习的快乐——走向对话》一书，在论述课堂上的对话交流时，佐藤学指出，必须有"我"这个第一人称的个性以及"我"和"你"的关系。我们通过各学科师生对话的例子，不断验证、考察教师的话语是否指向学生个性化的语言和帮助学生建立互学的关系。

二、主题式研课：从就课论课走向微课题聚焦，卷入实践反思涡流

在我们所参与的许多听评课活动中存在着一些"去专业"现象，崔允漷教授称之为"三无"[1]现象。我们在日常教研活动中，介入研究主题，通过备课组主题备课、校级主题展示、骨干教师主题微讲座、主题对话评课的方式，努力避免教研活动中的"去专业"现象。在具体操作过程中，我们通过强调"微课题"的导向、"家常课"的心态、"持续性"的关系，努力让教师的实践反思在不知不觉中生成、表达，并融合于自身的再实践之中。

1."微课题"的导向

每一次听评课活动都有聚焦的主题，主题源自于两方面的考量：一是紧扣学校积极课堂课题研究的主题，这一类主题一般由教科室与教研组长在学期初共同商定；二是由备课组内教师根据课堂教学过程中出现的现下问题临时拟定的，这类主题着眼点小、针对性强，以分析问题、解决问题为直接目标，更受教师欢迎。如有一次我们围绕二年级学生生字词记忆"回生"的现象展开识字写字教学的主题研课，老师们从字词理解、写字指导、识记规范等多方面提出了切实有效的解决方案。

2."家常课"的心态

我们强调用以主题研课的课堂可以试上但不预演，以"家常课"的心态对待"公开课"。这一要求是要向老师们传递这样的信息：我们的研究是为解决日常教学问题而开展的，不是为了研究而研究。"家常课"的心态中包含着一个教师作为研究者的思

---

[1] 崔允漷,沈毅,吴江林.课堂观察II:走向专业的听评课[M].上海:华东师范大学出版社,2012(12):25.

考,突出教师对学生学习状态、过程、结果的观察和审视,而不必一味地纠缠于课堂细节的设计上。

3."持续性"的关系

主题式研课需要依托多个团队的力量来推进,首先是基于师徒关系、备课组协作关系的小团队研读教材、学生,以主题为突破口展开备课组试上环节。其次是骨干教师介入后的同僚关系团队,就主题环节的步步深入给予指导。再次,全体学科组成员参与论证、研讨,研讨过程立足主题突破,不求面面俱到,旨在以"这一课"为例,探究"这一类"的教学经验等。最后,通过备课组合作的形式,将研课过程中生成的经验展开回顾整理,应用于其他平行班的教学之中,同时也体现一种伙伴关系的持续性。

三、互启式写作:从个体经验走向合作共研,提升核心行为意义

1."写作是教师职业的需要"

教师在工作中怎样才能不断提高专业水平和能力?教育研究与写作是一条非常有效的途径。[1]现实的教育教学中,许多教师把教育教学写作当成一种功利化的行为,研与写的过程割裂,教育教学写作变得痛苦且无效。实践、研究、写作,应该是相辅相成、互为依凭的,近年来,我们着力教育教学写作来推进教师科研,通过互启的方式,使实践、研究、写作三者合而为一,促成教师的专业发展。

2.团队选题论证,习染"优秀"思维

通过写作可以使个人的缄默知识转化为可与他人进行交流的显性的公共知识。可以说教育教学写作是教师个体行为,一些优秀教师对于写作都有自己的经验之谈,从选题到搭建框架,从查阅资料到撰例成文,这一系列过程虽然具有鲜明的个性,但也不乏思维的共性。我们在学校"科研快车道"团队中开展团队式的选题论证,通过陈述论题的来源、思考及论文框架,呈现思维过程中的共性,互相启发,互相提点,促成更具实效性的论文写作。

3.师徒同研共写,熔炼"优秀"经验

我们每一学年都会组织教师师徒结对,要求通过看课、磨课、议课等形式,互相深入对方的课堂,手把手地展开课堂教学指导。我们发现无论是何种形式的师徒结对指导,其指导的原点就是教学中存在的问题,为此,我们把科研的思想引入到师徒结对的协议之中,倡导把指导问题变成师徒课题,将磨课中解决问题的过程通过教学论文加以呈现。师徒合作,同研共写,不仅突出了现实针对性,使问题解决立竿见影,更增强了实践思索的理性,构筑起教师的"研写"氛围,还能使优秀的教学经验得以更好地推广传播。

4.专家面授点化,助力"优秀"表达

综观我校教师写的论文,有丰富的例子、出色的点子,但由于专业阅读积累不足,

---

[1] 丁昌桂. 名师是写出来的?——基于专业发展的教育写作路径与方法[M]. 南京:江苏凤凰教育出版社, 2015 (1):10.

提炼表达能力欠缺,这些优秀的教育教学行为往往止于操作层面的行为,不能得到提升、拓展和推广。为此,学校特聘论文写作方面的专家——原《无锡教育》的资深编辑慎言老师定期来校,面对面、一对一地指导老师论文写作,使教师优秀的教育教学点子、行为,更具实践意义和推广价值。

四、典例式推介:从旁观见证走向迁移融合,共持科研成果生长

当教师的科研取得一定成果之后,我们并不止步于论文的发表、教学的获奖,而是努力将个体经验、静态成果转化为思想与实践相结合的动态过程,还原科研思考过程,以期通过群体效应,不断论证成果的实践意义,深入完善,在成果推广过程中让更多的老师获益。

以我校许惠芳老师4年多研究的"习作教学中的伙伴语言"为例,我们通过志愿小团队、年级备课组、学校教研组不同层面一系列活动展开典例推广,取得了一定的群体效益。

1.探"例"

全体语文教师自主学习许老师的科研成果论文《习作教学中儿童"伙伴语言"的运用》,初步了解探知"伙伴语言"的内涵及教学实践策略。在此基础上,由许老师执教"伙伴语言"习作理念课,通过微讲座讲述思考研究过程。"论文+课堂+微讲座"的推进形式,让每一位老师有"例"可循。

2.仿"例"

将"伙伴语言"深入家常课的过程中,许老师同年级的老师及徒弟首先获益,他们通过搬课、仿课的形式,将许老师的个体研究成果直接迁移到自己的课堂之中。迁移运用的过程是一个验证与反思相结合的过程,老师们自主形成了科研小团队,由"这一堂"放开去,从而关注到"这一类"的教学,悟到一定的教学之法。

3.拓"例"

同一理念、同一策略,面对不同班级的学生,在不同教师的课堂演绎中会生成不同的操作样态,这就是从"范式"到"变式"实践过程。老师们的群体智慧拓展了对"伙伴语言"这一概念的理解,丰富了"伙伴语言"在习作教学中的操作策略,依托"伙伴语言"展开习作指导,在我校语文教学中已经成为一种共性化的习作教学策略。

4.建"例"

在"伙伴语言"的典例探究和吸纳融合过程中,许多老师也结合习作教学的问题展开了贴合自身的研究:陈叶舟老师围绕"伙伴语言"中儿童对联想内容的表达深入研究,发现儿童联想与成人联想有着明显的区别,因此通过丰富儿童联想的表达形式、为表达形式命名等方式展开习作教学;顾渊雨老师从学生互评后的"伙伴语言"中读到了维护"心理契约"的重要,自此展开了"心理契约在儿童习作互评中的积极运用"研究。他们都在典例式的推介中成就了自己,建构出了自己个性化的那个"例"。

种下梧桐树,引得凤凰来。在教研一体的各类活动中,不断呈现优秀理论、优秀行为、优秀事例,以"优秀吸引"的方式让教师科研直指教育教学实践,定然获得"优秀"的生长。

第五节 优秀吸引：让班主任遇见更好的自己

在德育管理过程中的"优秀吸引"，指借助优秀教师、优秀团队的力量，充分挖掘教学名著、教师行为、组织活动中的优秀资源，通过观摩、实践、反思等形式，将优秀资源合理介入到各种德育活动中的一种管理方式。近年来，学校在"积极教育"的课题引领下，开展多方尝试，试图通过"优秀吸引"，唤醒班主任内省力，增强班主任行动力，打造团队凝聚力。

从发掘"优秀"到卷入"优秀"，直至生长"优秀"，努力使"优秀吸引"成为班主任成长的有效途径。

【案例】2016年11月，在江苏省少先队文化建设专题年会上，学校"特色中队"团队展示了以"心手相牵，积极成长"为主题的成长故事。活动中，学生回忆丰富多彩的集体生活，演绎快乐成长的关键经历。二(8)班"小蜗牛"中队"每日进步榜"展示积极成长故事； 四(10)班的学生结合自组织系列"微善行动"喊出行动宣言："微行动募集微资金，微善心接力英雄梦"；五(5)班的学生解读"毛毛虫蜕变"的绘本，展示最优秀的自己。一批年轻班主任同台分享，讲述自己的历练和成长：邵老师从刚开始做班主任（辅导员）时的无从下手，到融入东小德育教研团队后，开展小课题行动研究，最后逐渐形成班本化的建设特色，感悟到科研引领的真正力量；范老师和陈老师热爱生活，趣味相投，俩人师徒结盟，取长补短，带领学生做着自己喜欢的事情，班级文化一脉相承，结对共建成为佳话……

专家就本次展示给予了高度肯定，赞扬在学校积极教育理念下的中队集体建设，各有特色，更可喜的是"优秀吸引"的团队建设打造了一支高素质的班主任（辅导员）队伍。上述案例让我们清晰看到：班主任专业能力的发展是一个多维构建的过程。一个优秀班主任的成长虽然没有一个所谓的固定的模式，但有一定的规律可循。它需要专业引导式的由依"章"办事到智慧管理；由实践反思式的从观摩、实践到反思、超越；从同伴互助式的信息共享到分享合作和智慧交流。

一、发掘自身优秀，唤醒角色身份

《中小学德育工作指南》指出："班主任要全面了解学生，加强班集体管理，强化集体教育，建设良好班风，通过多种形式加强与学生家长的沟通联系。各学科教师要主动配合班主任，共同做好班级德育工作。"因此，作为班级德育工作的主要牵头人——班主任要站在发现者、陪伴者、见证者的角度，充分相信自身的"优秀"，合理调动各种优秀资源，建立彰显关怀、贴合生长、协作共进的发展机制，促使自己的专业成长拥有持久的动力和无限的可能。

1.在需求体验中，厘清角色义务

班主任是班级工作的组织者、引导者，是家校沟通的桥梁。厘清职责，合理定位身份角色，真正走进学生，善于发现学生的闪光点，树立良好班风，班级管理才能有成效，学生才能健康成长。在管理中遇见问题时，能主动寻求他人帮助，借助优秀经验，及时跟进，增加互动。学校为班主任订阅教育教学类书籍，鼓励从书本中汲取养分；举行班主任阅读沙龙，寻找管理工作的新思路，唤醒班主任自我成长需求。

2.在个性展示中，定位角色担当

优秀吸引的德育管理倡导要有"全人"观，在完整的"生活人"的视野中，去关注、发现每一位班主任的优势领域，提升"优秀"的影响力。我校的班主任队伍中不乏朗读者、旅行达人、烘焙大师、园艺专家等等，将班主任的这些特长，巧妙运用于班级管理，与学生建立起协同共进的小事业，不断拉近师生之间的距离，增强认同感。如案例中的范老师，对植物有一定养殖经验，她带领学生种吊兰，设计logo，组建护绿小队，评选爱心天使，为校园添绿……师生在育兰的过程中逐渐形成了"蕙质兰心"的班级精神。班主任这种美好生活的情怀也必定会影响到学生品格培养，促进班级的发展。

3.在自我实现中，形成角色风格

《中小学德育工作指南》要求用文化的力量引领师生成长。每个学校都会有一批资深班主任，他们在日常管理、文化建设、家校共育等方面积累了丰富的经验，形成了个性独特的带班模式。这些草根式的智慧管理资源，将有利于指导班主任做好远景规划，如班级愿景的整体勾画，管理机制的周期推进，特色项目的滚动发展，评价激励的平台搭建、成长记录的无缝对接等，倡导班主任跟班制，鼓励换班不换名（班级名片），在班级管理的传承和创新中不断实现自我价值。案例中四(10)班的王老师以"微善"行动为抓手展开系列活动，三届学生接力，五年相伴坚守，真正实现以王老师领衔的省级优秀班集体的责任担当，形成了她独具特色的带班风格。

二、习染他者优秀，创生管理经验

每个人的生长都离不开"他者"。在做好优秀"自我"的基础上，学校要求每一个教师努力成为每一个同事的帮助者、引领者、示范者，成为在他人的发展历程中起重要影响的人。于是，在"优秀吸引"的班主任专业成长中，有了更多人的引领，同声相应，同气相求，不断丰厚管理经验，提高班主任工作的实战能力。

1.专家点化，助推管理破冰

如何让青年班主任在最短时间内上手，并自如应对解决班级管理中出现的状况，一直是学校德育管理思索的问题。学校精心组织班主任破冰训练营，邀请全国优秀教育专家、心理导师、市区德育带头人来校进行专题讲座，面对面指点迷津，通过情景式角色扮演传授班级管理基本知识、指导揣摩班级学生个性、有效组织学生需求的班级活动。

2.同伴支持，援力管理攻坚

结对，要求通过跟、磨、议、展等形式，互相深入对方的班级。结合《指南》交流班级民主管理模式，手把手地展开班级管理指导，探讨并及时解决班内出现的问题。

在平时的工作中，除了一些学校特定的研讨主题，更多的是年级内同行、办公室室友、跨学科同伴即时的、生成性的交流。在草根式的共研氛围里，在即时需求的积极应答中，大家彼此习染优秀。

3.行政驻班，培植管理自信

学校实施行政蹲点制，作为班主任的同盟军，行政管理者以"他者情怀"发现"优秀"、赏识"优秀"，确立起校园"相遇"过程中的"伙伴"关系，帮助一线班主任以积极良好的心态，大胆实践，探究方法，解决问题，获得成功的体验。同时充分利用校园网络、微信平台、年级组QQ群为亮点点赞，发展班主任自觉管理、自主引领、自然带动等优秀行为，培植班主任管理自信。

三、卷入团队优秀，生长优秀自觉

文化立校背景下，学校教师培养重在体现"敏求"校训，勤勉持恒，内外兼修，以"长成一棵大树"为愿景目标，大力推进"优秀吸引"的团队管理，通过组建"阳光俱乐部""教科研快车道""名师工作室"等"逐级发展"的团队研修，在"卷入"式的分享互助中育养"优秀"，生长行为自觉，成就职业幸福。

1.依托多层级团队培训，积极前行

为满足不同层级的教师需求，学校制定多种班主任"培训套餐"供自主选择。有常态的每月班主任例会，定期分享班主任工作经验等；有专题的"诊断式案例剖析"，采用书信的方式为新教师答疑解惑；有户外的主题拓展训练，小组合作经历体验等等；还组织实地考察活动，到江阴云亭实验小学、无锡立人小学等市区兄弟学校参观取经。通过亲历体验，积极对话，让参与者在思考中行走，始终保持积极昂扬的情态。

2.借助"类管理"项目组，抱团成长

学校倡导志同道合者的联盟，打破传统的科层制度，搭建主题式研究团队。这种基于"优秀吸引"的团队组织尊重教师的发展内需，解决现实实际问题是团队的动力目标。如面对突发事件组成的临时处置小组，关注特殊学生的个案研究组，班级积极心育的资源开发组等等。首先，以主题为突破口，召开圆桌会议，展开头脑风暴；其次，是寻求关键支持，就实践环节步步深入，对大家共同关注的"这一例""那一类"管理经验展开回顾和整理；最后，通过项目组资源共享的形式，应用于平行班、跨年级的实际管理之中。

3.搭建"最美者"分享平台，见证精彩

学校推行"敏求讲坛"，结合班主任专业成长、带班经验、管理策略，让班主任在畅悦的情景中展示成长，抒发己见，陈述思想。学校每年举行班主任风采大赛，各年级进行教育故事演讲、专业知识抢答、微队课即兴展示等等，不断锤炼专业技能，凝聚团队合力。年度"最美分享"活动坚持数年，通过自下而上的自主申报、自由推荐、自选内容、自发展示，树立身边的典型，自觉悟得"最美教师""最美团队"的精神要义，从而感染每一位教师形成温暖的人格，做最美的自己。

优秀吸引，让班主任遇见更好的自己，遇见更好的团队，一起蓬蓬勃勃生长。

后 记

基因，与生俱来，像密码一样，写在我们每个人的细胞中。对于基因，我们只有无条件接受与传承，无法抗拒。而一个学校的基因，也应该刻写在学校每一位师生的言行举止、处事习惯之中，外显成学校文化浸润之下所表现出的个体和团体的精神气质。所以，我们认为，品牌学校的基因来自学校文化。

作为锡山区的一所品牌学校，无锡市东亭实验小学自"十二五"以来的十余年时间里，在不断回溯校史中，传承与创新，展开一系列的"积极教育"实践研究，融合与再造百年"敏求文化"的魂与根。十年来，我们学习、实践、梳理、总结，用自己的话语方式逐步形成了对积极教育的"校本理解""校本建构"和"校本表达"。

特别是近五年来，"优秀吸引"这一"校本概念"的产生，更是将积极教育的校本实践推向了一个新的高度。在着力展开"优秀吸引"的实践尝试中，我们以"优秀"为抓手，将积极心理学的理念融入学校管理、德育建设、教育科研、课堂学习、课程建设等不同领域，在"优秀"的感知、融入、体验之中，使"优秀吸引"成为每一个东小人的行为惯习、文化基因。

今天，继《走向积极的学校生活》后，我们又一集体的智慧结晶《优秀吸引：儿童积极学习生活的创新探索与样本建构》即将与大家见面。我们将一路走来的积极学习生活故事、案例和理性思考收集整理，编著成章，并借此回望来路，也寄意未来，号召大家始终坚持和弘扬学校的优秀文化传统，坚持独特而鲜明的价值取向及文化精神，让东亭实小的文化基因更为深刻，让全体师生可以在未来的教育旅途中走得更为自信、理性与从容。

本书表达了我们对于"积极教育"的理论学习与校本化理解，展现了我们以"优秀吸引"的方式在学科课程建设、特色课程建设、积极学习策略以及支持儿童积极学习生活的支持系统等方面的一系列实践，典例记述了儿童积极学习生活建构中的一些操作经验，反思了"积极教育""优秀吸引"带来的学校教育的变革和师生的成长收获。在撰书成册的时间里，非常欣慰地看到师生们的全力支持和真诚付出，学校的每一个人都成了书中的主人公，写作的过程成了一个团队卷入、爬坡历练、积极成长的过程。

在本书撰写过程中，得到了江苏省教育科学研究院宗锦莲博士，无锡市教育科学研究院教科所陆启威副所长、无锡市教育科学研究院教科所黄树生博士的倾力支持。江苏省教育学会名誉会长杨九俊先生和国家督学、江苏省著名特级教师孟晓东先生在百忙之中为本书写了序。在他们的悉心指导下，我们三易其稿，从理论本源出发，调整书稿结构，提炼研究精华，坦陈实践过程。在此，我们一并表示崇高的敬意和诚挚的谢意！

在本书撰写的过程中，学校广大教师和可爱的孩子们提供了生动丰富的案例素材，他们用自己的思考与实践，探寻着"优秀吸引"的实施路径，实践着积极教育的真谛，谱写着积极教育的乐章，使本书根植于教育的土壤，充满了蓬勃向上的活力。在此，也一并表示感谢。

散发着油墨香的《优秀吸引：儿童积极学习生活的创新探索与样本建构》，就像一个嫩生生的娃娃，张开双手向我们走来。它饱含着东小人的喜悦和期待，满载着东小人对教育的坚守与追求。它还很稚嫩，可能有许多不完善的地方，但有着成长的无限可能性，我们真诚期待各位读者的指点和帮助。

"过一种积极的学校生活"，在这一理念的引领下，我们将继续积极地追寻，不断地实践，努力地反思，执着地前进。相信：我们必将一路欢歌，走向积极的学校生活！

凌 红

2021年6月18日